JN142221

UNLEASHING THE INNOVATORS

How Mature Companies Find New Life With Startups

Jim Stengel with Tom Post

CCCメディアハウス

はじめに

社外の要素を受け入れると、社内のイノベーションが解き放たれた。

――ザカリー・ヒックス、トヨタモーター・ノースアメリカ最高情報責任者（CIO）、
トヨタコネクティッド・ノースアメリカ最高経営責任者（CEO）

最初の計画では、企業文化を変えることで成長を実現したい既存企業のための手引き書を書くつもりではなかった。私が知りたかったのは、どうして既存企業と新興企業が手を組むケースが増えているのかという点だった。巨大グローバル企業で全世界のマーケティング活動を統括していた人間として、そうしたでこぼこカップルの間で何が起きているのかに興味があった。きっと興味深い教訓と物語が見つかるに違いないと思ったのだ。

2年間にわたり企業関係者の話をじっくり聞き、さらにコンサルティング会社オグルヴィレッドに委嘱した大がかりな調査結果も分析すると、見えてきたことがあった。新興企業と

協働し、その経験から得た教訓を全社の企業文化に浸透させられた既存企業は、会社を刷新し、イノベーションと成長を加速できていたのである。

今日、あらゆる企業と企業経営者が変化の速さに戸惑い、新しい成長の道筋を見いだしたいと思っている。その点、古いものと新しいものを、既存企業の豊富な経験と、新興企業のエネルギーとスピードを組み合わせれば、既存企業は新しい血を取り入れ、新しいやり方を学べる。

一方、新興企業は、素早くビジネスを拡大させる方法を学び、有効な流通経路を確立できる。要するに、うまくいけば、既存企業と新興企業の両方に恩恵をもたらす「ウィン・ウィン」の関係を築けるのだ。本書は、それを実現するための手引き書である。

私たちのグローバルな調査によれば、新興企業とのパートナーシップを成功させた大企業はそうでない企業に比べて、会社全体に大きな好影響が及ぶ確率が3倍近くにも上る。

これは、言ってみればビジネス版の「若返りの泉」だ。その泉は、どこかの南国の森の中ではなく、一流企業と元気な新興企業が実りあるパートナーシップを成立させる場に湧く。

企業文化を変えることに苦労していたり、ビジネスを成長させる新しい方法を探していたりする企業は、自社内のイノベーション能力を解き放つ必要があるのかもしれない。本書では、それに成功している企業の事例を紹介する。

目次

第3章 なぜパートナーシップを組むのか? 63

第4章 有望な新興企業の見つけ方 99

第5章 パートナーシップを築く 127

第10章 リーダーは「内部のアウトサイダー」であるべし

第11章 さあ、準備はいいか？ 287

付録 グローバル・パートナーシップ・スタディ 300

第1章

経営者の安眠を奪うもの

いつも私たちが世界でいちばん賢いとは限らない。
——スティーブ・エリス、ウェルズ・ファーゴ社イノベーション・グループ責任者

本書のアイデアが頭の中で形を成しはじめたのは、10年ほど前だった。

2008年にプロクター・アンド・ギャンブル（P&G）社のグローバル・マーケティング責任者（GMO）を退く数年前、私はカリフォルニア州マウンテンビューのグーグル本社で「グーグル・ツァイトガイスト会議」に参加した。毎年1回、さまざまな分野で新しい思考を牽引しているリーダーたちを集めて開催されるイベントだ。私は、ほかのフォーチュン誌上位500社のリーダーたちと一緒に招待されていた。グーグルの狙いは、参加者たちの

心をつかみ、自社の検索サービスや、傘下に収めたばかりの動画投稿サイト「ユーチューブ」を利用させることにあった。

9月のシリコンバレーにしては珍しく暖かい夜、星空の下でグーグルの共同創業者であるセルゲイ・ブリン、ラリー・ページと一緒に食事をしていたときのこと。私はある事実に思いいたった。

成長著しいグーグルがP＆Gのような既存企業との関係構築に熱心なことは、以前からわかっていた。グーグルが自動運転車や気球インターネットなど、人々の生活を一変させるかもしれないイノベーションの取り組みに首を突っ込めるのは、莫大な広告収入のおかげだ。グーグルが大口広告主を必要としていることは疑問の余地がない。

しかし、逆の関係も成り立つのではないかと、このとき私は思った。P＆Gのような大手の成熟企業が生き延びるためにも、世界を変えたいと意気込む新興企業の力を借りるべきだと気づいたのである。

なぜ、新興企業の力が必要なのか？　新興企業は創造を目指して邁進し続けており、熱意をもって顧客やファンと向き合い、やる気に満ちた優秀な人材を採用しているからだ。

その頃、P＆Gのような企業は新興企業に人材を奪われはじめていたが、新興企業が不当な方法で人材を引き抜いていたわけではない。既存企業で働くか、第2のフェイスブックや第2のウーバーになる可能性を無限に秘めた企業の胸躍る職場で働くかという選択は、若く優秀な人材にとって迷う余地がほとんどなかったのだ。

活力、情熱、興奮、勇気、激烈。これらの要素は、グーグルのような企業には満ちあふれていたが、P&Gのような企業ではすっかり影を潜めていた。

私はグーグルなどの新興企業を見るうちに、歴史ある大企業の草創期に思いを馳せずにいられなかった。P&G、IBM、リーバイ・ストラウス、ターゲット、トヨタ、ウェルズ・ファーゴ、ゼネラル・エレクトリック（GE）、モトローラ・ソリューションズなどの名門企業はみな、精力的な創業者、賢明なアイデア、そして世界を変える商品やサービスを送り出したいという決意をもっていた。

しかし、会社が成長して、顧客が増え、商品やサービスが増え、投資家や戦略パートナーが増えるにつれて、企業は草創期の興奮や目的意識や熱意を失っていく。世界を変えることよりも、市場でのシェアを守ることや、いまの居場所を守ることに血道を上げるようになる。ひとことで言えば、ボールド（大胆）ではなく、オールド（古い）になるのだ。

当時、P&Gは創業170年。新興企業から学び、スピードと小回りの利く行動を身につけられなければ――言い換えれば、ビジネスのやり方を刷新し、草創期の強烈な個性とスピード感を取り戻せなければ――社員や顧客から見放されると、私は思った。しかし、「化石」のようになってしまった成熟企業が若さを取り戻すことなど可能なのか？

ツァイトガイスト会議を終えて、P&Gの本社があるオハイオ州シンシナティに戻る飛行機の中で、私はさっそく計画を立てはじめた。いま脚光を浴びているエネルギッシュな新興企業から学ぶためには、どうすればいいのか？

私が最初にしたことは、グーグルでアメリカ国内の広告セールス事業を統括していたティム・アームストロングと連絡を取り、彼のチームをP&G本社に招待することだった（アームストロングは2009年、オンラインサービス大手AOLのCEOに転じた。現在、AOLは通信大手ベライゾン・コミュニケーションズ傘下のオース社の一部門になっている）。まったく異なる文化をもつ両社のチームは、広告企業と広告主という取引関係を超えた関係を築けるのか？

数週間後、アームストロングとチームの面々が本社にやって来たとき、私は胸が高鳴った。意見交換の結果、両社が互いの文化を理解し合うための最善の方法は、短期の人事交流だという結論にいたった。

P&Gからは、洗濯洗剤の「タイド」など、いくつかの有力ブランドのリーダーたちを1カ月にわたりグーグルに派遣し、グーグルの社員たちもP&Gでブランドマネジメントの実務を経験した。参加者はこれを文章にまとめ、それぞれの社内で発表した（ウォール・ストリート・ジャーナル紙がこの試みを知り、2008年11月に一面で報じた）。

この経験から、P&Gは何を得たのか？　たとえば、グーグルの人たちの後押しにより、スティック型の携帯用シミ抜き剤「タイド・トゥ・ゴー」のキャンペーンで少し遊び心を発揮し、ユーザーに商品CMのパロディ動画をつくるよう促した。また、ママ・ブロガーたちに紙オムツの「パンパース」について書いてもらうという方法で、オンラインマーケティングを本格的に実践するよう助言してくれたのも、グーグルからやって来た人たちだった。

一方、グーグルは、P&Gからブランドマネジメントについて学んだ。私たちはアームストロングに、P&Gがウォルマートやターゲットなどの小売大手とどのように接しているかを説明した。彼はそれを聞いて、大企業に売り込みたい場合は、セールス部門のあり方を改める必要があることに気づいた。地域別にセールスチームを組織するのではなく、P&Gのように主要な顧客やカテゴリーごとにチームを組織すべきだと考えたのだ。

しかし、楽しい日々は長く続かず、革新的な実験は1回だけで終わってしまった。ほどなく、私は25年間勤めたP&Gを辞めて、ジム・ステンゲル・カンパニーという自分の会社をつくった。いまは大小の企業から依頼を受けて、ブランドが目指す目的を明確化し、企業文化をはぐくみ、ブランド戦略とブランドのポジショニングを刷新するのを手伝っている。それでも、グーグルとP&Gの「交配」がおこなわれた刺激的な日々を忘れたことはない。

これまで私は多くの顧客企業と関わり、膨大な数の講演をおこない、数え切れないほどの企業幹部と話してきた。それを通じて私が感じているのは、ビジネス界に不安が広がっているということだ。半ばパニック状態と言っても過言ではないかもしれない。

何が不安なのか？　グローバルな競争の激化も不安の一因だ。テクノロジーが急速に進化していること、さまざまな資源やメディアの注目がことごとくデジタルなものに向けられはじめたことも、不安をかき立てている。世界金融危機後の大不況で手痛い打撃を被り、致命傷を負った企業も多かった。そして、そのあとに残ったのが不安の感情だった。

自分たちは生き残れるのか？　次はどんな試練が迫っているのか？　どうすれば、その試練に対処し、それを生き延び、再び繁栄できるのか？　誰もがこうしたことを考えている。

単刀直入に言おう。いま多くの既存企業が苦境に陥っているのは、消費者がそれらの企業のブランドに魅力を感じなくなったからだ。P＆Gの洗濯洗剤ブランド「タイド」が新商品を送り出しても、消費者はあまり関心を示さなくなった。

バドワイザーやミラーのビールは、2000年以降に成人した「ミレニアル世代」が最も好むビールではなくなっている。この世代の若者は、職場や自宅の近くでもっと革新的な自家製クラフトビールを楽しむようになった。電気自動車のテスラや配車サービスのウーバーが全盛の時代に、シボレーやフォードの自動車に愛着をいだく人がどれだけいるだろう？

長い歴史をもつ企業は、世界が変わったことを認めなくてはならない。そして、新興企業のような行動を取りはじめるべきだ。配車サービスのリフト社を買収しようとした自動車大手ゼネラル・モーターズ（GM）のように、好調な新興企業を買収することばかり考えてはならない。

一方、新興企業も既存企業から貴重な学びを得られる。ほとんどの新興企業には、いわば大人による監督が必要だ。歴史の浅い企業は、破綻する割合がきわめて高い。たいてい、規律やさまざまな仕組みが欠けているために、会社の核となる文化や使命感を守りながらビジネスの規模を拡大させることができないのだ。ひとことで言えば、経験豊富な企業がもっているような知恵が足りないことが問題だ。

ユニコーン企業（企業価値10億ドル以上の非上場企業）が輝きを失ったケースは、枚挙にいとまがない。若いスター起業家のなかには、謙虚さを学べばもっと成功できる人たちもいる。謙虚に行動すれば、一挙に転落する悲劇を避けられるかもしれない。

大企業も中小企業も、すべて独力で歩む必要などない。それは、歴史ある企業にも新しい企業にも言えることだ。実際、ほかの企業と関わり合い、新しいタイプの強力な連携を築く企業が増えている。

それに対し、自社の力だけで難局を乗り切ろうとして悪い行動パターンを繰り返す企業は、自社の未来をギャンブルの対象にしているに等しい。新興企業がその賭けに失敗すれば、あっと言う間に死を迎える。資源をふんだんにもっている既存企業も、古いやり方を続ければ、痛みをともなう緩慢な死を迎えかねない。

新興企業と既存企業のＤＮＡには、思いのほか共通点が多い。両者が協働すれば、互いに多くのことを学べる。

新興企業の旺盛な活力と意欲は、既存企業を若返らせ、エネルギーとイノベーションと敏捷性と使命感を注入する。新興企業は、スピーディーに行動すること、リスクを取ること、失敗から学ぶことを既存企業に教えられるのだ。

一方、既存企業は、ビジネスの拡大、流通、能力の構築、会社の存続などの面で新興企業の力になれる。具体的には、長期にわたって顧客と情緒的な絆をはぐくめるブランドの築き方、世界にビジネスを拡大させるのに適した組織のつくり方、さまざまな利害関係者（取締役会や株主、取引先である巨大企業、合弁事業の相手など）との関わり方などを教えられる。

世界は急激に変化しており、複雑性とダイナミズムを強めつつある。その世界で生き延びるうえでカギを握るのは、新興企業の世界と既存企業の世界の間に橋を架けることなのかもしれない。

既存企業のリーダーのなかに、この点に異論がある人はほとんどいないだろう。本書は、主としてそのような企業経営者や未来の経営者に向けて書かれている。自社が動脈硬化を起こしていて、自己防衛に血道を上げ、利害関係者のニーズから乖離しつつあることを自覚し、いますぐ変わる必要があると強く感じている人は少なくない。問題は、どうやって変化を成し遂げるかだ。

未来指向の企業は、2008年のP&Gとグーグルのような「交配」を実践しはじめている。たとえば、公衆安全関連の通信機器・サービスを扱うモトローラ・ソリューションズ社（2011年に通信機器・サービス大手のモトローラ社が2分割されて誕生した企業だ）は、多くの新興企業とパートナーになってきた。同社が新興企業と一緒に取り組む新事業は、それまで戦略的に重んじてきた分野よりも、まったく専門知識のない分野である場合が多い。テクノロジーの最新トレンドから乗り遅れないために、イスラエルにインキュベーター（起業支援事業）を設立する準備も進めている。

125年の歴史をもつGEは、スピーディーな新製品開発にしゃにむに突き進む組織へと変身するために新興企業と手を結んでいる。

創業165年の大手銀行ウェルズ・ファーゴは、社内にインキュベーターをつくり、金融テクノロジー分野の新興企業を支援している。具体的には、毎年2回、3つの企業を選んで支援する。それを通じて、同社はセキュリティと顧客サービスの面で最先端の商品を送り出すことができている。

「いつも私たちが世界でいちばん賢いとは限らない。それがわかる程度の賢さはもっている」と、同社のイノベーション・グループを統括するスティーブ・エリスは言う。「素晴らしいアイデアが新興企業から生まれる場合もある」

このような取り組みが歴史ある企業の中でしっかり根づき、大輪の花を咲かせるためには、トップの全面的な支持が不可欠だ。モトローラ・ソリューションズのベンチャーキャピタル部門を率いるリース・シュローダーは、「組織のトップが旗を振ることにより、新しいことが組織全体に広がっていくケースが多い」と言う。

既存企業の最上層部に求められるのは、おざなりに賛同の言葉を述べるだけでなく、みずからも骨を折り、汗をかくこと、そして新しい取り組みを励まし、イノベーションと変革を目指すよう全社にはっぱをかけること。トップの積極的な関与は、謙虚であること、学習すること、成功に向けて計画を立てること、実験することと並んできわめて重要だ（リーダーシップについては、第10章で1章を割いて論じたい）。

本書では、歴史ある大企業が独創的で革新的な新興企業から新しい力を得て、重要なスキルを学び直し、社内のあらゆる活動を隅々まで徹底的に見直した実例を紹介する。実際のストーリーを通じて、実を結ぶパートナーシップと裏目に出るパートナーシップの違いを明らかにする。新興企業とのパートナーシップを検討中の既存企業にとっては、有益なガイドブックになるだろう。

以上の結論を補強するために、リサーチに基づくコンサルティングを提供しているコンサルティング会社オグルヴィレッドに委嘱して、２０１社の既存企業と新興企業を対象に「グローバル・パートナーシップ・スタディ」を実施した。世界規模では初の調査だ。これにより、私たちの定性的な調査（私とチームの面々は15の都市で50社の既存企業と新興企業のリーダー１００人以上に話を聞いた）に、定量的な裏づけが得られた。

オグルヴィレッドの調査班を率いたのは、同社のグローバル・ブランドコンサルティング部門責任者のジョアナ・セドンだ。私が２０１１年に最初の著書『本当のブランド理念について語ろう』（CCCメディアハウス）を執筆した際、ブランドが追求する目的と財務上の利益の関係を解き明かすために力を借りた人物でもある。本書では、既存企業と新興企業のパートナーシップがもたらすチャンスと、パートナーシップの成功を妨げる要因を明らかにするうえで大きな役割を担ってくれた。以下の各章では、いたるところで「グローバル・パートナーシップ・スタディ」を引用することになる。

コラボレーションは、双方にとって骨が折れる場合もある。明白な失敗に終わる場合もあるし、関係の解消にいたるケースも珍しくない。わかりやすい例がGEだ。同社はほかのどの大企業よりも積極的に、自社のあり方を激しく問い直してきた。それにより、「すばしっこい巨人」になり、顧客のニーズに敏感になることを目指している。

しかし、GEがこれまで結んだなかで最も注目すべきパートナーシップは、最初は相思相愛で始まり、最後は泥沼の離婚裁判で終わった。GEがクワーキーという新興企業と提携したのは2013年のこと。消費者向け製品を超高速で開発するための斬新なプラットフォームを築いていた会社だ。

GEはクワーキーと手を組んでスマートエアコンやWiFi制御型電球などの新製品を共同開発したいと考えていたが、目的はそれだけではなかった。自社を若返らせたいという思惑もあった。クワーキーと創業者のベン・カウフマンの力を借りて社員の意識と企業文化を変革し、もっとリスクを取り、失敗を受け入れる社風を築き、新製品を市場に送り出すスピードを高めたいと考えていた。要するに、若さを再発見したいと願っていたのだ。

「ベン（・カウフマン）は怖いもの知らず」だと、GEの副会長で、GEビジネス・イノベーションズの社長兼CEOでもあるベス・コムストックは私に語っていた。「思考のスピードを高め、前に進みながら考えることを、ベンは教えてくれている」。しかし、同時に懸念もいだいていた。「ひょっとすると、支援した取り組みが成果を上げられず、GEの汚点にならないとは言い切れない」

コムストックがそう語った6カ月後、クワーキーは破産申請に追い込まれた。このとき、同社がGEと共同開発した製品のサポートが打ち切られたことが顧客の怒りを買い、GEは苦情に対処する羽目になった。もっとも、GEもクワーキーへの不満がたくさんあった。裁判所に提出した文書の中で「GEの評判とブランドが大きく傷ついた」と述べている。「汚点」どころの話ではない大ダメージを被ったのだ。

それでも、GEのベンチャーキャピタル部門であるGEベンチャーズは、新興企業と手を組むことをやめなかった。同社は、エネルギー、ヘルスケア、先進製造業、ソフトウェアなどの分野で膨大な数の新興企業を支援している。ドローン関連企業のエアウェア社もその1社だ。

この会社がつくっているオペレーティングシステムは、ドローンを動かすソフトウェアシステムをクラウドと統合し、データの分析と保管と分散をおこなう。GEは同社とのコラボレーションにより、送電線、石油パイプライン、風力発電タービンを監視するためのドローンを飛ばしている。顧客に提供するサービスを大幅に改善し、安全性を向上させ、不具合などによる稼働停止時間を減らすことが目的だ。本書執筆時点で、ＧＥはこのパートナーシップの成果に大満足している。

既存企業がイノベーションの能力を取り戻そうとしたとき、成功する場合と失敗する場合があるのはなぜなのか？　原点に回帰したいと考える既存企業は、どのような取り組みをおこなっているのか？　そのために、どのように社外の力を活用しているのか？　これらの問いの答えを次章以降で述べていきたい。

第2章

成熟企業は自滅を避けられるのか？

社外に目を向けてはじめて、実は社内に大きな能力をもっていたことに気づいた。
――ベス・コムストック、ゼネラル・エレクトリック（GE）副会長

2月の気持ちのいい朝、ニューヨークのチェルシー地区で、デーヴィッド・S・ローズはいちばん好きなことをしていた。新興企業について熱く語っていたのだ。カントリーシンガーのジョン・デンヴァーを5歳くらい老けさせて、少し肉づきをよくし、縁なしの眼鏡をかけさせれば、だいたいローズの外見になる。

ただし、起業家兼投資家のローズは、１９７０年代にデンヴァーが送り出した曲とは異なり、甘ったるさとは無縁だ。現在は起業直後のアーリーステージの新興企業と投資家のマッ

チングをおこなう巨大プラットフォーム「ガスト」を運営しており、新興企業の対極にある存在、すなわち既存の大企業に対する言葉は容赦ない。その描写は、ヒット曲の歌詞で言えば、「太陽を背に受けて」（デンヴァー）よりも、「世界の終わる日」（ＲＥＭ）に近い。

ローズの哲学によれば、企業の創業者は英雄的なクリエーターであるべきだ。劇的な（おおむね人類にとって好ましい）変化を起こし、世界を大きく揺さぶらなくてはならない。ローズいわく、企業はたいてい、世界に貢献できなくなっても存在し続け、若いクリエーターたちの邪魔をする。だから、若いクリエーターは既存企業を倒さなくてはならないという。

私はこの話を聞いて、ギリシャ神話の物語を思い出した。

「起業の出発点は、ほかの人たちが気づいていないことに目をとめること」だと、12歳で弟のマジックショーのマネジメントを始めたときから起業の世界で生きてきたローズは言う。「起業家はいっさいの先入観なしに現実の世界を見て、新しいものをゼロからつくり出す。このやり方は、大企業とは正反対だ。大企業は、もはや存在しない世界を前提にビジネスをおこなう。過去に自社のビジネスが機能していた時代の世界を前提に行動している……新しいものを創造する行為は、おおむね終了している。現在の世界が考慮されることはほとんどない」

何が問題なのかと思う人もいるかもしれない。しかし、ローズから経済理論の解説を受けると、考えが変わるはずだ。ローズは、産業革命について語り、ヨーゼフ・シュンペーターの「創造的破壊」の理論（簡単に言えば、経済の発展は内側からの革命が繰り返されることによって実現するという考え方だ）について説明し、デジタル化やその他の異変がもたらした資本主義の大激変について話す。そしてそうした議論を前提に、「固定観念にとらわれずに問題の解決策を見いだす」ことの重要性を訴える。

ローズの産業史観は、単なるダーウィン主義的な弱肉強食思想にとどまらず、アナーキー（無政府状態）への賛歌と言っても過言ではない。アップルのスティーブ・ジョブズは、コンピュータ業界、さらには音楽業界とカメラ業界に激変をもたらした。しかし、ローズに言わせれば、目覚ましい成功を収める企業はなんらかの業界をひっくり返すだけでは満足しない。多くの場合は、自社のビジネスも意識的に破壊する。

アマゾンのジェフ・ベゾスは、オンライン上で豊富な品揃えの書籍を販売することにより、アメリカ最大の書籍チェーンであるバーンズ&ノーブルのビジネスを土台から揺るがした。それに続いて、小売業界全般にも大激変を引き起こした。さまざまなメーカーと手を結び、衣料品からカメラまであらゆる商品をオンライン上で販売しはじめたのだ。こうして「エブリシング・ストア」に変貌したアマゾンは、家電量販店のベスト・バイやスーパーマーケットのウォルマートなどの小売大手に脅威を及ぼすようになった。

すると、ベゾスはみずからにこう問いかけた。

「私が（書店業界に対して）やったのと同じことを、私に対してするのは誰だろう？」

ベゾスは、みずからが自社の既存ビジネスに挑むことによって不安を克服した。電子書籍リーダーの「キンドル」を発売し、電子書籍ビジネスに乗り出したのである。

次に感じた不安は、ネットフリックスなどが映画やテレビドラマの動画配信ビジネスを制するのではないかという点だった。そこで始めたのが動画配信サービスの「アマゾン・ビデオ」だ。そのあとは、クラウドサービスの時代を予見し、「アマゾン・ウェブ・サービス（AWS）」をいち早く立ち上げ、グーグルやアップルやマイクロソフトの機先を制した。最近は、地元調達やドローン配達などにより物流ビジネスも様変わりさせつつある。

これらの行動は、すべてを白紙にして新たな挑戦を繰り返すというベゾスの哲学の産物だ。ローズによれば、「ベゾスは、『どのような制約があるかは気にしない。いつもゼロから始めるつもりでいる』と語っている」とのことだ。こんな言葉を聞けばめまいがする企業経営者も多いだろう。

「ビジネスのあり方は、あらゆる面で日々変わり続けている。だから、自分の領域外で起きることすべてに注意を払わなくてはならない。安全で快適な世界はもう戻ってこない」と、ローズは言う。「（ビジネスの世界は）平坦な道ではない。自分のペースで登っていける階段でもない。変化のペースは、エスカレーターよりも、高速エレベーターよりも速い。それは宇宙ロケットのような速さだ。いつもしっかり前を見ていないと、置いてきぼりを食う」

大企業で悪戦苦闘している経営幹部たち（たいていは立派な経歴の持ち主だ）は、どのような行動を取るべきなのか？

「20世紀の世界で成功するようにつくられた企業は、21世紀には失敗する運命にある」と、ローズはきっぱり言う。「起業家のように思考して行動する能力をはぐくまなければ、会社の未来は暗い。退路を断って、先入観を捨てて再出発すべきだ」

ホワイトボード以外はなんの飾りもなく、窓もない殺風景な会議室に通されて、少なくとも1時間が経っていた。次の予定を思い出したローズは、唐突にインタビューを切り上げた。それでも、退出しようとする私に、もう1つアドバイスを聞かせてくれた。

「変化を少しずつ進めようとしてもだめだ。ＤＮＡレベルの変化を起こさなくてはならない。常識破りのことを猛烈なペースでおこなう必要がある」

建物の外に出ると、ニューヨークの28番街を吹き抜ける風がひときわ肌を刺すように感じられた。あの男の言っていることは正しいのか？　もしそれが正しいなら、既存企業が再び繁栄できる可能性はどのくらいあるのか？

リスクを避けることの落とし穴

このあと数カ月の間、私は大勢の起業家やベンチャーキャピタリスト、エンジェル投資家、そしてなにより企業トップたちに話を聞いた。すると、ローズが指摘したことは、紛れもない事実だとわかった。多くの老舗企業は苦境に陥っており、その自覚もある。問題は、長期にわたって成功し続けてきたために、活力を生み出す火花が消えていることだ。社内の組織階層が複雑化していること、法務担当の発言力が強まっていること、そして成功を永続させるために多くのルールがつくられていることも、その火花を消す要因になっている。

ほとんどの既存企業は何十年もの間、真に画期的なものを生み出していない。称賛すべき企業としてつねに名前が挙がるP&Gにしても、2000年代前半の「スウィッファー」(使い捨て掃除用ワイパー)と「ファブリーズ」(消臭・芳香剤)以降、市場を根底から変えるような新ブランドを送り出せていない(「タイド・ポッズ」「ジレット・フュージョン」「パンパース・スワドラー」など、既存の中核ブランドの強化には成功しているが)。

既存企業ではよくあることだが、P&Gでも売上高の伸びが減速する一方で、社員は出世が最大の関心事になっている。昇進のチャンスはけっして多くない。そのため、社員たちは、安全、確実、無難、既知のものに引きつけられる。自社のビジネスをあえて破壊するなどもってのほかだと考えているのだ。実験して些細な失敗をしただけでも出世の妨げになりかねないと、多くの人が恐れている。しかし、このままではいつか破綻することも明確に理解している。

本書で紹介する既存企業はみな、新興企業に対して羨望に近い感情をいだいている。優れた新興企業は、スピード感があり、戦闘的で、ビジョンと柔軟性がある。既存企業にとっては悔しいかもしれないが、そのような新興企業はカッコいい。この点は、優秀な人材を引きつけるうえで最も強力な要素だ。既存企業は、それがうらやましい。自分たちもそうした資質を身につけなくてはならないと理解している。

けれども、ずっと昔に忘れてしまったものを取り戻したい半面、現在のビジネスの核を成すものはどれも失いたくない。P＆Gなら、既存の洗濯洗剤ブランドの「タイド」や柔軟剤ブランドの「ダウニー」を犠牲にすることなしに、水を使わない画期的な洗濯洗剤を開発してうまく売り出したいと考える。ビジネスに限らず、「いまの経験をすべてもったままで、若者時代からやり直したい」と言う人は多い。それと同じ発想だ。ひとことで言えば、起業家精神を注入することにより、歴史ある企業に若さを取り戻したいのだ。

企業買収では活力を取り戻せない

既存企業が起業家精神を取り戻す手段として古くから用いられてきたのは、新興企業を買収するという方法だ。スーパーマーケットチェーン大手のウォルマートもそれを実践した。半世紀以上の歴史をもつウォルマートは、頑強な企業ではあったが、柔軟性があるとは言い難かった。そこで、オンラインショッピング部門の変革を目指して、ジェット・ドット・コムという新興企業を買収した。アマゾンのようなオンラインショッピング企業だった。買収価格は33億ドル。お世辞にも安くはない金額だった。

創業160年の食品大手ゼネラル・ミルズは、創業2年のエピック・プロビジョンズという会社を傘下に収めた（買収金額は非公表）。この会社が販売しているのは、オーガニックミートでつくったプロテインバー。ゼネラル・ミルズで新製品開発をおこなう研究員たちには、思いも寄らない製品だろう。

既存企業が買収をおこなう狙いは、有用なテクノロジーを取得することや、成長著しい新市場に足がかりを得ることにある。この種の行動は、テクノロジー業界でも珍しくない。しばしば見られるのは、老いつつあるテクノロジー企業が新興企業を買収するケースだ。たとえば、マイクロソフトがビジネス向けソーシャルメディアのリンクトインを、グーグルがスマートホーム機器のネストを、アップルがオーディオ機器のビーツ・エレクトロニクスを買収している。

新興の巨大テクノロジー企業がほかの新興企業を買収するケースもある。フェイスブックがメッセンジャーアプリのワッツアップや写真共有アプリのインスタグラムを買収したのはその例だ。また、フォーチュン誌上位500社に名を連ねる大企業も、苦境に陥っている老舗テクノロジー企業を傘下に加える場合がある。たとえば、通信大手のベライゾンがヤフーの中核事業を買収している。

しかし、ほとんどの企業買収は成功しない。S&Pグローバル・マーケット・インテリジエンスの2016年8月のレポートによれば、合併による相乗効果が生まれたり、売り上げ増の特効薬になったりするどころか、利益率、増益率、資本利益率、株価などの重要指標が同業他社よりも劣る場合が多い。同レポートは、アメリカの株式時価総額上位3000社で構成する株価指数「ラッセル3000」の企業を2001年まで遡って調べた結果に基づいて、この結論を導き出している。

クレイトン・クリステンセンらが2011年にハーバード・ビジネス・レビュー誌に発表した論文は、企業の吸収合併の失敗率を70〜90%と指摘している。買収が成功する割合は、新興企業が生き延びる割合と大差ないのだ。

ベビー用品のショッピングサイトを運営する新興企業のベビーセンターは、2001年にジョンソン・エンド・ジョンソン(J&J)に買収されて数年後、文字どおり息の根が止まりかけていた。

「(J&Jは)二束三文でこの会社を買収した。マーケティング費用と言える程度の金額だった」と、サンフランシスコの起業家でベンチャーキャピタリストのティナ・シャーキーは言う。「自分たちが買収したのがどのような会社なのか理解できていなかった」

シャーキーは、女性向けオンラインメディアの草わけであるアイビレッジの共同創業者で、のちにシェルパ・ファンドリー社(株式上場企業が新しいイノベーションと成長の源泉を見いだすのを支援している会社だ)のCEOも務めた人物である。

Ｊ＆Ｊがベビーセンターの立て直しのために招いたのがシャーキーだった。Ｊ＆Ｊは、ベビーセンターの財務成績について最初から非合理な期待をいだいていた。「期待どおりの数字を残せるチャンスは皆無だと指摘した」と、シャーキーは赤いエッグチェアの上でヨガのポーズを取り、話の内容とは不釣り合いなリラックスした姿勢で早口にまくしたてる。

シャーキーが着任して真っ先に実行したのは、Ｊ＆Ｊのライバルである P＆G との提携だった。これは、Ｊ＆Ｊ内部の人たちの注意を引きつけるためであると同時に、Ｊ＆Ｊと距離を置くためでもあった。

「業界メディアに対し、私たちがＪ＆Ｊの顔色ばかり見ているわけではないと伝える必要があった。目を向ける先を変えて、妊婦や新しいママの心をつかむことが不可欠だった」

シャーキーは数カ月後、会社が正しい道を進むのを助けるために新しい買い物をし、若い母親向けのソーシャルメディアを買収した。やがてベビーセンターは、ベビー用品を求める世界中の親たちがアクセスするウェブサイトになった。しかし、そこまで来るためには、多くの努力を払わなくてはならなかった。しかも、その努力のかなりの割合は、買収した側の企業の考え方を正すことに費やされたのである。

買収からパートナーシップへ

私が話を聞いた既存企業の幹部のなかには、企業買収をあくまでも「最後の手段」と位置づける人が非常に多かった。既存事業を補完するための企業買収は、いまでは古臭い手法と考えられている。新興企業と関わりたい場合は、パートナーになるのが最近の潮流だ。

古いやり方は、結婚に似ている。ほかの企業を買収し、あとは「死が2人をわかつまで」（あるいは離婚するまで）伴侶であり続ける。新しいやり方は、ひとときの相手を求めるのに似ている。自社のさまざまなニーズを満たすために、多くの場合はいくつもの企業とつき合う。大勢の相手とつき合えるのに、わざわざ相手を1社に絞るなんてもったいない、というわけだ。

どうして、新興企業とパートナーになるのか？　理由は企業の数だけある。専門知識を獲得したいケースもある。中核事業を増やすことが目的のケースもよく見られる。あるいは、いわば新しい釣り場を試して、その海のことを知る手立てとして、新興企業とのパートナーシップを活用する企業も多い。

しかし、それ以上に注目すべきなのは、未来指向の強い既存企業が自社の変革を目指し、若い企業に教えを乞おうとするケースがあることだ。そのような企業が新興企業から学びたい、もしくは学び直したいのは、イノベーションを成功させ、再びリスクを取って行動し、迅速に判断をくだし、製品やサービスの開発スピードを上げ、質の高い社員と顧客を引きつけられる魅力を取り戻す方法だ。

企業買収が臓器移植だとすれば、このようなパートナーシップは、うまくいけば抜群の効果を発揮する免疫療法に似ている。言ってみれば、自社がもっている免疫システムを活性化させ、老いによる病をはねのける力をつけることを目的にしているのだ。

詳しくは第3章で論じるが、歴史ある企業が新興企業と手を組もうとする主な理由をいくつか挙げておこう。私たちの「グローバル・パートナーシップ・スタディ」で調査した既存企業の3分の2は、パートナーシップを結ぶ理由としてイノベーションの促進を挙げている。これが最も多い理由だ。

そのあとに、特定の問題の解決(64%)、テクノロジーに精通した新興企業の知識の活用(54%)、新商品を市場に送り出すスピードの加速(52%)と続く。企業文化を変革し、起業家精神を強め、リスクへの積極性を高めたいという理由が出てくるのはもっと下位だが(35%)、本書ではこの点に多くのページを割く。もちろん、時間が経つうちに、パートナーシップを追求する目的が変わったり、深まったりするケースも多い。

パートナーシップには、さまざまな形態がありうる。最もシンプルなのは商取引関係だ。たとえばP&Gは、クラウドストレージ分野の新興企業であるボックス社のサービスを利用し、社内のファイル共有とコラボレーションの円滑化を図っている。

一方、ベンチャーキャピタルのように新興企業に投資するケースもある。食品大手のゼネラル・ミルズが好む手法だ。また、起業準備中の起業家を社内に受け入れる「客員起業家制度」を導入している企業もある。これは、伝統的にベンチャーキャピタル会社が担ってきた役割である。

大手銀行のウェルズ・ファーゴのように、新しい企業のためにインキュベーター（起業支援事業）やアクセラレーター（新興企業の事業拡大を支援する事業）を立ち上げる企業も出てきている。

最も意欲的な既存企業は、自社内で実験に乗り出す。グーグルの社内でムーンショット（壮大な目標に向けた困難なプロジェクト）に挑む研究開発部門「グーグルX」と似た面もあるが、これらの企業の場合は実際に利益を上げることを目指している。この種の社内プロジェクトの起源は、航空・宇宙大手ロッキード・マーティンの「スカンク・ワークス（先進開発計画）」に遡る。

70年あまりの歴史をもつスカンク・ワークスは、ＸＰ80ジェット戦闘機（第二次世界大戦期に開発された戦闘機。当時では最も強力なジェットエンジンを搭載していた）やＵ２偵察機などを開発した。スカンク・ワークスはいまも存在しており、ときにはライバルであるボーイングの先進技術開発部門「ファントム・ワークス」とも協働する（ファントム・ワークスは、ボーイングと合併する前のマクドネル・ダグラス社の研究開発部門として出発した）。

また、ターゲットやウェルズ・ファーゴ、ＩＢＭ、ＧＥのように、複数のタイプのパートナーシップを同時並行で実践している企業もある。

新しいタイプの「社内起業家」

「社内起業家」は、かつて経営学で注目のテーマだった。企業の現場でも、この種の仕組みを採用し、創造性豊かな社員に大幅な自由を与えるケースがしばしばあった。社内起業家が生み出した有名商品も多い。３Ｍの付箋「ポスト・イット」、パーソナルコンピュータとマウス（ゼロックスで開発されたが、ほかの企業により商品化された）、インテルの4ビットＣＰＵなどがそうだ。

新しいところでは、ヴァージン・グループ（メディア、携帯通信、航空）やマイクロソフトのXボックス部門（家庭用ゲーム機）なども、高い創造性をもった社員に大胆なアイデアを追求させ、好ましい結果を手にしている。市場で支持され、多くの収益をもたらす製品やサービスを生み出しているのだ。

こうした成功例もあったものの、１９８０～２０００年代に多くの企業で実践された社内起業は、失敗例のほうが多かった。企業買収と同様、失敗の主たる原因は、いわば臓器移植に対する拒絶反応だ。組織体が異質な取り組みに敵意を示し、その息の根を止めてしまうのである。

型破りで大胆なアイデアをもった人物が社内で逆風にさらされる場合が多いことは、早くも1985年にギフォード・ピンチョーが著書『企業内起業家』(講談社文庫)で指摘していた。

ピンチョーは、この現象を「企業の免疫システム」と呼んだ。官僚主義的な組織文化、上意下達型の組織構造、融通の利かない硬直的な規則、失敗が厳しく罰せられる環境——こうした要素すべてが相まって、若い芽が摘み取られてしまう場合が多かった。ピンチョーの指摘はことごとく正しかったが、原著の副題だけは事実に反していた。「起業家になるために会社を辞める必要はない」ということはなく、ほとんどの場合は、会社を辞めなければ起業家になれなかった。

今日の社内起業は、昔とはまるで性格が違う。別の呼び名を考えたほうがいいくらいだ。近年の社内起業では、組織が不可逆的な変化を生き延びるために、新しい要素を移植することが目的になっている。実践している企業はまだ多くないが、GEはすでにそれを試みているし、ターゲット、モトローラ・ソリューションズ、IBM、ウェルズ・ファーゴなども同様の取り組みに乗り出した。これらの企業は、言ってみれば、すでに強力な作物が植えられている畑全体に新しい作物の種子をまいている。昔の社内起業のように、畑のほんの一部の土地だけを新しい作物に割り振り、ほとんどの土地でこれまでと同じ作物を育て続けるわけではない。

ことのほか先進的な企業は、パートナーである新興企業のことを、数ある投資対象の1つとみなしたり、テクノロジーを獲得する手段と考えたりするのではなく、自社の変革を後押しする役割を期待しはじめている。

この驚くべき事実は、私たちが多くの成熟企業を訪ねて幹部たちに話を聞くなかで見えてきたことだった。これが賢明な態度であることは、「グローバル・パートナーシップ・スタディ」により裏づけられている。パートナーシップを成功させている企業がその関係を通じて大きな好影響を受けている割合は、そうでない企業の3倍近くに上る。新興企業とのパートナーシップを樹立するために努力を払うべき理由は、これだけでも十分すぎるくらいだ。

イノベーションを実現できずにいた食品メーカー

新興企業とのパートナーシップのあり方に関しては、ゼネラル・ミルズとGEを比較すると、いちばん理解しやすいかもしれない。いずれの企業も自社を変革するために多大な努力を払ってきたが、新興企業から学んだ教訓を全社に広げることにどのくらい積極的かは両社で違いがある。

ある7月の朝、私はブライアン・トックマン、ジョン・ホーゲンの2人とコーヒーを飲みながら、ゼネラル・ミルズの活性化を目指す取り組みについて話を聞いていた。トックマンとホーゲンは食品業界におけるイノベーションの先駆者で、ゼネラル・ミルズが立ち上げて間もないベンチャーキャピタル事業を統括している。

15分遅刻してやって来たホーゲンは、直前まで子どもたちと釣り旅行をしていたとのことだった。50代前半。髪はほぼグレーで、2日分の無精ひげが伸びている。誰もが引き込まれずにいられないブルーの瞳の持ち主だ。ゼネラル・ミルズで働くようになって25年。これまでに、マーケティング、新製品開発、ヘルス・ウェルネス部門で仕事をしてきた。いまは「301INC」というチームを率いている。このチームには、売上高170億ドルの巨大食品企業を活性化するという役割が課せられている。

一方のトックマンは、短く刈り込んだ茶色の髪に眼鏡という、少年っぽい風貌の持ち主だ。財務アナリストとしてゼネラル・ミルズで働いたのち、新興企業の世界で数年間過ごし、2013年に復帰した。ホーゲンが椅子に腰を下ろし、身を乗り出すと、口を開いた。

301INCは2012年に発足した当初、ゼネラル・ミルズの新製品開発を支援する役割を担っていた。しかし、スナック菓子の定期宅配サービス「ニブラー」など、8種類の新事業を生み出したが、「分厚い壁にぶつかった」という。どうしたのか?

「私たちでは、市場の動向を先取りする新商品を生み出せないと気づいた」と、ホーゲンは言う。新しい商品を開発するペースがあまりに遅かったのだ。「アイデアが見当たらないわけではない。質の高いアイデアを十分に取り込めないことが問題だった」

ゼネラル・ミルズが真に画期的な商品カテゴリーを生み出した例は長らくない（他社のブ

ランドを買い取ったり、ブランドごと会社を買収したりしたケースはあるが）。それは、1971年のインスタント食品「ハンバーガーヘルパー」や、1975年のグラノーラバー「ネイチャーバレー」まで遡らなくてはならない（もっともホーゲンは、チューブ入りヨーグルトの「ゴーグルト」や全粒粉入りシリアルなどでも、ゼネラル・ミルズが他社に先んじていたと主張している）。

不作の時期が長く続いたのは、なぜなのか？ 人生の半分をゼネラル・ミルズで過ごしてきたホーゲンが挙げるのは、イノベーションが失敗する要因としてよく指摘される問題だ。私もほかの大企業で同様の話をたびたび聞かされてきた。具体的には、以下のような問題があったという。

■不適任な人物がイノベーションを担っている。

■せっかく適任の人物がイノベーションに取り組んでも、すぐに人事異動があるため、真に素晴らしい商品を生み出せないままで終わる。

■時間とお金の投資が不足している。

■新事業が社内のほかの部門から切り離されている（「サンドボックス化」と呼ばれる現象だ）。

■挑戦と失敗と成功のプロセスを描き出す真実味のあるストーリーがなく、会社全体のイノベーション熱に火をつけられていない。

■つねに経費節減が求められる結果、イノベーションに腰が引けてしまう。

■小規模な投資をいくつもおこなう

この状況を受けて、301INCはベンチャーキャピタル事業に転換した。15人のメンバーで構成される同チームは、ただちにいくつかの新興企業に投資した。前出のエピック・プロビジョンズ（のちに買収）やグッド・カルチャー（高タンパクのオーガニック・カッテージチーズ）、リズム・スーパーフーズ（ケールやビーツのチップスなど、栄養価の高いスナック）などだ。最近は、ディーズ・ナチュラルズ（植物原料のプロテインバー）、ファームハウス・カルチャー（プロバイオティクス食品・飲料）、ピュアリー・エリザベス（古代穀物のシリアル）といった企業へも投資している。

「これらの企業にとってかけがえのないパートナーでありたい」と、ホーゲンは言う。ゼネラル・ミルズはそのために、販路の開拓、品質管理、マーケティング・ブランディング戦略、事業活動全般を支援している。投資先企業の商品をゼネラル・ミルズの社内ストアで販売し、社員が商品を試す機会をつくったりもする。ホーゲンは、「(新興企業への投資は)ゼネラル・ミルズが未来の成長への道を見いだすうえで重要な戦略上の手段でもあると、確信している」と言う。

そのような投資をすれば、未知の領域に足を踏み入れざるをえない。それでも、未来の新商品候補を試せるし、互いに学び合えるという利点がある。既存企業の上層部は、自社のどこが新興企業を苛立たせるのかがわかる。もっとも、ひどい場合は、不満を募らせた新興企業がパートナーシップの解消を決断することもある。

具体的には、アイデアがブラックホールに吸い込まれるように感じられること、ものごとを前に進めるのに途方もなく時間がかかること、担当者や支援者が頻繁に変わること、幹部たちの態度があまりに傲慢なことなどが不満の原因になる。

新興企業への投資は、ゼネラル・ミルズで働くミレニアル世代の社員たちの精神も高揚させるだろう。社員は３０１ＩＮＣの活動を知ることにより、自分たちの会社が過去の存在にはなっておらず、今後も時代遅れにならずに済むと感じられるに違いない。

現時点では、まだ３０１ＩＮＣが社内でようやく注目を集めはじめたところだ。私はホーゲンとトックマンと会う前の晩、同社の中級幹部3人（いずれも30代半ば）と夕食をともにした。3人は301INCについて聞いてはいたが、詳しいことは知らなかった。

301INCは柔軟性の高い組織で、数人で構成される委員会の話し合いにより、どの分野に投資するかを決めている。投資額は、アイデアの性格とチャンスの大きさによって変わる。投資する場合は、上層部の承認を得る必要がある。「会社全体の収支の枠内でおこなっている。独立採算ではない」とのことだ。

このチームは収益以外でも会社に貢献していると、ホーゲンは言う。たとえば、隔週の「サンプル・デイ」には、社内の幅広い層から選ばれた社員たちに新興企業の商品サンプルを吟味させ、忌憚のない意見を求める。ホーゲンによれば、そうした活動を通じて、自社の既存のブランドと調和し、うまくいけば新しい成長分野をもたらせる可能性があるビジネスに投資することで、「会社の弱点を防御する」役割を果たせているという。

投資対象はどのように選んでいるのか？　この点は第4章で改めて論じるが、同社は秩序立ったアプローチと偶然任せのアプローチを併用している。

私は1時間半ほどの会話を終えて退出する前に、ホーゲンに尋ねずにいられなかった。301INCという名前の由来は？　この名称は、1866年に建設されたゼネラル・ミルズの最初の製粉所（当時は「ミネアポリス製粉社」という社名だった）があった場所の地番にちなんだものだという。

会社の歴史に敬意を払うのは素晴らしいことだ。伝統には大きな価値がある。301INCのキャッチフレーズは「新しいブランドのエレベーター（＝上に引き上げるもの）」。この言葉も、製粉業にとって重要なグレイン・エレベーター（＝大型穀物倉庫）を連想させる。難しいのは、豊かな伝統を生かしながら伝統に挑むことだ。

■マンモス企業が乗り出した大変革

次は、ゼネラル・ミルズより数年早く、本格的な会社活性化に乗り出したGEの例を見てみよう。

GEの変革を象徴するのは、「ファストワークス」（同社の登録商標）という全社規模の運動だ。本書執筆時点で、この運動はすでに第5弾に突入している。ファストワークスという名称は、スピードを重視しつつ大きな目標を掲げる姿勢を反映したものであると同時に、GEの前身であるエジソン・マシンワークス社（電気モーターと発電機を製造していた会社だ）にちなんだものでもある。

GEは、17万人を超す社員を擁し、数十億ドル規模の事業をいくつも傘下にもつ巨大企業。そのような会社の規模を考えれば驚異的なスピードで、自社の歴史と決別してきた。不動産部門、家電部門、金融部門を切り離したし、コネティカット州フェアフィールドののどかな土地にあった本社を、テクノロジーを愛する慌ただしい町であるボストンに移すことも決めた。建築事務所ゲンスラーが設計した新本社は、２棟の古いレンガづくりの倉庫と、12階建てのガラス張りのビルを連結させたデザインだ。このデザインには、歴史と未来の結合というメッセージが込められている。

これは、ＧＥが会社として目指すものが根本から変わった結果でもある。２０１１年、ＣＥＯのジェフリー・イメルト（２０１７年に退任）は、２０２０年までに世界有数のソフトウェア企業になるという目標を公表した。当時はあまりに現実離れした目標に見えた。しかし、産業向け事業（航空機エンジン、機関車、発電所用機器、石油・天然ガス関連設備、医療用画像など）と、それらの機械類を高機能・高効率で動かすためのクラウドベースのアプリケーションに力を入れた結果、目標の達成が現実味を帯びはじめた。

こうした大々的な企業変革と並行して、同社のベンチャーキャピタル部門は１００社を超す新興企業とパートナーシップを結んできた。相手企業は、ＧＥが既存事業にとって戦略的に重要な製品を扱っている企業の場合もあれば、ＧＥが迅速さと俊敏さを取り戻す助けになると期待された企業の場合もある。

「私たちはパートナー企業との関係を通じて、素早く行動する能力を学び直している」と、ベス・コムストック副会長は言う。コムストックは、ＧＥビジネス・イノベーションズとファストワークスを率いてきた人物だ。「資源が乏しい新興企業は、迅速に、そして手持ちのものをもとに決断をくだす必要があるから」

始まりは2011年前半だった。シスコシステムズから移籍してきたウィリアム・ルーが10億ドルの資金を与えられて、カリフォルニア州サンラモンにソフトウェア関連の子会社を設立した。目的は、GEの産業向け事業のためのOS（オペレーティングシステム）を開発することだった。GEがはじめてシリコンバレーに本格的に進出したのだ。

このあと、事態は急速に動きはじめた。同じ年の秋、テクノロジー起業家のエリック・リースの著書『リーン・スタートアップ』（日経BP社）のサイン会に参加したコムストックは、この本の骨子をイメルトに伝えた。ひとことで言えば、その内容はこうだ。成功する起業家は、「必要最小限の製品（MVP）」を素早くつくり、顧客の反応を見て修正しているというのである。多くの新興企業にとっては当たり前のことかもしれないが、GEのような既存企業にとっては目から鱗が落ちるようなアドバイスだった。

イメルトは、ニューヨーク州クロトンビルにあるGEの社内教育機関にリースを招いて講演させた。GEは数カ月間にわたりリースの力を借りた。

「15件のプロジェクトを選んで、クロトンビルでワークショップを実施することにし、エリックにコーチを依頼した」と、GEのグローバル・イノベーション加速責任者を務めるヴィヴ・ゴールドスティーンは言う。イギリス人のゴールドスティーンは、「リーン」の考え方を実践する目的で2012年夏にファストワークスがスタートしたときは共同創設者を務めた。彼女は、GEでの10年間、顧客ロイヤルティと企業研修の業務に携わってきた経験の持ち主だ。

ファストワークス1・0（第1期）の狙いは、「新しい製品、サービス、プロセスを実現するために、そして市場でのテストを経て新製品を投入するまでの期間を短縮するために、GEの実情に合わせた仕組みをつくること」にあったと、ゴールドスティーンは言う。

「簡単ではなかった。日々の業務に追われる社員たちは、この活動の趣旨をなかなか理解できなかった」と、彼女は振り返る。

「あるチームが発電所用タービンとディーゼルエンジンを開発しようとしていた」と、コムストックは語る。私と彼女は、2000年代前半から互いのことを知っている。当時はそれぞれP&GとGEのマーケティング責任者の職にあり、有効な手法について情報交換したものだ。「そのチームによれば、製品を市場に送り出すまでには5年かかるとのことだった」

しかし、コムストックは、ソフトウェア開発で有効なリーン方式が製造業でも有効か検証したいと考えた。

「（エンジニアたちの）頭の中が手に取るようにわかった。彼らの頭の上にこんな吹き出しが見える気がした。『しょせん机上の話だ。私たちがつくっているのはガスタービン。1年に1回の仕様変更すら不可能だ。素晴らしいアイデアなのかもしれないが、ハードウェアの世界では通用しないよ』」

ふたを開けてみれば、リーン方式は製造業でも有効だった。ＧＥはその機器を1年半で完成させたのである。

「新興企業と協働した結果、前より速く動けるようになったケースは、ほかにもたくさんある」と、コムストックは言う。「起業家は、商品ラインを拡張させるような製品やサービスを送り出すことに長けている」

しかし、起業家はそれにも増して、変革の触媒にもなりうる。「社外に目を向けてはじめて、実は社内に大きな能力をもっていたことに気づいた」と、コムストックは説明する。この言葉は、すべての成熟企業が肝に銘じるべきだろう。前述したように、パートナーシップを成功させている企業は、そうでない企業に比べて、自社に大きな好影響が及んでいる割合が3倍近くに上るのだ。

ファストワークスは拡大し続けた。２０１３年には、すべての事業部門でこの取り組みが導入された。ゴールドスティーンとジャニス・センパー（幹部教育担当マネジャー兼企業文化リーダー）は、５０００人の幹部を対象に数日間の研修をおこない、ファストワークスの原則を学ばせた。そして、学んだことを定着させる目的で、幹部たちは取り組みを継続するためのコーチ役を指名するものとされた。初年度は、25人の幹部がコーチの役割を担った。

より少ないもので、より多く、より速く

ファストワークス2・0では、大規模なプロジェクトに優先的に予算と人的資源を割り振った。プロジェクトチームは、思考と行動を大きく変えて、新興企業のように振る舞うことが求められるようになった。計画が了承された場合に与えられる当初資金は、わずか1万～5万ドル。GEでは、はした金と言ってもいい金額だった。

「最初は抵抗が大きかった」と、ゴールドスティーンは振り返る。「プロジェクトを提案する人たちは、こんなことを言った。『6000万ドル必要だ。5年以内に売上高を1億ドルに乗せるから』」

しかし、そうした要望には応じず、もっと少ない資金でもっと迅速に結果を出すことを要求した。すると、対象に選ばれたプロジェクトは、そのとおりの成果を収めることができた。

その1つが「プロジェクト・ジヴァン」だ。このプロジェクトでは、GEの「廉価ヘルスケア・プラットフォーム」の下、あるチームが過去に例のないスピードで、南アジア・東南アジア市場向けの安価なベビーウォーマーを開発した。これらの地域では新生児の死亡率がきわめて高く、その主な要因が低体温だ。

そのチームは「必要最小限の製品（MVP）」をつくるために、通常とは正反対のプロセスで製品開発を目指した。つまり、本社主導で新製品を開発して、それを各国の販売チーム

に押しつけるのではなく、顧客（この場合は助産師や看護師たち）のニーズを尋ねることから始めたのだ。

調査したところ、求められているベビーウォーマーは、停電の多い地域でも使いやすく、助産師や看護師のトレーニングがほとんど必要なく、電圧と湿度が大きく変わっても壊れないものだった。価格が比較的安く、メンテナンスや修理のコストが小さいことも重要だった。GEはこれらの条件を満たした１２００ドルのベビーウォーマーを開発し、数千台を売り上げた。

社員の年次成績評価を廃止する

２０１５年のファストワークス３・０でセンパーとゴールドスティーンが目指したのは、企業文化の変革だった。ファストワークスの運動を会社の隅々にまで浸透させ、社員たちに行動計画をもたせたいと考えたのだ。そのために、社員の年次成績評価よりも、絶え間ないコーチングとフィードバックに力を入れるようにした。社員に共通の認識をもたせることが狙いだった。

「試しに、社員の成績をランクわけすることもやめてみた」と、ゴールドスティーンは言う。この実験の結果と社員の反応（おおむね好ましいものだった）を受けて、人事担当上級副社長のスーザン・ピーターズは２０１６年７月、社員の年次評価を廃止することを全世界の社員に向けて発表した。

将来的には、給料の決め方も変わりそうだ。会社から言い渡された目標を達成したかどうかではなく、挑戦と失敗をしたかどうかで給料が決まるようになるかもしれない。「インセンティブを与えることでリスクのある行動を後押しできるのかは、まだ試している途中だ」と、センパーは言う。「『これだけの報酬を約束しましょう』と示すことがどのくらい効果を発揮するのかを調べている」

２０１６年に入ると、ファストワークスは、既存事業の成長という手強い課題に挑みはじめた。これは、社外から移植した規範が根づいているかの試金石だ。ところが、新しい挑戦は仕切り直しを余儀なくされた。「社員の間で誤解が生じてしまった」と、ゴールドスティーンは言う。

「本来、ファストワークスは、特定の行動を指図するものではない。だから、みんなが同じ行動を取る必要はないのだと明確にした。１人ひとりの社員が自分なりのやり方で原則を実践し、成長してほしいという方針を示した」

追求すべき大目標と位置づけられたのは、「顧客にとって適切な問題解決を実現すること」だった。「よりよい商品をより速く市場に送り出す」方法を全社員が模索すれば、さらに好ましいとされた。

GEの若返りを目指す取り組みはいまも続いている。「すべてが途方もなく難しい」。ゴールドスティーンはいったん言葉を切り、こう続ける。

「つねに変わり続けない者には、死が待っている」

巨大企業の幹部の発言というより、本章の冒頭で紹介したデーヴィッド・S・ローズのような起業の伝道師の発言だったとしても驚かない言葉だ。

既存企業は新興企業をパートナーにもつことにより、新しい重要なトレンドを知り、いわば「未来へのチケット」を獲得し、次の大きな変化に取り残されず、なにより社内で大変革を起こす触媒を手にできる。自社を変革し続けることは、創造性と決断力を高め、顧客のニーズに敏感でありたければ避けて通れない。

新興企業にとっての恩恵

新興企業の側は、既存企業とのパートナーシップにどのような恩恵を期待しているのか？「グローバル・パートナーシップ・スタディ」の結果は、私が多くの新興企業で聞いた話とほぼ一致している。

新興企業がパートナーシップに期待する要素の上位は、専門知識やメンターなどの資源へのアクセス（23％）、資金の獲得（21％）、売り上げの増加（20％）、顧客や市場へのアクセス（15％）だった。意外にも、大企業と組むことによる信用の獲得を挙げた企業は11％にとどまった。

一方、新興企業の約3分の2は、既存企業とのパートナーシップを通じて新しい考え方と新しい仕事の仕方を学べたと答えている。うまくいけば、会社の目的と使命を明確化させることもできるようだ。

サンフランシスコに本社を置くバングルという新興企業も、既存企業とのパートナーシップを通じて自社の目的と使命が明確になった。バングル社はモバイルゲームやアプリに双方向型の動画広告を配信している会社で、広告を見せるユーザーを緻密に絞り込んでいることが特徴だ。

会社として追求している使命は、広告主が広告予算を有効に用い、効果を検証できるようにすること。そのために、サービスへの登録や商品の購入をしてくれそうなユーザーにだけ広告を見せる。要するに、「広告費の半分は無駄になる。問題は、どの半分が無駄になるかがわからないことだ」というジョン・ワナメーカーの有名な言葉を葬り去り、新しい広告のあり方を生み出そうとしているのだ。

「広告が嫌われるのは、消費者にとって最悪な体験だからだ」と、共同創業者のザイン・ジャファーは言う。インド系のジャファーは29歳。ロンドン訛りの英語を早口で話す。会社の売り上げ予想をはずした罰ゲームで、黒い髪を青く染めたばかりだった（売り上げはジャフアーの予想を上回った)。奇抜なルックスだが、軽薄にはほど遠い人物だ。忍耐と自信、そして狡猾さを発揮してここまで来た。「ビジョンをもっている起業家は、それを実現するために手段を選ばない」と、ジャファーは言う。

両親は、残忍な独裁者イディ・アミンが君臨していた1970年代のウガンダから、イギリスに逃れてきた。

「私たちが育ったのは、ロンドンのなかでも環境のいい地区ではなかった」と、ジャファーは振り返る。ロンドン西部のヘイズ地区やハーリントン地区のことだ。「人生がうまくいかなかった友達も多い」とのことだが、それ以上詳しくは語ろうとしない。

インターネット上でいろいろなことを始めたのは15歳のとき。制作したウェブサイトの1つがグーグルの広告配信サービスで最上位クラスの成績を記録し、同社の動画広告テクノロジーの試験採用をもちかけられたこともあった。

「(そのテクノロジーは)最悪だった。サイトの読み込み中にブラウザがクラッシュしなければラッキーなほうだった」

ジャファーはロンドン大学キングス・カレッジで学び、同大学ユニバーシティ・カレッジで修士号を取得した。大学に進んだのは、一家で彼が最初だった。学生時代には、友達とどんちゃん騒ぎをして警備員が駆けつけ、危うく退学処分になりかけたこともあった。

その頃、ジャファーはメディアルーツという6社目の会社を経営していた。文書作成ソフトの「ワード」や画像編集ソフトの「フォトショップ」の使い方の動画解説をオンライン上で提供する会社だった。しかし、共同創業者の1人が会社の金を着服していたことが発覚し、ジャファーはもう1人の共同創業者と一緒に裁判を起こす羽目になった。この時期は、オフィスで寝泊まりし、スーパーマーケットで消費期限切れ直前の値引き品を買って食いつないでいた。「家族や友達とも連絡を取らなくなった」

そうした苦しい日々に思いついたのがバングルのアイデアだった。しかし、新しいビジネスを始めるには、資金不足が大きな障害になった。

そんなとき、エンジェルパッドというインキュベーター（起業支援事業）が主催するコンテストのことを知った。このインキュベーターの共同創設者の1人は、グーグルで国際プロダクトマーケティングの仕事をしていたトーマス・コルテ。コンテストでは、最も優れた起業アイデアに12万ドルの資金が提供されるとのことだった。

アメリカの起業家が有利に思える状況で、大西洋を隔てたイギリスが拠点のジャファーと共同創業者のジャック・スミスは、どうすれば注目を引きつけられるのか？ 2人は自分たちがバングルについて語った動画を制作し、「トーマス・コルテをご存知ありませんか？」というタイトルをつけた。そして、なけなしの資金を使い、この動画の広告をインターネット上に掲載した。すると、動画は話題を呼び、コルテについて検索する人が続出した。しかし、コルテはそれを面白いと思わず、迷惑だと感じた。

「『動画を消去してくれ。きみたちのことは目にとまったよ』と言われた」

ジャファーはコンテストに優勝し、賞金を獲得した。そして、それを土台に事業を育て、わずか2年で2500万ドルを超す資金を調達した。年間売上高の平均は、2017年までに3億ドルに達した。

しかし、成長の過程ではさまざまな試練も経験した。とくに、2014年にアップルがアプリに関する方針を変更したときは苦境に追い込まれた。新しいルールの下では、ソーシャル広告をシェアしたユーザーに報酬が支払われる場合、アプリ開発者がそのシェアを表示することが事実上禁止された。その種の広告はバングルのビジネスに欠かせないもので、同社の顧客企業はそうした広告に売り上げを大きく依存していた。アップルの方針変更は、バングルにとっても、モバイル端末向けアプリに関わる業界全体にとっても大打撃だった。そこで、ジャファーはチームの面々にはっぱをかけ、アップルに方針を撤回させるために動いた。主要な顧客や広告パートナーと会い、共闘しはじめると、賛同者が集まり、同様の思いをいだくモバイル関連企業も続々と懸念を表明するようになった。1カ月もしないうちにアップルは方針を撤回し、バングルのビジネスは再び軌道に乗った。

■大企業から学んだこと

ウォルト・ディズニーやマイクロソフトなどの大企業との仕事を通じて、バングルは会社として追求する使命に磨きをかけ、以前よりはるかに素晴らしい会社に変身した。

「私たちのビジョンはだいぶ変わった」と、私と最初に会った1年後、サンフランシスコでも治安の悪いサウス・オブ・マーケット地区にある同社のオフィスで、ジャファーは述べている。どのようにビジョンが変わったのか？

「ときには、データより直感を優先させることもあるけれど、会社が大きくなるにつれてデータ重視の傾向が強まってきた」とのことだ。

具体的には、さまざまなパターンの動画広告をテストしたり、広告主から得るイベントデータ（ユーザーが実際に取った行動についてのデータ）を重んじたりするようになった。顧客企業は広告支出のＲＯＩ（投資回収率）を知りたがる。これは当然の要求だ。「ＫＰＩ（主要業績評価指標）が明らかにされなければ、ユーザーのクリックや視聴に対して金を払う企業などない」と、ジャファーは言う。

そこで、顧客企業にとっての価値をもっと目に見えやすくするために、顧客に示す指標を変更した。視聴1回当たりのコストや、クリック１０００回当たりのコストではなく、ＲＯＡＳ（広告費用の回収率）を示すようにしたのだ。これは完璧な指標とまでは言えないが、特定の広告にユーザーがどのような反応を示し、その行動が長期的に見てどのようなＲＯＩをもたらすかを、旧来の指標より正確に把握できる。バングルは大企業とパートナーになったことで、好ましい方向への一歩を踏み出せたのである。

「今日は生活のあらゆる側面を数値化できる時代だ」と、ジャファーは言う。バングルの新しいモデルを用いれば、崩壊寸前に追い込まれている旧来型の小売業を助けられる可能性もあるという。大手百貨店のメイシーズが生き残りに汲々とし、店舗の閉鎖を続けるなか、バングルはモバイル端末に特化したアプリと連携して消費者にクーポンを配り、買い物を促そうとしている。

新興企業がパートナーシップから得られる恩恵は大きい。「グローバル・パートナーシップ・スタディ」によれば、新興企業の9割以上は、パートナーシップのおかげで信頼を獲得できたと感じている。85%は成長が加速したと答え、78%は自信が高まったと答えている。前述したように、新しい考え方と仕事の仕方を学べたという企業も3分の2近くに上る。

■協力し合うことが成果への近道

デジタル文書を保管・共有するためのクラウドサービスを提供するボックス社の共同創業者兼CEOのアーロン・レヴィーに言わせれば、新興企業は巨大企業と手を組むことにより、成長を加速させるための現実的な道筋を見いだせる。産業界がさまざまなソフトウェアに費やしている金額は年間3000億ドルにも上る。ライバル社のシェアを奪うことに躍起になる必要はないと、レヴィーは言う。

「これを5000億ドルに増やすためには、自社か、ライバル社のプラットフォームかにこだわらず、ユーザーに最良の経験を提供することが重要だ。この点を意識すると、途端に発想が変わる。オープンな姿勢をもつことについて、そしてパートナーと協働することについて、それまでとは異なる考え方をするようになる」

ボックスのパートナーには、IBM、アップル、マイクロソフトといった老舗企業が名を連ねる。

「自分たちの世界が急速に拡大していたり、変化していたりすることを理解し、ほかの企業と協力し合うこと、それが近道だと知っておくべきだ」と、レヴィーは言う。

レヴィーは、新興企業と既存企業がパートナーになるべき理由をもう1つ挙げている。

「相手企業が改革を推し進める際にもっと頼りにしてもらいたい。テクノロジー関連で大きなアイデアを思いついたときでも、私たちの専門分野とはまったく関係ない問題が持ち上がったときでも、真っ先に連絡してほしい。課題を乗り越える力になりたい」

この点について、詳しくは第5章で論じたい。

既存企業と新興企業がパートナーシップを結べば、企業の存続と繁栄に役立つスキルと力を手にできる。その恩恵は、大企業も中小企業も老舗企業も新興企業も、受けられる。問題は、どうやってパートナーシップを築けばいいのかだ。

「有益だというのはわかっている」と、ある小売企業幹部は私に言った。「知りたいのは、どうすればパートナーシップを成功させられるのかだ」

その過程にはどのような困難がついて回り、その試練を克服するためにどのような方法があるのか？——この問いに答えることが次章以降の課題だ。

第3章

なぜパートナーシップを組むのか？

それは、イノベーションに効く（エナジードリンクの）レッドブルみたいなものだ。
——エドゥアルド・コンラード、モトローラ・ソリューションズ最高イノベーション・戦略責任者

あなたが既存企業の幹部なら、前章まで読んできて、いくつかの新興企業とパートナーになろうと心に決めたかもしれない。次にあなたが問うべきなのは、「パートナーシップを通じて、どのように自社のニーズを満たすのか？」「理想のパートナーはどの新興企業か？」という問いだ。

最初に目標と目的と期待をはっきりさせておく必要がある。もちろん、パートナーシップが継続する間にそれが少し変わる場合もあるし、ときには根本から変わる場合もあるだろう。

それでも、はじめに明確なゴールを定めておいたほうが、既存企業と新興企業の双方にとって好ましい結果になる。

パートナーシップが発足したあと、両社の間にはさまざまな問題が持ち上がる可能性がある。私たちの委嘱でオグルヴィレッドが実施した「グローバル・パートナーシップ・スタディ」（世界の100社の既存企業と101社の新興企業が調査対象）によると、大企業側が不満をもつ最大の理由は、期待が裏切られたこと、もしくは現実離れした期待をいだいていたことだ。この理由が飛び抜けて多い。2番目に多い理由は、コミュニケーションの欠如。それに続くのが、埋め難い企業文化の溝だ。最初にこれらの問題に対処することがきわめて重要になる。

では、関係を長続きさせるために、どのような関わり方をすべきなのだろう？

本章では、パートナーシップの目的について論じる。新興企業と手を組むことで何を得ようとするのか、そして、好ましい結果を生み出すためにどのように目標を定めるのかという点を考えていく。

「グローバル・パートナーシップ・スタディ」によれば、既存企業の40％は、パートナーシップで追求するゴールとして売り上げの増加を挙げている。それに対し、前述したように、新興企業側が挙げる動機は、資源へのアクセス（23％）、資金の獲得（21％）、売り上げの増加（20％）などだ。

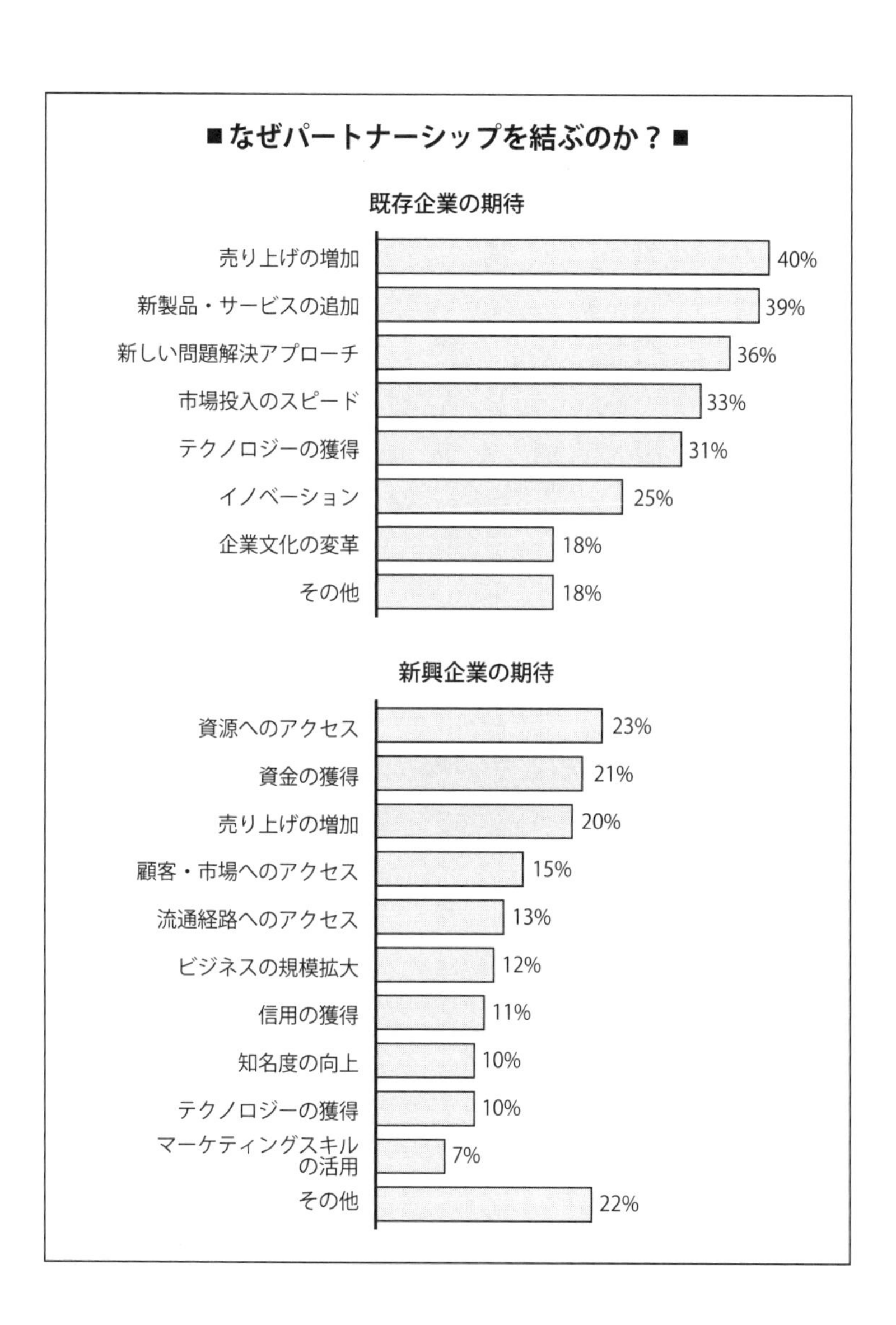
■なぜパートナーシップを結ぶのか？■
既存企業の期待
売り上げの増加
40%
新製品・サービスの追加
39%
新しい問題解決アプローチ
36%
市場投入のスピード
33%
テクノロジーの獲得
31%
イノベーション
25%
企業文化の変革
18%
その他
18%
新興企業の期待
資源へのアクセス
23%
資金の獲得
21%
売り上げの増加
20%
顧客・市場へのアクセス
15%
流通経路へのアクセス
13%
ビジネスの規模拡大
12%
信用の獲得
11%
知名度の向上
10%
テクノロジーの獲得
10%
マーケティングスキルの活用
7%
その他
22%

しかし、さまざまな既存企業の実例を読むとわかるように、パートナーシップを結ぶ動機や新興企業との関わり方に唯一の正解はない。たとえば、GEは会社の再活性化を目指す社内の取り組み「ファストワークス」から生まれた指針を堅持してきた。一方、ウェルズ・ファーゴは、社内の事業部門のニーズに合わせてパートナーシップを結ぶものとしている。

IBMでは、人工知能プラットフォームの「ワトソン」がここ数十年間で最も胸躍るビジネス機会を生み出しており、新興企業との間でもさまざまな関係が形づくられている。小売大手のターゲットはウェルズ・ファーゴと同様、パートナーシップを通じていくつかのビジネステーマを追求している。

選ばれるテーマは、中核事業の成長につながると期待できるものだ。モトローラ・ソリューションズは、20年にわたって新興企業とのパートナーシップを実践してきた。90年の歴史をもつ老舗企業のなかで、同社ほどイノベーション環境が周到で明確な企業は珍しい。

このように具体的なアプローチは違っても、これらの企業には共通する点がある。新興企業と手を組む理由がはっきりしているのだ。たとえば、解決したい問題があったり、新しい分野に（とりわけ自社が経験不足だと感じている分野に）乗り出そうとしていたり、新興企業の力を借りて会社の活性化や変革を目指していたりといった具合だ。いずれにせよ、まずは明確な目的をもつことから始める必要がある。

■相手企業の成長段階を考慮に入れる

スー・シーゲルは、GEベンチャーズのCEOで、ヘルスケア関連のイノベーションを目指す同社の取り組み「ヘルシーマジネーション」の責任者も務めている。100社あまりの新興企業との関係をマネジメントするシーゲルは、新興企業とのパートナーシップや新興企業への投資を検討する際、以下に挙げる5項目のチェックリストをかならず用いる。100社あまりの新興企業のうち、約30％は起業直後のアーリーステージの企業、残りはそれ以降の段階の企業だ。

シーゲルは2012年にGEに加わる前、カリフォルニア州メンロパークのベンチャーキャピタル、モール・ダヴィドー・ベンチャーズのパートナー（共同経営者）を5年間務めていた。新興企業で働いた年数はもっと長い。そうした経験を通じて、新興企業が成功する条件と失敗する原因がよくわかっている。彼女が大切にする5つのチェックリストを本人の言葉で紹介しよう。

■「第1に、自社の方針をはっきりさせなくてはならない。パートナーシップを通じて、何を得たいのか？　この新興企業はそれをもたらせるのか？　何を最も重んじるかが明確になっていないと、あらゆることを求めるようになり、パートナー探しの選択肢が狭まってしまう」

■「第2に、相手企業も成功できなくてはならない。そのつもりでいないと、戦略的パートナーシップは成り立たない」

■「第3に、相手企業が独立した企業として存続できなくてはならない。そうでないと、その企業を支える羽目になる」

■「第4に、自社のニーズに合わせて、どのような成長段階の新興企業を選ぶかを決めなくてはならない。新興企業の最初の大規模な資金調達に応じる場合は、リスクをはっきり認識しておく必要がある。自社が望むとおりの結果を得たければ、相手企業の成長段階を考慮に入れるべきだ」

■「第5に、企業文化の要素も無視してはならない。大企業側の人間はパートナーシップのマネジメント以外に10件の業務を抱えている場合もあるだろうが、新興企業側の関心事はパートナーシップを成功させることただ1つだったりする。1つひとつのパートナーシップの目的に応じて、適切な成長段階と文化の新興企業を選ぶことが重要だ」

あなたは、パートナーシップを通じて何を目指すのか？

「グローバル・パートナーシップ・スタディ」によると、ほとんどの大企業は、新興企業と手を組むに当たり、具体的な目標をもっている。最も多かった回答は、売り上げの増加（40％）。そのあと、新製品・サービスの追加（39％）、新しい問題解決アプローチを見いだすこと（36％）、商品の市場投入のスピードを高めること（33％）、新しいテクノロジーを獲得すること（31％）と続く。企業文化の変革を挙げた企業は、わずか18％にとどまった。ただし、パートナーシップを成功させた企業の多くが企業文化を大きく変容させていることは見落とせない（詳しくは第9章で論じる）。いずれにせよ、具体性のある目標を定めることが好ましい結果を手にするための第一歩になる。

しかし、それだけで十分なのか？

歴史ある企業が会社を根本から変えようとする場合は、ほかにも大切なことがある。GEは単に成果を徹底的に追求するだけでなく、その過程で以下の5つの重要な信条を重んじている。

1 私たちが成功するか否かを決めるのは顧客だと心得る。

2 スリムな組織を維持し、スピーディーに行動する。

3　学習し、修正する。
4　互いの能力を引き出し、刺激し合う。
5　不確実な世界で結果を出す。

顧客に恩恵をもたらせる企業と組む

ウェルズ・ファーゴは、GEと異なり、重要な信条をはっきり掲げることはしていない。そもそも、同社は会社を根本から変えようと思っていないのだ。イノベーションの果実を少しずつ味わうことが目的で、その取り組みをきわめて集権的な形で進めている。

同社が2014年8月に立ち上げたアクセラレーター（新興企業の事業拡大を支援する事業）は、毎年6社にしか投資しない。春に3社、秋に3社である。この活動の方向を定めるのがイノベーション・グループという組織だ。リーダーを務めるのは、抜本的変革の旗振り役として社内で尊敬を集めているスティーブ・エリス。以前は、法人向け事業を統括していた人物だ。

「アクセラレーター事業で重んじているテーマがいくつかある。セキュリティ、顧客体験、データ分析だ」と、エリスは言う。同社はこの基本方針の下、決済と生体認証、AR（拡張現実）、本人確認と詐欺防止などの分野の新興企業に関心を示してきた。

2017年までアクセラレーター事業の運営に当たったブラデン・モアは、新興企業からの「イノベーションの流入」を促進したいと考えている。しかし、「投資するのは、社内のいずれかの事業部門がその企業との協働に興味をもっていて、本気で取り組む意思を示している場合に限られる」という。

ミズーリ州カンザスシティの生体認証関連企業アイベリファイの場合は、財務管理部門が関心を示した。「生体認証には2008年から注目していた」と、モアは言う。戦略マネジャーとしてウェルズ・ファーゴに加わったのは2000年。スラックスにポロシャツ姿のモアは、アメリカ屈指の大銀行のオフィスより、33階下のサンフランシスコ港に停泊する船の上のほうがお似合いに見える。

最初の頃、生体認証はそれほど有望なテクノロジーに思えなかった。当時、生体認証分野の新興企業は、声による認証の実用化を目指すケースがほとんどだった。しかし、この方法による認証の精度はせいぜい98%。これでは、金融機関では使い物にならない。それに対し、アイベリファイの技術は、眼球の強膜の血流を読み取る。この情報は1人ひとり異なるので、100%に近い精度を実現できる。

モアによれば、アクセラレーターを通じて半年くらい新興企業と関われば、その企業のアイデアを採用すべきかの判断がつく。いずれかの事業部門にとって有益かを見極められるのだ。ここで言う「有益」とは、「社員がもっと顧客の役に立てるようになる」という意味だ。

「いま法人顧客向けにアイベリファイの技術を導入する準備を進めている。この種の技術をこれほど大々的に採用するのは、民間銀行では前例がないと思う」とのことだ。

イノベーションのDNAに再び火をつける

スーパーマーケットチェーンのターゲットも、いくつかの領域に絞り込んで新興企業とパートナーシップを結んでいる。振り返れば、同社は創業以来、小売業におけるイノベーションの最先端を走り続けてきた企業だ。そうしたイノベーションはいつも決まって、切実な必要に迫られて社内で生まれた。

1920年代、ミネアポリスで百貨店を営んでいたターゲットの創業一族は、荷役労働者がストライキを打ったとき、それに対抗してニューヨークから飛行機で商品を運んだ。さらに話題づくりを狙って、ミネアポリスの市街で飛行機のパレードもおこなった。飛行機で輸送した商品は飛ぶように売れたという。その後、1950年代に都市郊外住宅地への人口移動が進み、都心の繁華街に店舗を構える百貨店ビジネスに悪影響が及びはじめると、同社はアメリカ初の屋内ショッピングモールをオープンして対応した（ミネソタ州の冬はとても厳しく、屋内ショッピングモールへのニーズが高いようだ）。

スーパーマーケット事業に乗り出したのは1962年。ウォルマートとKマートが同様の事業を始めたのと同じ年だ（当時は、いずれのチェーンもまだ全国展開していなかった）。やがてウォルマートが店舗数を増やし、安売りスーパーのリーダーにのし上がると、ターゲットは別の道で勝負することにした。「チープ・シック（安くてオシャレ）」の総本山になろうと決めたのだ。そのために、有力デザイナーと手を組んだり、期間限定商品を売り出したりした。マイケル・グレイヴス（独特なデザインのケトルで有名）、アイザック・ミズラヒ、ミッソーニ、リリー・ピュリッツァーなどとのコラボ商品を発売している。この戦略は、多くの小売業者に模倣された。

いまもターゲットのイノベーションの多くは社内で生まれているが、自社の核を成す部分の変化を後押しし、加速させるために、最近は社外の人材も活用している。

ブライアン・コーネルは、同社の歴史ではじめて社外から起用されたＣＥＯだ。小売業界での経験は30年に及び、手芸品店チェーンのマイケルズや会員制ディスカウントストアのサムズ・クラブのＣＥＯなどを歴任してきた。食品・飲料品大手のペプシコでも長く要職を務めた。２０１４年、ターゲットが大規模なハッキング被害を受けた直後にＣＥＯに就任したときには、自社の抱えている問題をはっきり認識していた。10年遅れでデジタル革命に乗り出したが、道を見失っていたのだ。

コーネルはいくつかの手強い課題に取り組んだ。２０１４年の時点でターゲットの売り上げは低迷しており、はじめての海外進出であるカナダ事業は、向こう10年間にわたり赤字を計上する見通しだった。コーネルは就任早々にカナダからの撤退を決め、精彩を欠く薬局事業をドラッグストアチェーン大手のCVS・ヘルスに売却。そして、長年守り続けてきたターゲットのブランド価値（オシャレ、子ども、家族）に沿って会社を変身させる計画をまとめた。多くの消費者がいる都市部に小型店舗を出店する計画にも着手した。ミレニアル世代は都市部に住む人が増えているが、そのような立地は旧来型の店舗には適していなかったからだ。

コーネルは会社上層部の変革にも踏み切った。以前はゼネラリストが重用されていたが、もっとスペシャリストを増やす必要があると感じたのだ。そこで、アマゾンとテスコ（イギリスの大手スーパーマーケットチェーン）からベテランを迎えて、巨大なグローバル・サプライチェーンの改革を開始した。

さらに、百貨店チェーンのノードストロームでブランド責任者を務めていた人物を招き、多くの既存ブランドを打ち切り、十数の独占ブランドを新規に打ち出した。ブランドの入れ替えは2年足らずの短期間で実行され、廃止されたブランドの売上高は合計100億ドルを突破した。仕入れ担当者たちには、「いま成績のいい商品が優れた将来性をもっていると思い込まないように」とくぎを刺した。

しかし、これだけではまだ不十分だった。ターゲットの経営陣は、大企業こそ手に入る資源を活用し、大規模で複雑な問題を解決することを得意としていた。しかし、いまはデジタルテクノロジーにより想定外の大激変が起きる時代だ。もっと起業家型のリーダーが必要になりつつあった。リスクを避けず、速いペースで新しい取り組みを始められる人材が求められていたのだ。

そうした状況を受けて、ターゲットはついに新興企業とのパートナーシップに前向きになり、有力アクセラレーターのテックスターズと組んで小売業対象のアクセラレーターを立ち上げた。テックスターズは、起業家を大企業のメンターと組ませることにより、新興企業の滑り出しを支援している会社だ。

ターゲットがこのように新しいことを試みるのは、これがはじめてではない。前述したように、同社の創業一族はアメリカ初の屋内ショッピングモールをつくり、1962年には百貨店の地下でスーパーマーケットを開業している。

「私たちは実験から生まれた会社だ」と、コーネルは言う。「実験は私たちのDNAの一部を成している」

同社はいまもさまざまな新しいアプローチを試み、それに絶えず修正を加えている。2015年6月には、サンフランシスコのイェルバ・ブエナ芸術センター（YBCA）の近くに、「オープン・ハウス」というラボ兼店舗を開設した。一般の住宅をイメージし、300平方メートルあまりのスペースを透明のアクリル板で小部屋に仕切ってある。ここには、サーモスタット（温度調節器）、セキュリティ機器、スピーカー、家電など、インターネットに接続するエレクトロニクス製品がたくさん展示されている。狙いは、そこで商品を売ることではなく、消費者がインターネット・オブ・シングズ（ＩｏＴ）にどのような反応を示すかを学ぶことにある（ちなみに、現時点での消費者の反応は、両手を挙げての歓迎とは言えないようだ）。

オープン・ハウスでは、地元の起業家たちとの会合もおこなっている。一方、ターゲットの消費者向けＩｏＴ担当副社長で、同社のサンフランシスコ・イノベーションセンターの所長を務めるジーン・ハンは、早くもこの施設の刷新も検討しはじめているという。

ターゲットがテックスターズとともに始めたアクセラレーターについては次章で詳しく述べるが、このアクセラレーターは充実したメンター陣を用意して新興企業を支援している。その活動の第1弾として、ターゲットは11社の新興企業と関わり、自社の幹部を新興企業の創業者たちと交流させ、コーチ役を担わせてきた。このうちの数社には投資をおこない、提携関係を結んでいる。

機械の力で多様な新興企業を花開かせる

ＩＢＭも起業家精神のＤＮＡをもっていると主張する会社の1つだ。「これまで会社を根本から変革する必要に迫られたことが数回あった」と、同社のワトソン・グループの最高マーケティング責任者（ＣＭＯ）を務めるスティーブン・ゴールドは語る。パートナープログラムとベンチャーキャピタル投資を担当する副社長も務める人物だ。

「そうしたときは、一般には新興企業的だと思われるような発想で行動してきた。その発想とは、退路を断つという考え方だ」と、ゴールドは説明する。

おざなりな相槌を打って聞き流したくなるかもしれない。しかし、ＩＢＭが過去に経験した大変身の例をいくつか聞くと、思わず身を乗り出したくなる。ＩＢＭは、１９６０年代半ばに大型汎用コンピュータ「システム／３６０」を送り出し、１９９０年代半ばには「ｅビジネス」という言葉を掲げて企業業務へのインターネットの活用を推し進めた（当時、インターネットはまだ比較的新しい技術だった）。

そして２０１５年、ジニ・ロメッティ会長兼ＣＥＯが「（コンサルティング会社の）ガートナーのシンポジウムで講演し、『コグニティブ（認知）ビジネスの時代がやって来る』と言い切った」と、ゴールドは言う。

人工知能は、機械が人間の頭脳を模倣し、人間とコンピュータが「最良の友人」になるという前提に立つ未来的なテクノロジーだが、それまでは掛け声倒れに終わっていた。ＩＢＭが掲げるコグニティブ・コンピューティングは、自然言語処理、推論、機械学習、音声・画像識別など、さまざまな面で従来の人工知能を凌駕するものだ。同社が開発した人工知能プラットフォーム「ワトソン」は、さまざまな新しいビジネスを生み出しつつある。

ゴールドは、ワトソンの取り組みを「壮大な挑戦」と呼ぶ。この呼び方は大げさではない。ワトソンと言えば、２０１１年にテレビのクイズ番組『ジョパディ』のチャンピオン（もちろん人間だ）を破ったエピソードが有名だ。しかし、現在のワトソンは「壮大な挑戦」という言葉にふさわしく、当時より格段に進化している。ＩＢＭはワトソンの機能を無償で社外に公開しており、多くの新興企業や大学がそれに群がっている。

「このようなテクノロジーを開発して、誰にでも使いやすくて価値のあるソリューションを提供したいと、最初から言い続けていた」と語るゴールドは、どことなく『大統領の陰謀』で有名なジャーナリストのボブ・ウッドワードを若くしたような風貌の持ち主だ。

ワトソンを利用して製品やサービスを開発した企業は、「ワトソンのエコシステム（生態系）に加わることになる」。とは言っても、狭い世界に閉じこめられるわけではない。「そのエコシステムは世界全体に広がっている」とのことだ。

そして、その世界は大きな可能性に満ちている。誰でもワトソンを用いることにより、膨大な量のデータを解析し、雑多な情報から有用な知識を引き出せる。

「すべての人の能力が高まる。個人の専門技能が強化され、拡張され、加速される」

ワトソンの天才的なところは――「天才的」という表現が機械にふさわしいかはともかく――最初に人間がプログラムをつくれば、あとは自力で学習し、ものごとを理解して推論を導き出せる点だ。ＩＢＭのワトソン・グループは、２０１３年前半以来、膨大な数の新興企業やその他の団体とパートナーになってきた。大きなプロジェクトもあれば小さなプロジェクトもあるし、ライセンス料は有償の場合もあれば無償の場合もある。

そのなかには、文字どおり人の命を救うためのプロジェクトも含まれている。たとえば、メモリアル・スローン・ケタリング癌センター、クエスト・ダイアグノスティクス社、メイヨー・クリニック、ファイザー社などと協力して、エビデンス（科学的根拠）に基づく医療と癌診断を加速させようとしている。

一方、純粋に楽しさを追求するためのプロジェクトは、非常に大きな収益をもたらす可能性を秘めている。旅行予約サイトのトラベロシティとカヤックの共同創業者でもあったテリー・ジョーンズが新たに立ち上げたウェイブレイザー社は、ワトソンを利用して、旅の世界に旅行代理店（と個人コンシェルジュ）のような存在を復活させようとしている。

大手百貨店のメイシーズは、ワトソンのパートナーであるサティスファイ・ラボと組んで、モバイル機器を用いた買い物アシスタントを店舗に導入した。この「アシスタント」は、生身の店員よりはるかに来店客の役に立っている（サティスファイ・ラボには第5章で再び言及する。また次章では、恋人探しアプリにワトソンの「トーン・アナライザー」というサービスを活用し、文章から人の感情を読み取らせている例も紹介する）。

ＩＢＭはファッション界とも手を組んでいる。たとえば、ファッションデザイナーのジョルジーナ・チャップマンがＬＥＤを組み込んだドレスをつくるのを助けたことがある。

テキサス州オースティンで毎年開催されている巨大複合イベント「サウス・バイ・サウスウェスト（ＳＸＳＷ）」では、テクノロジーとエンターテインメントを融合させる取り組みにも首を突っ込んでいる。

私は２０１７年のＳＸＳＷで、ワトソンのシステムを土台にしたバーチャルリアリティ・ソフトウェアにより、自分の声だけでバーチャルな世界をつくり上げるという、ＩＢＭのインスタレーションを体験した。

しかし、ハイライトは別にあった。それは、ワトソンが来場者と面談し、その人がどういうタイプの人間かを判定するという試みだった。このとき、ワトソンは私を「メンター型」と判断し、その場で私のための特製Ｔシャツをつくってくれた。１９８０年代にビジネススクールを修了した私が面接を受けたときのＩＢＭを思い出すと、まるで別の会社だ。

ＩＢＭは高度なテクノロジーの世界とも関わっている。ＩＢＭでワトソン関連の業務を担当していた人たちが設立したコグニティブスケールという会社がある。この会社は、ビッグデータの活用が往々にして期待はずれに終わっている現状を変えることを目指している。「私たちは彼らに触発され、行動を突き動かされている」と、ゴールドは言う。

この言葉がすべてを物語っている。ＩＢＭは、膨大な数の起業家で構成される緩やかな連合体を形成し、その力を借りてワトソンの新しい活用方法を見いだし、それを実行に移そうとしているのだ。

「（ワトソンは）これらの企業のビジネスを加速させるうえで非常に大きな役割を果たしてきた」と、ゴールドは言う。「これからは、新興企業や個人や開発業者がパートナー企業に対して期待するものが大きく変わるだろう」

ＩＢＭは、この「壮大な挑戦」に本気で挑んでいる。同社によれば、ワトソンの利用者は近く10億人を突破する見込みだ。製品やサービスへの人工知能の導入も進んでいる。

「このテクノロジーの中核技術は、私たちの事業全体に浸透しはじめている」と、ゴールドは語る。自社の新しいビジネスを使って新しいパートナーを見いだし、そのパートナーシップを通じて社内に変化の火花を起こし、変化を会社全体に広げていく――このようなＩＢＭの戦略は、非常に賢明なものと言える。

ここまで、いくつかの企業の戦略を紹介してきた。いずれの場合も、自社がパートナーシップに何を求めるかを明確にすることが出発点だった。ＧＥやウェルズ・ファーゴは、厳格な方針を決めて全社に徹底させている。一方、ターゲットやＩＢＭは、明確な目標を掲げてはいるものの、それを達成するための仕組みにはもっと柔軟性を認めている。後者のタイプの企業は、未知のことを実験したいという意欲が強いのだろう。

モトローラ・ソリューションズは、この種のことを実践してきた経験が大半の既存企業より豊富だ。パートナーシップの生かし方も真剣に検討してきた。その結果として、パートナーシップを会社全体の活動と一体化させ、幹部たちも積極的に関わるようにしている。

小さなハブと多くのスポーク

自転車のホイール（車輪）を思い浮かべてほしい。中心に軸（ハブ）があり、そこから外に向かって放射状にいくつもの棒（スポーク）が延びている。

モトローラ・ソリューションズのパートナーシップ戦略は、イノベーションの推進という目標が小さくとも強力な「ハブ」をつくり出していて、そこから多くの「スポーク」が広がっているというイメージでとらえればいいだろう。このハブとスポークで構成される「ホイール」が――慣性を利用して動き続ける「フライホイール（弾み車）」のほうが的確な比喩かもしれないが――会社を前に進めている。この取り組みは、マーケットやメディアの目にほとんどとまっていない。

モトローラ・ソリューションズは、旧モトローラ社が2011年に分割されて誕生した2つの会社の片割れだ。もう1つの新会社であるモトローラ・モビリティは、グーグルに買収された。こちらは、携帯端末事業を展開するほか、携帯端末用OS「アンドロイド」関連の特許を保有していた会社だ。買収の2年後、グーグルは同社の携帯端末事業を中国のパソコンメーカー、レノボに売却している。

モトローラ・ソリューションズは、消防、警察、救急、エネルギー、交通、医療などの分野で不可欠なテクノロジーを顧客に提供している。退屈なビジネスに思えるかもしれないが、それは違う。いまのモトローラ・ソリューションズは、無線機器の製造・販売だけでなく、新しい感覚に基づいた取り組みも実践している。

たとえば、「ロボコップ2」という未来コンセプトがある。最高技術責任者（CTO）のポール・スタインバーグの言葉を借りれば、これは「インターネットと接続した未来の緊急出動隊」をつくろうという試みだ。

この会社が卓越したイノベーション能力をもっていることをよく知っている。2005年から会社分割までの間、旧モトローラ社の取締役を務めていたからだ。この時期は、会社にとって試練の日々だった。大株主である投資家のカール・アイカーンが取締役の選任権と会社分割を要求し、株主総会の委任状争奪戦を延々と続けていたのだ。それでも、2012年、モトローラ・ソリューションズは12億ドルでアイカーンの持ち株を買い戻し、再び自由を手にした。

■イノベーションの「猟場」を決める

　モトローラ・ソリューションズは、アイカーンが関わっていた頃に比べると売り上げは70%程度に減り、スリムな会社になった。しかし、営業利益率と純利益率は大きく改善した。これは、いわゆるイノベーションの「エコシステム（生態系）」の産物でもある。「エコシステム」という言葉を安易に使うことは避けたいが、同社の場合は確かに、新しいアイデアとパートナーシップが花開く場をつくり出すことに成功している。

　モトローラ・ソリューションズが追求する課題はセキュリティと安全だ。それを核に据えることにより、実験のテーマを絞り込めている。そのなかには、具体的な問題を解決するための実験もあれば、イノベーション指向の企業文化をはぐくむための実験や、偶然の成功に賭ける実験もある。

「私たちは『猟場』を決めている」と、最高イノベーション・戦略責任者のエドゥアルド・コンラードは言う。イノベーションを推し進めたい領域を4つか5つ選んでいるのだ。

　そうした猟場では、同社のベンチャーキャピタル部門（新興企業や歴史の浅い企業に投資している）や、最高幹部たち（投資運用委員会の役割をきわめて精力的に果たしている）、製品戦略チーム、そしてイスラエルに拠点を置くイノベーション・センターなど、多くの狩人たちが魅力的な獲物を追求している。

「優れたアイデアは独り占めできない」と、コンラードは言う。モトローラに加わって四半世紀。ヨーロッパの外交官を思わせる物腰の人物だ。モトローラ・ソリューションズの新しい本社があるシカゴ周辺、そしてニューヨーク、シリコンバレー、トロント（カナダ）、テルアビブ（イスラエル）の起業家たちと話すことも多い。

「面会を終えると活力が湧いてくる。それは、イノベーションに効く（エナジードリンクの）レッドブルみたいなものだ。ただし、少し謙虚な気持ちにもなる。『それまでやってきたことをもっと速く、ちょっと違う方法でやることもできたんだ』と思えるから」

一方、パートナーである新興企業には、どのようなメリットがあるのか？ 400万〜500万ドルの（ときにはもっと多くの）資金が手に入り、アドバイスもたっぷり受けられる可能性がある。

「私たちはそれらの企業のテクノロジーをバーティカル（特定の業種や市場）にもっていったり、市場へのルートを提供したりしている」と、コンラードは言う。

モトローラ・ソリューションズのパートナーシップ戦略は、どのような獲物（＝テーマや目標）がいる猟場を狙うかを決めることから始まる。「3層構造をイメージしてほしい」と、200件以上の投資をおこなってきたモトローラ・ソリューションズ・ベンチャーキャピタルのマネージング・ディレクター、リース・シュローダーは言う。

「いちばん下の層は、埋めなくてはならないギャップ。たとえば、アプリの提供を開始したり、バッテリーやディスプレーを改良したりする必要があるといった状況を指す」。その上の層は、ギャップを埋めるために「向上させなくてはならない能力」だ。「デザインの能力を向上させる必要があるなら、パートナーになれるデザイン会社を探さなくてはならない」

そして、いちばん上の層が「戦略上のテーマ」だ。「いま追求しているテーマは3つある。1つはデータ主導の公衆安全対策、1つはいわゆるインテリジェント・エッジ、もう1つはモバイルアプリのエコシステム」だという。

「インテリジェント・エッジ」とは、データが収集された場所の近くでデータ処理をおこない、重要な決定をくだす方式のことだ。これらの大テーマの下に、さらにいくつもの小テーマがある。

「ベンチャーキャピタリストたちにその小テーマを伝える。自分の興味を相手に知ってもらうには、それが有効だから」と、シュローダーは言う。

それまで築いてきたネットワークのメンバーに自社の希望を伝えると、やり取りが活性化し、有望な候補を提案してもらえるのだ。

■猟場で見つけた「獲物」

モトローラ・ソリューションズは、モバイルアプリのエコシステムというテーマを追求した結果、カナダのオンタリオ州ミシサガにあるシーンドックという新興企業に目をとめた。「信頼性の高いデジタルノート」を開発した企業だ。警察、消防、救急の隊員は、同社のモバイルアプリを用いることにより、現場で音声と動画を記録しながらデジタルノートに手書きでメモを取り、その情報すべてをリアルタイムで共有できる。

「犯罪現場に駆けつける警察官は、ほとんどの場合、いまだに紙のメモ帳にメモを取っている」と語るシュローダーは、長く伸ばした顎ひげと個性的な眼鏡から受けるイメージに反して、弁護士資格の持ち主だ。モトローラでの27年間の約半分をネットワーク部門で、残りの期間のほとんどをベンチャーキャピタル部門で過ごしてきた。

「去年、ひどい事故の現場に居合わせたとき、それを目の当たりにした。警察に通報して現場で待っていると、やがて警察官がやって来て事情聴取された。そのとき、警察官が持っていたのは、小さな紙のメモ帳だった」

一方、インテリジェント・エッジの猟場では、カリフォルニア州ニューアークのショットスポッター社のような会社に投資している。この会社は、ソナー技術を活用して、銃が発砲された場所を特定する方法を開発した。簡単に言うと、高性能のコンピュータで管理されたマイクを使い、三角法により現場をピンポイントで割り出す。今日では、アメリカの多くの都市の警察が同社の技術を採用し、発砲の回数や場所を突き止めている。それにより、警察官が現場に駆けつけるまでの時間が短くなり、現場の状況も把握しやすくなった。

社内に機動的な投資運用委員会をつくる

シュローダーは、投資する前に、社内で何人かの人物から同意を取りつけることにしている。まず、最高幹部レベルの支援者を確保する。たいていは直属の上司であるＣＴＯのポール・スタインバーグだが、製品・サービス担当のブルース・ブルダ上級副社長の場合もある。「隣接分野の会社など、既存事業とすぐに噛み合う企業に投資するときは、ブルースの同意を得る」と、シュローダーは説明する。「ドローンへの投資など、既存事業との間にもっと距離があるときは、ポールのお墨つきをもらう」

さらに、部署レベルの支持者も見つける。多くの場合は、事業部門か技術部門の部長レベルの人物だ。この人たちには、プロジェクトに深く関わってもらう。

「彼らには、目が覚めたときに投資先企業のことが心配になるくらいの思い入れを要求する。『この投資の戦略上の目標を達成するには、どうすべきなのか？』と考えてほしい」

このほかに、社内の複数の部署からメンバーを集めた連絡調整チームも築く。メンバーには、ビジネス戦略グループの社員、スタインバーグのチーム内でベンチャーキャピタル事業に携わっていない社員、そして最近は市場開拓チームの社員も加える。

「このチームをとても頼りにしている。投資対象の精査を手伝ってもらう」と、シュローダーは言う。「ある投資にメリットがあるかもしれないと思えたら、検討を依頼する」。そして、「さらに詳しく検討するに値するという結論にいたれば、次はたいてい、相手企業とテレビ会議をおこなう」という。

そのあと、連絡調整チームのメンバーが簡単な調査用紙に記入する。ときには、相手企業の人たちにも記入してもらう。これでゴーサインが出れば、実現可能性を明らかにするための検証作業をエンジニアに依頼する。

「このプロセスでは、妥当性を素早く検討するよう心がけている。迅速な行動を目指す姿勢は、すべての社員に刷り込まれている」

■猟場の外縁をぶらつく

モトローラ・ソリューションズは、ベンチャーキャピタル事業で「まずやってみて、あとで修正する」というアプローチを採用する場合もある。「実は、私たちの既存事業以外の分野で活動している企業に投資することが好きだ」と、CTOのスタインバーグは言う。モトローラで働きはじめて20年。そのほとんどの期間をワイヤレス・ネットワーク機器部門で過ごしてきた。

スタインバーグは、テクノロジーに詳しい人物にしては珍しく、素人にもわかりやすい言葉で話をする。

「アイフルエンスという新興企業を偶然知ったとき、アイトラッキング技術のことなどまったく頭になかった。（創業者の）ジム・マーグラフとデーブ・シュティアーがこの会社のやっていることを説明してくれた。『まじか？　本当に目がマウス代わりになるんだ！』と思った。そして思いついた。『これをうちの頭部装着型ディスプレーと組み合わせれば、問題が1つ解決するぞ』」

最高イノベーション・戦略責任者のコンラードも、アイフルエンス社のレンズを手に取って説明する。

「この製品の主眼は、仮想現実（VR）と拡張現実（AR）の世界で視線による操作を可能にすることにある。ヘッドギアを装着すれば、手も使わず、声も出さずに操作できる」

VRを活用したゲームのプレーヤーにとって、魅力的な機能であることは明らかだ。実際、カリフォルニア州ミルピタスに本社を置くアイフルエンスが最初に意図していたのは、そのような用途だった。しかし、モトローラ・ソリューションズは、アイトラッキング・アルゴリズムにほかの可能性も見て取った。同社が注目したのは、この技術がさまざまな明るさの下で機能するという点だった。

「警察官や消防士は、現場で両手を空けておきたい」と、コンラードは説明する。「そのような顧客のためにこの技術を生かせないか試してみたいと思った」（本書執筆時点ではまだ試験的な取り組みに対する顧客の意見を聞いている段階で、実用化はまだ先になりそうだ)。

モトローラ・ソリューションズは、眼鏡型端末を開発した別の新興企業とのパートナーシップによっても大きく前進した。カナダのバンクーバーに本社を置くレコン・インスツルメンツ社は、グーグル・グラスが発売される1年半前に、自動車のフロントガラスなどに情報を映し出すヘッドアップディスプレーとスマートグラス(眼鏡型端末)を開発していた。同社が狙いを定めていた領域は、エクストリームスポーツ(危険性の高い過激なスポーツ)、とくにエクストリームスキーとマウンテンバイクだった。

「私たちの市場を念頭に置いた製品ではなかったが」と、スタインバーグは言う。「それは、私たちが必要としていた製品そのものだった」

たとえば、検問をおこなう警察官がヘッドセットを装着していると、逮捕状が発行されているなど、目の前のドライバーに関して何か情報があれば、視線の高さのディスプレーに表示される。「投資して2〜3カ月で、実用レベルの試作品づくりまでこぎつけた」と、スタインバーグは振り返る。

■パートナーを増やして、成功確率を高める

たくさんの企業を支援することにより、パートナーのなかから目覚ましい成功を収める企

業があらわれる確率を高くするというのは、第8章で詳しく述べるように、GEが実践している戦略だ。

モトローラ・ソリューションズも、猟場の中でいくつもの投資をすれば早期に成果を手にできると気づいた。その成果は、事前にまったく予期していなかったものの場合もある。「1件だけでなく、糸をより合わせるように、いくつもの投資を並行しておこなうとうまくいく」と、スタインバーグは言う。「投資先企業同士を引き合わせ、それらの企業が協働するように促せば、成果がいっそう高まる」

実際、アイフルエンス（アイトラッキング）とレコン・インスツルメンツ（スマートグラス）という2つの会社に投資したことも無駄な重複ではなかった。

なぜか？　両社は異なる能力をもっており、その能力を組み合わせたことで、いっそう価値ある商品を生み出せたからだ。その商品とは、「インターネットと接続した緊急出動隊」である。

そのアイデアが生まれたきっかけは、ある老舗兵器メーカーの人たちとの会話だった。「彼らは、ピストルに加速度計とジャイロスコープを取りつけてはどうかと話していた」と、スタインバーグは言う。これらのセンサー機能を搭載すれば、銃弾が発射されたとき、銃のパーツの動きを正確に把握できるので、たとえばスライドに潤滑油が適切に挿されていたかを知ることができるという話だった。

「その会社は銃を1つのサービスとして売りたいと考えていたが、私はそのことには関心がなかった。私が興味を引かれたのは、センサーを活用すれば、非常に多くの興味深い情報が得られるという点だった」

たとえば、警察の緊急対応システムで警察官の状態を重んじるようにすれば、もっとデータとインターネットが活用され、現場の警察官にとっての有用性が高まる可能性がある。

「いま用いられているウェアラブル端末を思い浮かべてほしい。たいてい、端末とスマートフォンアプリをブルートゥースで接続する仕組みになっている。そうした端末が2つあれば、その機能が2倍、3倍に高まる」と言って、スタインバーグは青い瞳を輝かせる。しかし現実には、「複数の端末を真の意味で一体化させ、融合することはまだ実現していない」という。

その状況を変えられるのが「コンテキスト・エンジン」だ。コンテキスト・エンジンは、さまざまな機器で構成されるネットワークをつくり上げ、多くのセンサーから情報を得て、その情報を最も有益な形で示す。この場合で言えば、現場に駆けつけた警察官が賢明な行動を取れるようにする。

「ある現場に銃が存在し、そこにいる警察官の緊張が生理的反応にあらわれており、しかも、その場所が警察署や射撃場ではないとする」と、スタインバーグは説明する。「この3つの条件がそろったときは、本部から現場の警察官に指示することが望ましい」

しかし、どうすれば的確な指示ができるのか？　危険に直面している人物は多くの情報を処理できない。それは、みずからの生死に関わる情報でも難しい。

この問題を解決するために、「レスポンダー・アラート」というソフトウェア・プラットフォームが開発された。具体的には、ブルートゥースを用いたパーソナル・エリア・ネットワーク（ＰＡＮ）にいくつものセンサーを接続し、それをルールエンジンで連携させる。このプラットフォームは、視線を下に落とさずにハンズフリーで使える装着型カメラと一緒に用いる。現場の警察官は、これを使って指令センターと直接やり取りできる。

レスポンダー・アラートは、警察官が置かれた状況に関するリアルタイムの情報に基づいて、モトローラ・ソリューションズの装着型カメラ「Ｓｉ５００」を自動的に操作する。たとえば、警察官が車を降りたり、銃を取り出したりしたときに、カメラをオンにするという具合だ。

Ｓｉ５００が記録した映像情報と音声情報はすべて、モトローラ・ソリューションズのクラウドベースのコンテンツ管理システム「コマンドセントラル・ボールト」に保存される。データは安全に保管されるので、警察官があとで証拠を検討したり、仲間と互いに見せ合ったりできる。自動車のナンバープレートや未成年者の顔など、慎重に取り扱うべきデータを消去することも容易だ。これまでは、そのために長時間の画像編集作業が必要な場合もあった。

Ｓｉ５００が役に立つのは警察だけではないと、スタインバーグは考えている。建設、電気・ガス関連施設の修理、油田などの現場でも威力を発揮する可能性がある。「ピストルや警棒か、レンチやオーム計かという道具の違いはあっても、直面する問題はまったく同じだ。いずれの業務もチームとしての活動という性格がある。そのような現場では、チームの状況をみんなで共有すればするほど、好ましい結果を得られる」

アイデアとイノベーションに火をつけたのは、兵器メーカーの人たちとの雑談と、２つの新興企業への投資だった。

■誰でもアイデアを発表できる環境をつくる

モトローラ・ソリューションズでは、パートナーとなる新興企業を探すことはマネジャーや幹部だけの特権的な役割ではない。その昔、イングランドの森にすむ動物を狩猟できるのがヘンリー8世だけだったのとは異なり、モトローラ・ソリューションズの「猟場」は、誰でも獲物を追える場所なのだ。同社では、社員の参加意識を高めるために、社員向けの「スタートアップ・チャレンジ」と銘打ったコンペをたびたび開催してきた。

あるときのコンペでは、およそ１００人の社員がアイデアを提案した。その１００件のアイデアはまず30件に絞り込まれ、そのうち15件が各部署のトップで構成される審査委員会の前で発表された。最終的に選ばれたのは、石油関連の作業員向けにボディハーネス型の無線機を開発するというアイデアだった。ハンズフリーで使える高機能の無線機をつくろうというのだ。

このアイデアを提案したグループは、2週間にわたり通常業務を免除され、社内のデザイナーやソフトウェアエンジニアたちと話し合った。「アイデアの実現に必要なものはすべて用意した」と、リース・シュローダーの連絡調整チームのメンバーで、上級戦略マネジャーの職にあるショーン・テイラーは言う。

わずか6カ月の開発期間で、試作品を顧客に試してもらう段階までこぎつけた。使い勝手や価格など、あらゆる面について顧客に意見を求めている。商業的な成功に結びつく可能性をもった新製品を得るために会社が犠牲にしたのは、社員の数百時間相当の労働時間と数十万ドルの資金だけだ。たとえこの試みが失敗に終わったとしても、イノベーションのエコシステムへの扉を全社に向けて開いたことには大きな意義がある。

利益のことばかり考えない

既存企業が新興企業とのパートナーシップで達成したい目標がどのようなものだったか覚えているだろうか？　前述したように、最も多くの企業が挙げたゴールは、売り上げを増やしたいというものだ。しかし、モトローラ・ソリューションズなどの例を見る限り、少なくともパートナーシップを構築する段階では、金のことばかり考えるのは賢明ではないのかもしれない。

「財務面のことは深く考えない。本当に戦略上有効かどうかの感触をつかむまでは、財務のことは関係ないから」と、シュローダーは言う。この点は、同社のベンチャーキャピタル部門が財務部門や製品開発部門ではなく、最高技術責任者（ＣＴＯ）であるスタインバーグの下に置かれていることの最大の理由だ。

同社のパートナーシップはたいてい、少なくとも5年、長い場合は8～10年続く。損益の見通しや目標を早期に設定しすぎないという方針は、これまで好ましい結果をもたらしてきた。シュローダーによれば、２００件あまりの投資のうち、「資金を回収できなかった案件は、６、７件しか思い出せない」とのことだ。この成功率は、シリコンバレーのサンドヒル・ロードに集まる有力ベンチャーキャピタルを凌駕する。

「少なくとも十数社を株式上場させ、軽く１００社以上を売却して投資収益を得てきた」と、シュローダーは言う。

新しいアイデアが続々と生まれるモトローラ・ソリューションズは、どのような会社かをひとことで表現するのが難しい。簡単に言うと、この会社は、きわめて有益な基本原則に従って運営されている会社だ。

具体的には、まず、社内のさまざまな部署がそろって取り組める強力なテーマを見いだす。そのあと、支援すべきパートナー企業をいくつも見つける。その際は、自社の目標を達成する助けになる企業や、偶然の発見につながりそうな企業を選ぶ。そして、最高幹部たちに始まり、郵便物の仕分け係にいたるまで、社内のすべての人が目的の追求に参加するようにする。郵便物の仕分け係が素晴らしいアイデアを思いつく可能性もあるからだ。

GEやウェルズ・ファーゴのように顧客価値に重きを置くにせよ、ターゲットのオープン・ハウスやIBMの「壮大な実験」をお手本にするにせよ、あるいはモトローラ・ソリューションズのような「猟場」づくりを目指すにせよ、大切なのは、目先の利益ではなく、もっと大きな理念を追求する姿勢を貫くことだ。

実験し、リスクを恐れずに行動し、失敗しても挑戦を繰り返そう。何が成功をもたらすかは、実際にやってみるまでわからないのだから。

第4章

有望な新興企業の見つけ方

偶然の遭遇、そこに魔法が生まれる。

――トビー・ラッシュ、アイベリファイ社創業者兼CEO

ミネアポリスの都心にあるオーケストラ・ホール。1970年代のモダニズム様式の建物だ。このホールの楽屋で出番を待っている人たちがいる。もっとも、部屋の中を歩いていたり、椅子に腰掛けたりしている面々が身に着けているのは、タキシードやロングドレスではなく、Tシャツとジーンズやデイドレスだ。ときおり、笑い声や小声の会話も聞こえてくる。おしゃべりは、仲間意識のあらわれでもあり、ライバル意識のあらわれでもある。

この人たちは音楽家ではない。11社の新興企業の創業者たちだ。彼らは夏の14週間、小売大手ターゲットの本社で活動していた。ターゲットが有力アクセラレーターのテックスターズ（10年間にわたり何千社もの企業に貴重なサービスを提供してきた）の協力を得て立ち上げたアクセラレーター事業の第1弾で選ばれた起業家たちなのである。それぞれの起業家は、2万ドルの資金を提供されたほか、ターゲットの幹部や地元のさまざまな分野の企業リーダーたちから徹底したメンタリングを受けた。

この日は、勝負の「デモ・デイ」、つまりデモンストレーションの日だ。起業家たちは、5分間の持ち時間を与えられて、約1000人の聴衆の前で自社を売り込む。聴衆は、投資家、ターゲットの幹部やメンターたち、地元の起業家、そして家族や友人たちだ。

起業家たちは、年末までターゲットの本社内に拠点を置くことが許されている。それでも、彼らは、このデモ・デイに投資家から数百万ドル（最初の資金調達としては結構な金額だ）の資金を調達し、自前のオフィスを構えたいと思っている（資金調達に成功した企業の半数は同じミネアポリス地区にオフィスを探すのだが）。

要するに、起業家たちにとって伸るか反るかの時間が訪れようとしていた。そこには、ペーソスといくらかのユーモアがついて回る。

このイベントには、パートナー企業を見つけたいというターゲットの強い意欲があらわれている。しかし、このアプローチは、既存企業が新興企業を見いだし、その企業とのパートナーシップが実を結ぶかどうかテストする方法の1つにすぎない。ほかにもさまざまなパー

■パートナーシップの独立性■

ほとんどの企業は、パートナーシップを担当するチームを部署として社内で独立させていない。しかし、担当チームを独立させている企業は、以下の点をその理由に挙げている。

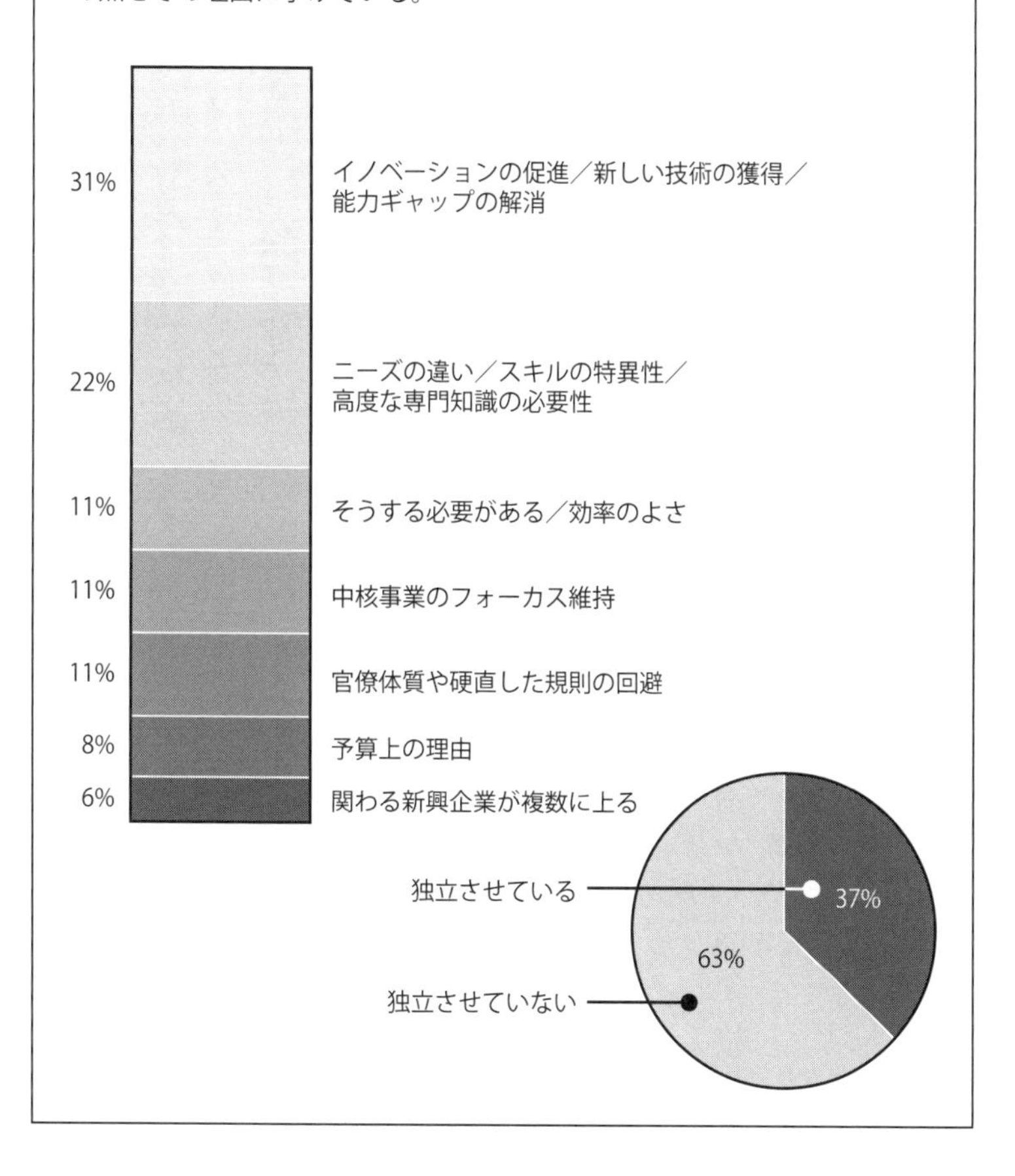

トナー探しの方法がある。いずれにせよ、既存企業が新興企業とパートナーになりたいと考えた場合、相手企業を見つけるためには長いプロセスを経る必要がある。

ほとんどの既存企業は、新興企業とつき合うための準備が十分にできていない。「グローバル・パートナーシップ・スタディ」の対象になった既存企業の63％は、パートナーシップを担当するチームを部署として独立させていない。一方、独立させていると答えた37％の企業の場合、そのような選択をした理由として最も多かったのは、イノベーションや技術開発を促進するのに有効だからというものだった。「わが社は一般的な石油・天然ガス企業よりもイノベーションに力を入れてきた」と、あるエネルギー関連企業の副社長は回答した。「私たちがこの部署を設けて15年になる」

独立した部署を設けた理由として2番目に多かったのは、専門的なスキルや知識が必要だからというものだ。「実際に直面する課題を理解するためには、専門的な能力が不可欠だ」と、あるヘルスケア関連企業の幹部は指摘した。

では、そのような部署は、パートナー候補の新興企業に何を求めるのか？　63％の企業が挙げたのは、テクノロジー面の相性だ。つまり、特定の課題を克服するためにその企業と組むことが有効かを見る。また、既存企業は新興企業に堅実性も要求する。具体的には、実績を重んじる企業が50％、財務面の安定性を重んじる企業が41％あった。一方、イノベーション指向の企業文化をもった新興企業とパートナーになりたいと答えた企業も41％に上った。

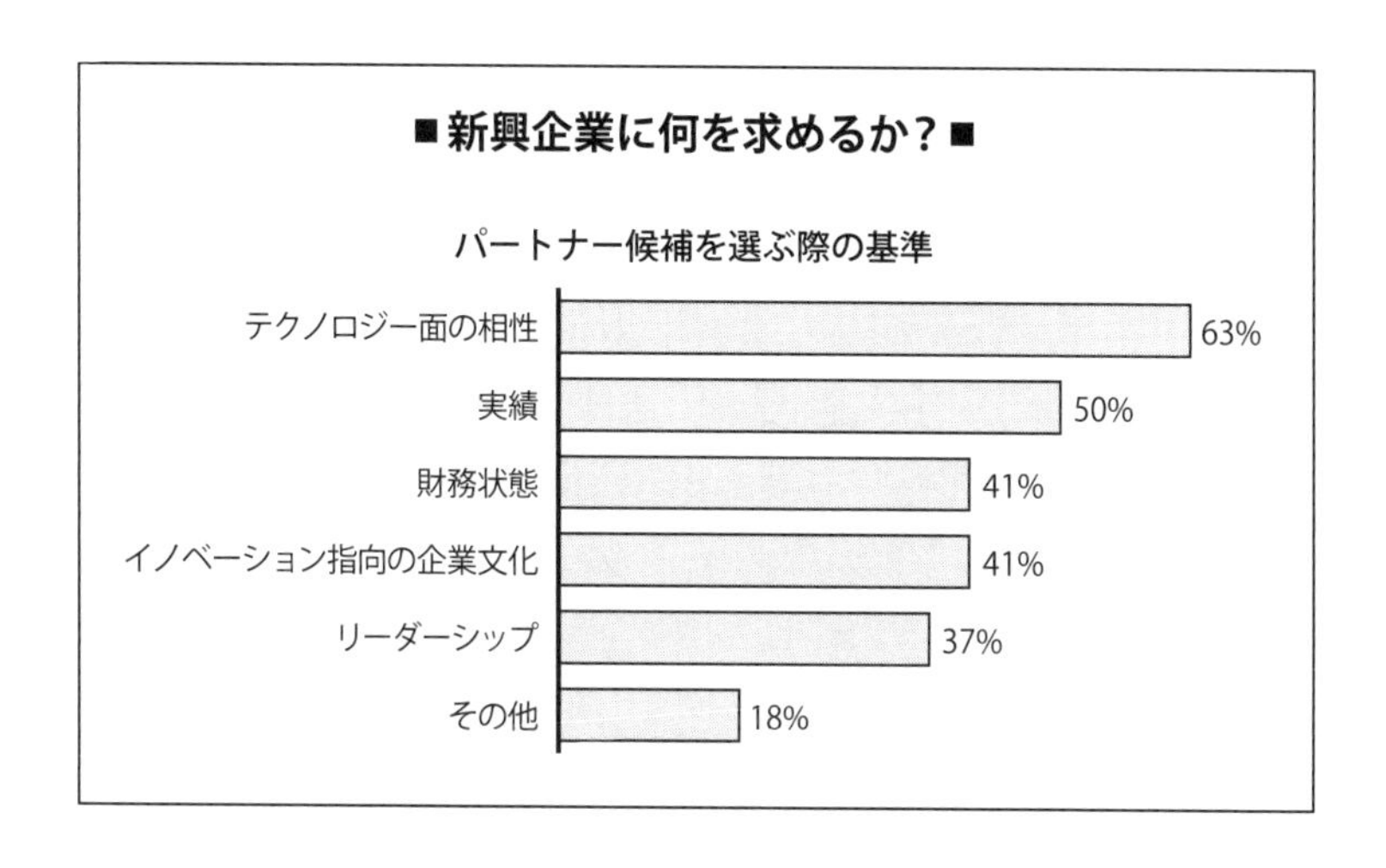

私が取材した既存企業は、パートナー探しのために専門チームを設けているか、幹部たちのグループが既存業務に加えてその役割も担っているかのどちらかだった。パートナー探しは、企業幹部の重要な職務になっている。

なかでも、トップがその役割を担うケースが多い。ＣＥＯたちは、外の広い世界にもっと出ていく必要があることに気づきはじめている。単に「会社の顔」の役割を果たしたり、株主や顧客や社員と接したりするだけでなく、新興企業やライバル企業など、もっと異分子と接するべきだと思うようになったのだ。新しいアイデア、新しい戦術、異なる文化、異なるやり方を知ることが目的だ。

私がよく尋ねられる問いがある。

「もしＰ＆Ｇのグローバル・マーケティング責任者（ＧＭＯ）だった頃に戻れるとしたら、どの点で過去と異なる行動を取るか？」という問いだ。

この質問には即答できる。私は当時のP＆G幹部のなかでは社外との関わりに積極的なほうではあったが、そうした活動をもっとすればよかったと思っている。P＆G時代に私が発案したなかでもとくに優れたアイデアのいくつかは、グーグルやフェイスブック、マイクロソフト、ナイキなどを訪ねたことで得られたものだった（グーグル訪問の成果については第1章で紹介した）。そうした経験は、ビジネスのあり方について、情熱を燃やす対象について、そして何を大切にすべきかについて再考する機会になった。

２００３年以降は、カンヌライオンズ国際クリエイティビティ・フェスティバルに毎年参加しており、２０１３年には、同フェスティバルで企業の最高マーケティング責任者（ＣＭＯ）向けの「ＣＭＯアクセラレーター・プログラム」を発足させた。

私は毎年、カンヌに足を運び、途方もなく才能があり、目を見張る成果を残している人たちと会うことにより、エネルギーを再充填し、自分の固定観念を問い直している。もちろん、旧友と再会して一杯やるのは楽しい経験だ。けれども、それ以上に元気をもらえるのは、聞いたこともなかった企業のことを知ったり、刺激的なビジネスや画期的なビジネスに取り組む起業家と知り合ったりしたときだった。

私が身に染みて学んだこと、それは、世界に出ていき、言ってみればいつもとは違う釣り場で糸を垂れることの重要性だ。では、新興企業とのパートナーシップの経験が豊富な既存企業は、どのような釣り場を選んでいるのか？

リンクトインなどのソーシャルメディアで新興企業とめぐり合う場合もある。業界イベントなどを活用することも可能だ。たとえば、ラスベガスの家電見本市「コンシューマー・エレクトロニクス・ショー（CES）」、バルセロナの携帯電話関連見本市「モバイル・ワールド・コングレス（MWC）」、テキサス州オースティンで1週間にわたって開かれる巨大複合イベント「サウス・バイ・サウスウェスト（SXSW）」などがそのための場になりうる。

一方、起業が盛んな国内外の都市を訪れる企業もある。また、数は多くないが、インキュベーターやベンチャーキャピタリスト、プライベートエクイティ投資家など、社外の人たちの情報を活用する企業もある。新興企業から売り込みがある場合もある。

すべてのパターンに共通するのは、既存企業の人たちが積極的にオフィスの外に出ていくことだ。業界に激変を起こそうと意気込む若い起業家たちと会っているのだ。優れたマネジャーやリーダーならよく知っているように、偶然の出会いが会社の運命を変える場合もある。

■人的ネットワークを活用する

ゼネラル・ミルズのインキュベーター部門「301INC」を統括するジョン・ホーゲンは、食品関連企業の人たちと大勢会っている。最近の方針転換により、301INCは、社内の新規事業に投資するのではなく、少数の新興企業を育成することに力を入れるようになったからだ。「売り込みも少なくない」とのことだが、四半世紀以上かけて築いた人脈を通じて新興企業を紹介してもらうケースも多いという。

この点でとくに頼りにしている人物の1人がスコット・ジェンセンだ。「スコットは自然食品業界に強力な人的ネットワークをもっている」と、ホーゲンは言う。ジェンセンは、テキサス州オースティンに本社を置くリズム・スーパーフーズ社のCEOだ。この会社が発売したケールのスナックのおかげで、ケールが（少なくとも芽キャベツ程度には）食べやすくなった。

ホーゲンは、消費者向けブランドのためのクラウドファンディング・サービスである「サークルアップ」（サンフランシスコ）も活用している。「（サークルアップは）非常に賢明な企業だ。新興ブランドの資金調達市場で他社が果たせていない役割を担っている。私たちがおこなった8件の出資のうち2件は、この会社と共同で出資している」

この前、私が会ったとき、ホーゲンは自然食品見本市「ナチュラルプロダクツ・エキスポ・イースト」に参加するために、メリーランド州ボルチモアに向かう途中だった。

リズム・スーパーフーズは、301INCの投資先企業の1つでもある。ジェンセンは広告畑の出身で、製紙大手ジョージア・パシフィックでは、傘下のブランド「ブローニー」のペーパータオルや「ディキシー」の使い捨て食器などの宣伝を手掛けた。同社を退社したあとは、食品・飲料品ビジネスに携わってきた。彼のビジネスの1つであるスタブズ・バーベキュー（レストラン経営、バーベキューソースやマリネ液の製造など）は、ライブ音楽や新興テクノロジー企業と同じくらい、オースティンの風景に欠かせない要素になっている。

親しみやすくて大柄な熊のような印象のジェンセンは、四半世紀にわたって地元の起業界のスターであり続けている。この地域に花開きつつあった食品ビジネスのためにイベントを主催したり、多くの新興企業に惜しみない助言を送ったりしてきた。いくつかの企業には支援も提供している。ホーゲンとは、自然食品の卸売企業で最大手のプレゼンス・マーケティング社を通じて知り合った。

「ここの（301INCの）人たちが大好きだ」と、ジェンセンは言う。「オフィスの外に出て来てあらゆる場所に顔を出し、コミュニティに投資しているから」

以上の話から、1つの教訓が引き出せそうだ。それは、有望なパートナー候補を見つけたければ、既存の投資先企業やその他の人的ネットワークなど、手持ちの資源を生かすべし、というものである。

外の世界に足を踏み出す

大手銀行のウェルズ・ファーゴは、画一的なアプローチに固執しないことではゼネラル・

ミルズの上を行く。同社のアクセラレーター・プログラムは、どの企業でも自由に登録できるようにしてある。

「誰でもビジネスプランを応募できるので、何千件もの応募がある」と、同プログラムの共同責任者を務めたことがあるブラデン・モアは言う。採用されるのは毎年数件。どのような企業を歓迎するかは明示しているが、それでもときおり、ウェディングプランナーなど、思いがけない分野の企業からも売り込みがある。

「選考では、それぞれの企業が私たちの顧客に好影響を及ぼしたり、私たちのビジネスに役立ったりする可能性があるかを専門的に見極める」と、モアは言う。

具体的には、誰がその役割を担うのか？

「さまざまな事業部門のなかでそのテーマに詳しい人を探す。資産管理部門や住宅ローン部門に声をかけ、『こんなアイデアをもっている企業があるんだけど、興味はある？』と尋ねる。もし興味があれば、その部署の誰かが新興企業のメンター役を半年間引き受ける。たいていは、購買の決定権をもつマネジャーがメンターになる。半年と言えば、普通ではありえないくらい長い期間だ。辛抱も忍耐も必要になる」

ウェルズ・ファーゴは長年、パートナー候補の企業を精力的に探してきた。モアは、基本的な考え方を次のように説明する。

「私たちがまだ知らないテクノロジー企業のなかの上位10社は、どのような顔ぶれなのか？

それを考えると、少し不安にならずにいられない。そのような企業をなんとしても取り込む必要がある」

２０１２年のある日、ウェルズ・ファーゴでテクノロジー企業探しを担っていたチームの1人がフロリダ州タンパのイベント会場を歩いていた。「グローバル・アイデンティティ・サミット」と「バイオメトリック・コンソーシアム・カンファレンス・テクノロジー・エキスポ」に参加していたのだ。すると、薄茶色の髪の男から声をかけられた。

その男、トビー・ラッシュはそのときのことを振り返り、「相手の目の前に立ちふさがって声をかけた」と語る。ラッシュはカンザス州出身の37歳。第3章で紹介した生体認証セキュリティ企業、アイベリファイ社の創業者兼ＣＥＯだ。

ウェルズ・ファーゴは、ラッシュが開発したようなテクノロジーをちょうど探していた。同社が欲しかったのは、銀行口座の本人認証手段として、暗証番号ではなく目の生体情報を活用し、しかも携帯端末で使える技術だった。そのニーズに応えるためには、安定性があり、並外れて精密で、使い方が簡単なテクノロジーである必要があった。ラッシュのテクノロジーは安定性と精密性の面では優れていたが、ユーザーの使い勝手はひどかった。「いかにもテクノロジーマニア向けだった」と、本人も認めている。ウェルズ・ファーゴはそのソフトウェアに興味をいだき、その後も連絡を取り合いたいと述べたが、ラッシュにいくつかの課題を言い渡した。

その2、3の課題を解決するために、2年の期間を要した。実は1年ほど経った頃、手ごたえを感じたときがあった。しかし、小規模な試験プログラムを実施したところ、壁にぶつかった。ユーザーが携帯端末で自分の顔を写し、白目の深部静脈を読み取らせるためには、目玉を左上に向ける必要があった。人々はこの動作を奇妙で恥ずかしいと感じたのだ。このとき、アイベリファイは大きな分かれ道に立たされた。正面を見て撮影できるようにする方法を見いだせなければ、会社を畳むほかなかった。

アイベリファイのチームは、画像の質とアルゴリズムの改善を地道に追究し、改良版を完成させた。それが認められて、同社はウェルズ・ファーゴのアクセラレーター・プログラムの第1弾に参加する企業の1社に選ばれた。

ウェルズ・ファーゴは2016年6月以降、一部の法人顧客にアイベリファイの眼紋テクノロジーを提供しはじめた。同社が中国のオンラインショッピング大手アリババ・グループに買収されたのは、その3カ月後のことだ。買収価格は1億ドルと報じられている。

ラッシュはいまも、ウェルズ・ファーゴやその他の金融機関とのビジネスを続けている。老舗企業への助言を求めると、次のような言葉が返ってきた。

「外の世界にどんどん出ていってほしい。偶然の遭遇や思いがけない出会い、そこにしばしば魔法が生まれる」

ソーシャルメディアを侮るべからず

モトローラ・ソリューションズが獲物を探している「猟場」は非常に広大だが、既存の猟場に満足することはない。未知のアイデアや人物とめぐり合える場をつねに探している。ビジネス向けソーシャルメディアのリンクトインなど、有名なオンラインサービスも利用する。イスラエルの新興企業エージェント・ヴィーアイがモトローラ・ソリューションズのリース・シュローダーに接触してきたのも、リンクトイン経由だった。

イスラエルのテルアビブに本社を置くエージェント・ヴィーアイは、セキュリティ・治安関連（モトローラ・ソリューションズの最大の得意分野だ）の映像分析ソフトウェアを販売している（「ヴィーアイ」とは、「ヴィデオ・インテリジェンス」のこと）。

同社のソフトウェアを用いれば、リアルタイムで監視をおこない、警報を発したり、保存されている映像を自動で検索したりできる。画像の自動検索機能は、捜査機関の活動やビジネス上の映像データ活用に不可欠だ。

「CEOのイトシク・カッタンがリンクトイン経由でメッセージを送ってきた」と、シュローダーは振り返る。「そこで、（ラスベガスで開催されるセキュリティ関連見本市の）ISCウェストの会場で会う約束をした」

イベントを開催して人を集める

ＩＢＭの人工知能プラットフォーム「ワトソン」は、ビジネスを加速させたいと願う新興企業を次々と引きつけてきた。ＩＢＭは新しい「弟子」をつねに探しているので、世界中でワトソン関連のイベントをたびたび開催し、多くの企業に技術を提供している。

コネクティディ社の共同創業者であるアーサー・ティシがいわば人工知能の「伝道師」になったきっかけも、ＩＢＭのイベントだった。機械学習や人工知能を恐れる必要はないと、彼は考えている。「オーウェル的なディストピアが訪れることはない」というのだ。それは、恋人探しアプリにも当てはまることらしい。

ティシは50代半ば。革ジャケットにジーンズ、色眼鏡というファッションは、どことなくロックバンド、Ｕ２のボノを思わせる。これはあながち見当違いの連想ではない。実際に、ミュージシャンとしても活動しているからだ。その一方で、多くのテクノロジー企業の経営も手掛けてきた。そうした企業の数は、Ｕ２のヒット曲の数に負けていない。プラエスクリプト・グループという持ち株会社を通じて、コグニティブ・コンピューティング、機械学習、ロボティクス・エンジニアリングの分野でも多くのベンチャー企業を経営している。

いまティシをＩＢＭと最も強く結びつけているのは、コネクティディ社の恋人探しアプリだ。このアプリには、「パーソナリティ・インサイト」や「トーン・アナライザー」など、ワトソンのいくつかの機能が活用されている。これらの機能を用いてテキストを分析することにより、その人の感情や他人との接し方、言葉遣いのスタイルなどがわかる。

コネクティディはトーン・アナライザーを使い、「感情のスペルチェック」のサービスを提供している。文章を執筆する際に英単語のつづりの正誤をチェックするように、自分の感情をチェックしようというのだ。1人ひとりのニーズ、価値観、性格、恋人に求めるものを明らかにすることを目指す。

「人々が自分の性格やニーズや価値観を知り、よりよい選択をする手助けをしている。アプリに与える情報が多ければ多いほど、アプリはあなたのことを正確に理解できる」と、ティシは言う。そうすれば、自分の意外な一面をアプリから教えられる機会も増えるだろう。

個人のコミュニケーションスタイルは、ソーシャルメディアへの書き込みを分析することによって把握する。しかし、この作業は一般にイメージされるより難しいという。

「人は誰かとコミュニケーションを取るとき、自分では80％のケースで言いたいことを正確に伝えられていると思っている。ところが、相手がメッセージを正確に受け取っているケースは20％に過ぎない」と、ティシは指摘する。

個人の性格は、「ビッグ・ファイブ」と呼ばれる5つの要素を軸に描き出される。その5要素とは、開放性（open）、勤勉性（conscientious）、外向性（extroverted）、協調性（agreeable）、情緒不安定性（neurotic）である。英語の頭文字を取って「ＯＣＥＡＮモデル」という言い方もされる。また、同社のアプリはトーン・アナライザーを使って、その人の喜び、恐怖、透明性、自信の度合いも明らかにする。正しい情報に基づいてユーザーの選択の質を高めることが狙いだ。

恋人探しを助けるためのレーティングシステムも導入している。レストランなどのレビューサイトの「イェルプ」や、配車サービスの「ウーバー」などで採用されている5つ星のレーティングシステムと似たようなものだ。デートのあとで互いに対する評価をくだす仕組みになっている。その評価を見れば、自分が最初のデートで無礼だと思われたのか、ぎこちないと思われたのか、それとも素晴らしいと思われたのかがわかる。このように、コネクティディは、フェイスブックの位置情報に頼ったマッチングサービスである「ティンダー」などと比べれば、はるかに配慮の行き届いたサービスと言える。

それでも、IBMは最初のうち腰が引けていた。恋愛の領域に足を踏み入れることに躊躇があったのだ。ティシは、いつも助言をもらっていたブレンダ・ディートリヒに相談した。IBMのフェローである彼女は、同社内でひときわ多くの特許を取得している人物で、研究部門の副社長も務めている。

「『アーサー、IBMはぜったいに乗ってこないと思う。本当はこのアイデアを採用すべきなんだけど』といったことを言われた」と、ティシは振り返る。しかし、IBMの反応は思いがけないものだった。この巨大企業は、ティシが同社と関わるようになった2009年当時と異なり、新しい考え方にオープンな会社に変貌していたのだ。2016年のバレンタインデー直後、両社は合意を発表した。

新しいものに賭ける

小売大手のターゲットでは、有望な新興企業を探すために幹部たちがとりわけ大きな努力を払っている。第3章で紹介したジーン・ハンは、同社がサンフランシスコに設けている「オープン・ハウス」の門戸をしばしば開放し、地元のベイエリア地区の起業家たちを招待している。全米に店舗を展開している大手小売チェーンとの協働に興味津々の起業家も多いからだ。そうやって起業家たちがオープン・ハウスに集まれるようにしている結果、ハンは新しい重要なトレンド、アイデア、人物と出会うことができる。それが未来のビジネス（の種）になることもある。

この集まりのことを知って接触してきたなかに、ナオミ・ケルマンもいた。ジョンソン・エンド・ジョンソン（J&J）の幹部だったケルマンは、ウィローという会社を設立したばかりだった。当時、ウィロー社は、高性能で騒音が少なく、ワイヤレスで動く搾乳機を開発していた（この製品は2017年春に発売された）。

「これほど画期的な製品は見たことがなかった」と、ハンは言う。彼によると、ケルマンは秘密裏にこの製品の開発を進めていたとき、どの企業にも提携を持ち掛けるつもりはなかった。しかし、オープン・ハウスの会合のことを聞くと、共通の友人（ベンチャーキャピタル会社のニュー・エンタープライズ・アソシエーツで働いていた人物だった）を介して連絡してきた。

テックスターズと手を組んでアクセラレーター・プログラムを立ち上げたことは、ターゲットにとって未知への挑戦だった。このプログラムを発表したのは２０１６年1月。その時点では、それがどのような結果になるのか、はっきり見通せていなかった。しかし、ふたを開けてみれば、45カ国の約５００社が応募してきた。

１次審査で3分の2がふるい落とされた。

「私たちは各地を回り、１カ月半の間に５つの都市で応募企業と面接した」と、このプログラムを監督するテックスターズのマネージング・ディレクター、ライアン・ブロシャーは言う。「ウェブセミナーも、内容を変えて6回開催した」

そのプロセスを通じて、候補企業の数は１００社前後まで減った。ブロシャーと、ターゲットのイノベーション責任者を務めるクリスティン・ニールソン、そして2人がそれぞれ率いるチームの面々は、それをさらに75社まで絞り込んだ。インターネット電話のスカイプを利用したビデオ通話により、１週間でその75社と面接した。そのあとも審査を続け、候補企業はまず35社、最終的には16社になった。

ここまで残った企業は、ターゲットの本社があるミネソタ州ミネアポリスに招かれて、ブロシャー、ニールソン、それにターゲットの数人の幹部たちの面接を受けた。すべてのプロセスを突破して合格した11社の創業者たちは、ターゲットの本社で14週間過ごし、経験豊富な幹部たちからコーチングを受けながら（この活動は「メンター・マッドネス」と呼ばれる）、高速の成長プランを実行し、週ごとに設定された目標（「ビッグ・ロックス」と呼ばれる）を達成することが求められた。そして、14週間の締めくくりに、11社の創業者たちがミネアポリスのオーケストラ・ホールで「デモ・デイ」のプレゼンをおこなうことになった。

以下では、11社のうちの2社にスポットライトを当てたい。どちらの創業者にも興味深いストーリーがある。この2社の実例を通じて、既存企業が視野を広くもってパートナーを探せば、どれほど大きな収穫を手にできる可能性があるかも見えてくる。

偶然の発見を生かした3兄弟

デモ・デイの先頭バッターを務めたのは、カルロス・モンカヨ・カスティーヨ。エクアドル出身の3兄弟の1人で、ほかの2人と一緒にインスペクトリオという会社を創業した人物だ。この会社は、グローバルなサプライチェーンに透明性をもたらすサービスを提供している。具体的に言うと、小売企業とメーカーに対し、世界中の何百もの衣料品・生地工場でつくられる製品の品質情報をリアルタイムで知らせる。また、工場が環境基準や労働基準を満たしているかについても最新の情報を提供する。

カルロスは、テクノロジー専門ニュースサイト「テッククランチ」の記事を読んで、ターゲットのアクセラレーター・プログラムを偶然知った。カルロスとルイス、フェルナンドの3兄弟は、プログラムに応募し、厳しい選考を生き延び、最終面接までこぎつけた。

セールスとマーケティングを統括するフェルナンドは、エクアドルの首都キトからやって来た。COO（最高執行責任者）のルイスは、中国の浙江省杭州から駆けつけた。開発チームを率いるCEOのカルロスは、ベトナムのホーチミン市から乗り込んだ。3兄弟――デモ・デイでは、会社のロゴが入ったお揃いのグレーのポロシャツを着ていた――は、なぜ世界中に散り散りになっていたのか？

カスティーヨ兄弟の物語は彼らの父親から始まる。父親は飛行機のパイロットだったが、「いつも起業家になりたいと思っていた」と、カルロスは言う。彼の無邪気な表情と整った顔は、冷たい銀行員の心も溶かしそうに見える。

「父はさまざまな事業に挑んだ。手工芸品店を営んだり、花を売ったり、豚を飼育したり。そうした事業に、いつも私たち兄弟を参加させた。6歳だったか8歳だったかの頃に、父にビジネスのアイデアを求められたことを覚えている」。こうして、家族全員が起業熱に取りつかれていった。

カルロスがはじめて起業したのは、高校生のときだった。2人の兄と一緒に、専門職向けのオンライン・ネットワーキングサービスを始めたのだ。粗削りではあったが、リンクトインの先駆者と言えるビジネスだった。この会社は60万ドル相当の資金調達に成功したが、ドットコム・バブルの崩壊で廃業に追い込まれた。

その後ほどなく、カルロスはエクアドルでロースクールに通い、最終年はアメリカのオレゴン州セーラムにあるウィラメット大学で学んだ。ある大学教授の研究アシスタントを務めたのだ。その教授が上海の華東政法大学とつながりがあったことが縁になり、上海で働きはじめる。上海では、製品の欠陥を理由に中国メーカーを訴えようとする中南米企業の代理人を務めた。

「その経験を通じて、問題なく調達をおこないたい企業向けのサービスを提供できないかと思いはじめた」と、カルロスは振り返る。

このアイデアを形にするために、3兄弟は2004年にエージアアム・ビジネス・グループという会社を設立した。その後の数年間、兄弟はさまざまな工場を訪ね、オモチャや機械など、ありとあらゆる製品の出荷前の検品作業に携わった。そして最終的に、アパレルを専門にすることにした。この会社のサービスは、中国だけでなく、インド、ベトナム、パキスタン、バングラデシュにも拡大していった。

「ビジネスが成長するにつれて、ややこしい問題がいくつか浮上してきた」と、カルロスは言う。アメリカのスタンフォード大学とノースウェスタン大学の大学院で学んだが、英語の発音にはいまも訛りが残る。

そうした問題の多くは、ファスト・ファッションの台頭がきっかけで生まれた。ファスト・ファッションは、流行のファッションが店頭に並ぶまでの時間を大幅に短縮した。「納期が短くなり、発注も少量化すると、効率が悪いので大手の工場には歓迎されない。ところが、品質などの基準を最も守れるのは、概してそうした大手の工場だ」。衣料品メーカーは、近隣の零細な工場に発注するケースが増えているが、そのような工場は品質などのコントロールが行き届きにくい。

「複雑なシステムに介入したければ、指圧のツボのような場所を探すべきだ。つまり、そこに触れることによりシステム全体に最も大きな影響を及ぼせる場所を見つけたい。そして、そのツボを押せる人物が誰かも明らかにしなくてはならない」

衣料品工場の場合、その役割を果たせるのは検査係のように思える。製品が品質基準を満たしているかの検品を専門にしている社員だ。

しかし、検査係ができることには限界がある。カルロスは、バングラデシュのダッカを訪ねたときにそれを知った。この町には多くの衣料品工場があり、大勢の労働者が劣悪な環境で働いていた。このとき訪問した目的は、納期と品質に関する苦情に対応することだった。

「工場を訪問してショックを受けた。労働者の待遇はあまりにひどく、汚染物質も近くの川に垂れ流されていた。働いている人たちは、健康がすぐれないように見えた。大勢の人が病気で苦しんでいた」

3人の検査係にこうした問題を問いただすと、こんな返事が戻ってきた。

「法令遵守を監視したければ、それを専門とする人間を送り込むべきだ。私たちの役割は、あくまでも品質を検査することだから」

そこで、カルロスたちはインスペクトリオ社を設立したのである。この新しい会社では、調査員が素早く正確な検査をおこない、労働環境もチェックするようにした。調査員が工場を訪れるたびに、評価に修正を加えていく。調査員の報告は、過去のデータとも照らし合わされる。

「自己点検と独立した検査結果のズレが見えてくる」と、カルロスは言う。そのズレをもとに工場ごとの信頼性の度合いを評価し、業界全体の標準値も知ることができる。「工場の状況は、調査の何日もあとではなく、データがアップされた瞬間にすべて明らかになる」。だから、小売企業はいつでもすぐに行動を起こせる。

ターゲットのアクセラレーター・プログラムは、インスペクトリオの役に立ったのか？

3兄弟がこのプログラムで学んだのは、ビジネスの規模を拡大させる方法だった。

「プログラムに参加したとき、私たちの事業は、検査サービスをおこなうサービスビジネスという性格が強かった」と、ルイスは振り返る。「でも、プログラムに参加してすぐに気づいた。サービスビジネスを脱却し、ＳａａＳ（ソフトウェア・アズ・ア・サービス）ビジネスに転換できるぞ、と」

ＳａａＳなら、ユーザーが必要に応じてオンライン経由でサービスを利用できる。潜在的な顧客基盤は、この形態のビジネスのほうがはるかに大きい。

ターゲットのブライアン・コーネルＣＥＯなどからメンタリングを受けることにより、「以前ならたぶん3年を要していたような進歩を3カ月で成し遂げられた」と語るフェルナンドは、このプログラムに感銘を受け、セールスとマーケティングの拠点をミネアポリスに移した。２０１７年前半、インスペクトリオはターゲットの支援により、創業初期の資金として３７０万ドルを調達した。

社会問題を解決するビジネス

レボラー社の共同創業者兼ＣＥＯであるジャクリーン・ロスは、ミネアポリスに移転しようとまでは思っていないが、ターゲットのアクセラレーター・プログラムに助けられた面が大きいことは認めている。このプログラムのおかげで「試作品を製作する段階から、全米で一般消費者向けに製品を販売する段階まで、わずか8カ月で到達できた」のだ。

レボラー社が販売しているのは、女性が性被害から身を守るための携帯型ＳＯＳ発信装置だ。ブルートゥース経由でスマートフォンと接続し、ＳＯＳを発信する。ユーザーの現在位置は、スマートフォンのＧＰＳ機能で正確に把握できる。ユーザーが感じている危険度に応じて、ボタンを2回押せば黄信号、３回押せば赤信号が発信される。送信先は最大５人。友人など、あらかじめ決めてある連絡先に連絡が届く。ＳＯＳのメッセージを受け取った人は、事前の申し合わせに従い、本人のスマートフォンに電話したり、警察に通報したりする。大学のキャンパスや街での性犯罪の多さを考えると、すぐに多くのユーザーを獲得できそうだ。

新興企業ではよくあるパターンだが、この会社の製品も創業者の個人的な経験から生まれた。「きっかけは、妹が17歳までに2度も性被害にあったことだった」と、ロスは言う。「携帯電話は防犯グッズとして最適ではないと、妹から言われた。ある程度冷静な状態でないと、携帯電話で助けを求めることはできない」

レボラーの製品はドミノの牌くらいの大きさで、下着の中で身に着けたり、キーチェーンにつけたりすることもできる。価格は99ドルだ。

ロスは、ターゲットのアクセラレーター・プログラムに応募したとき、すでにテックスターズのプログラムで学んでいた。２０１５年にコロラド州ボールダーでプログラムを修了している。しかし、防犯グッズのビジネスが小売企業の目にとまったことは意外に思える。というより、そもそも彼女が起業家になったこと自体が意外と言えるかもしれない。

南米コロンビアで生まれたロスは、アメリカのマイアミで育った。大学を卒業したあと参加したのは、大学新卒者を低所得地域の学校に教員として派遣するNGO「ティーチ・フォー・アメリカ」。コロラド州オーロラのAXLアカデミーという学校に派遣されて、幼児教育から14歳までの300人近い子どもたちにスペイン語を教えた。

共同創業者のアンドレア・ペルドモと出会ったのはこのときだった。ペルドモもコロンビアの出身だ。ロスはティーチ・フォー・アメリカの任期を終えたあと、政治コンサルティング会社に勤務し、依頼主のために対立政治家の弱みを探す業務に携わった。これは、履歴書で言及されていない職歴だ。転職を重ねたことについては、「私は学ぶことに貪欲だから」としか語らない。

ロスはデモ・デイに、少なくとも500万ドルの資金を調達したいと考えていた（2013年3月の会社設立以来、すでに350万ドルを調達していた）。プレゼンは目を見張るものだった。照明が落とされたホールを明るくするような輝かしい笑顔も、不利な材料にはならなかっただろう。

ターゲットは、ロスやカルロスのような起業家たちから何を得ているのか？ アクセラレーター・プログラムの参加者の半分は、ターゲットと共同で試験プロジェクトをおこなう。レボラーやインスペクトリオのほかには、小売企業が市場のトレンドと在庫を予測するために用いる人工知能システムの開発企業（オハイオ州ウェスタービルのネクソシス社）、アマゾンの音声認識アシスタント「アレクサ」と似たような音声検索アプリの開発企業（シカゴとニューヨークに拠点を置くアドストラクチャー社）、時給で働く人たちが互いにメッセージを送り合い、勤務シフトを交替するのを助けるスケジューリングアプリの開発企業（ロサンゼルスのブランチメッセンジャー社）などが試験プロジェクトをおこなっている。

本書で紹介してきた実例を見る限り、アクセラレーター・プログラムを設けている既存企業には共通点が1つある。それらの企業は、リスクをともなう行動に前向きで、それまで当たり前だったやり方を変えようとしている。そのために、積極的にオフィスの外に出ていったり、さまざまな方法でパートナー企業を探したりし、その結果として思いがけない出会いを経験しているのだ。

ウェルズ・ファーゴは、生体認証に関する問題を解決できる可能性をもった男性と、モトローラ・ソリューションズは、画像分析の画期的なテクノロジーをもつイスラエル企業と、IBMは、コグニティブ・コンピューティングの技術を恋愛分野に応用しようとする企業と偶然知り合えた。いずれの企業も、新しいチャンスを、おそらくは利益につながるチャンスを得ることができた。

「私たちのアクセラレーター・プログラムに参加している企業のことを宝くじに当たったようなものだと思う人もいるかもしれない」と、ターゲットのブライアン・コーネルCEOは言う。「その見方は見当違いだ。私たちの側も同じくらい、というより私たちのほうがもっと大きな恩恵に浴している」

たとえば、自分たちの会社の優れた点がいくつも見えてきたと、コーネルは言う。ブランドを築く能力の高さ、顧客層の大きさ、巨大な企業規模などだ。しかしその一方で、弱点も浮き彫りになった。たとえば、意思決定のスピードがあまりに遅かった。新興企業に出資するかどうかは、数週間、長くても数カ月で決断しなくてはならないのだ。また、組織が縦割りになっていて、優れたアイデアが部署の狭間に落ちてしまうケースもあった。パートナーシップの話が持ち上がっても、部署間の意見調整に手間取ることがあった。

もっとも、この取り組みのいちばん大きな恩恵は、マネジャーたちが楽観主義と起業家精神を取り戻せたことだった。

「私たちは、アイデアにケチをつけ、自社にふさわしくない理由ばかりを探すような企業文化をはぐくんでいた」と、コーネルは言う。「(新興企業の) リーダーたちと会話し、『もし～～～だったら、どうなるだろう?』という前向きな発想で話を始めるのを目の当たりにすると、やる気と元気が湧いてきた」

偶然の遭遇には、イノベーションを生む魔法が秘められているのかもしれない。しかし、その魔法の恩恵に浴するためには、新しい出会いを求め、未知の領域に踏み出す意欲をもたなくてはならないのだ。

第5章

パートナーシップを築く

道具箱の中の道具の1つではなく、会社に変革を起こすためのテコだと思ってもらいたい。

——アーロン・レヴィー、ボックス社共同創業者

電話の主は、IBMで情報・分析グループの上級副社長を務めるボブ・ピッチャーノ。天下のIBMが話したいと言ってきたのだ。たいていの起業家は大喜びするだろう。デザイナー・スニーカーを履いた足が少し震えたかもしれない。

しかし、アーロン・レヴィーは違った。

「半信半疑だった。それまで8年間、IBMとは世間話程度のやり取りを続けていたから」

と語る。「この業界の企業同士は、1年か2年に1回くらい、『一緒におもしろいことができないかな?』といった会話をしている」

要するに、今度もいつもと同じ結果に終わるのだろうと思ったのだ。最初は盛り上がり、そのあと互いに相槌を打ち合うけれど、結局は肩をすくめておしまいになり、連絡が途切れるに違いない、と。

レヴィーが経営するボックス社は、ビジネス向けクラウドサービスを提供している会社だ。膨大な数のサーバーを用意し、ユーザーが大量の電子データを保管したり、閲覧したり、管理したり、仲間と共有したりできるようにしている。

4500万の登録ユーザーのほとんどは無料で利用しているが、巨額の利用料を支払っている大手企業が何万社もある(料金は社員の数と、保存できるデータの量によって決まる)。売上高は2016年に約4億ドルに達した。

事業の拡大と並行して、莫大な設備投資もおこなってきた。クラウドサービスの分野にはアマゾンやグーグル、マイクロソフトなどの強大なライバルも力を入れているので、投資を増やし続ける必要があるのだ。

レヴィーがボックスを共同設立したのは2005年。南カリフォルニア大学の3年生のときだった。それ以来、同社は市場で強みを発揮し、いまも成長を続けている。有望な新興企業がしばしばそうであるように、市場では財務データ以上の存在感がある。まだ成長の余地が大きいことを見せつけるかのように、最近、カリフォルニア州レッドウッドシティの都心にあるビルに本社を移転した。巨大な看板とビデオスクリーンが目につくガラス張りの建物だ。オフィスの総面積は3万平方メートルあまりに達する。

■パートナーの信頼を勝ち取る

レヴィーはIBMとの面会に応じることにしたが、あまり乗り気でなかった。2014年後半のことだった。

「わざわざ飛行機でニューヨークまで行く必要が本当にあるのか?」と、レヴィーは同僚たちに言った。「電話で済ませるわけにいかないのかな?」

それでも、ボックスの経営陣はいつものTシャツをボタンダウンのシャツに替え、ニューヨークでアメリカ屈指の大企業であるIBMの幹部数人との面談に臨んだ。

「2、3時間にわたって話をし、双方が世界をどのように見ているかを議論し、未来のコラボレーションやデータのあり方について私たちの考えを説明した。先方が思い描く未来についても聞くことができた」

30代になったばかりのレヴィーは、ティーンエージャーのように細身の体形を維持していて、熱っぽく身振り手振りを交え、ときおり髪をかき上げながら早口で話す。若い頃のボブ・ディランを思わせる豊かな髪には、早くもこめかみのあたりに白いものが目立つ。
「面談が終わると、私たちはこの件をいつもの『2年に1回の会話』として片づけていた。結局は、この話が現時点ではうまくいかない理由を長々と聞かされて、あとで検討したいと言われておしまいになると予想していた」

IBMがわずか2週間後に連絡してきたのは予想外だった。
「IBM上層部の強い後押しがあった。『いままでとは少し違う方法で大きなことをやり遂げたい』とのことだった。これには驚いた。それから数カ月の間に誕生したパートナーシップは、それまでなかったくらい真剣で、双方の協調が取れたものになった」

それから1年も経たないうちに、IBMは、GE、P&G、ウォルマートと並んでボックスの大口顧客になった。

2015年6月に合意した戦略的パートナーシップにより、IBMの強力なクラウドサービス(分析、セキュリティ、認知思考などの分野で圧倒的な存在感をもっている)に、モバイルストレージに関するボックスの専門性が組み込まれた。そうすれば、膨大な量の論文や特許申請文書と格闘しなくてはならない医学研究者に始まり、スマートフォンで消費者ローンの融資を受けたい一般消費者にいたるまで、あらゆる人の役に立てると考えたのだ。

「IBMは私たちがもっていないDNAと経験をもっていたし、私たちはIBMにはないDNAと経験をもっていた」と、レヴィーは振り返る。「私たちは、ものごとを前に進めるべースもＩＢＭとは違うし、ソフトウェア開発の進め方も違う。デザインで意識する目標も違う。一方、ＩＢＭは、失敗を避けることを極度に重んじる傾向があり、顧客のビジネスの状況をどのように見るかも私たちとは違う」

ボックスは、ＩＢＭの「ワトソン」を活用して自社のサービスの質を大幅に向上させたいと考えている。

両社は、パートナーシップを通じてどのような使命を追求しているのか？

「人々の仕事の仕方を変えることに、私たちは情熱を燃やしている」と、レヴィーは熱っぽく語る。「そのために、コラボレーションをしやすくし、情報へのアクセスと共有をしやすくするソフトウェアを開発したいと思っている」

ボックスとＩＢＭの経験は、成功するパートナーシップの条件を浮き彫りにしている。その条件とは、共通の目標をもつこと、互いに学び合うこと、違いを尊重すること、そしてその違いを埋めるために努力することだ。

「他社と新製品を共同開発したことは、それまで一度もなかった」と、レヴィーは言う。「（ＩＢＭとのパートナーシップに乗り出す際は）大きな摩擦が生じることを覚悟していた。さまざまな問題にぶつかるだろうと思っていた。それでも、両社がうまくやっていくための仕組みをつくれば、顧客に提供できるものが大きく変わると思った」

しかし、両社の関係からは、パートナーシップの難しい点、とくに最初に関係を樹立する過程で持ち上がる課題も見えてくる。本章では、既存企業が取るべき行動と避けるべき行動を指摘したい。それらの点は、パートナーシップを成功させるうえで契約書以上に重要なのかもしれない。

ここで参考になるのは、既存企業とパートナーになった起業家たちの視点だ。私は多くの起業家に話を聞いたほか、「グローバル・パートナーシップ・スタディ」により、起業家たちが考えていることを知ろうとした。

この調査によれば、起業家も既存企業幹部も、パートナーシップを成功だったと思っている人が90％を上回っている。その半面、新興企業の80％は苛立ちも感じていた。予想どおり、不満の最大の原因は既存企業のスピードの遅さと柔軟性の欠如だ。

しかし、新興企業の不満を丁寧に分析すると、ビジネス上の目標が達成できなかったり、両社の流儀がかみ合わなかったり、人間関係がうまくいかなかったりといった問題が密接に絡み合っていることがわかる。

レヴィーの経験は、両社の間で早期に信頼関係を築くことの重要性を物語っている。しかし、すんなり信頼関係を築ける場合ばかりではない。実際、レヴィーも最初はＩＢＭの本気度を疑っていた。ほとんどの新興企業が同様の疑念をいだかずにいられない。既存企業にとっては、そうした不信感を乗り越えることが大きな課題になる。双方が互いを信頼し、その関係が長続きしなくてはならない。

「先方が片手を背後に隠し、こちらも片手を背後に隠しているようでは、関係はうまくいかない」と、レヴィーは言う。「そんなことでは、互いに相手の手の内がわからないから」

■双方が勝者になれる関係をつくる

もう1つ重要なのは、双方にとって好ましい目標を設定することだ。GEのベンチャーキャピタル部門を取り仕切るスー・シーゲルが掲げる原則の1つは、「相手企業も成功できなくてはならない。そのつもりでいないと、戦略的パートナーシップは成り立たない」というものだった（第3章参照）。

これは、「他者の利益を尊重することが自分の利益につながる」ということだけが理由ではない。単に「両社の目標をすり合わせよ」という話でもない。相手企業の成功を望むのは、パートナーに対する敬意の問題でもある。私たちの調査でパートナーシップへの不満を述べた新興企業のほとんどは、既存企業から見下されていると感じていた。33％は、不満の理由として相手企業との相性の悪さを挙げた（この割合は、目標の不達成を挙げた企業と同じ）。あからさまに不当な扱いを受けたと語る企業も22％に上った。

新興企業に自由を与える

もう1つ重要なのは、以上の2つの点とも密接に関係することだが、最初から新興企業に大幅な自由を認めることだ。ただし、これにはリスクがついて回る。既存企業にとって、コントロールを手放すのは簡単なことでない。どうしても抵抗を感じずにいられないのだ。それでも、目を見張る成功を収めたければ、ある程度の自由を与えるべきだ。そうすることで、パートナーに対する信頼と信用を表現できる。白紙委任状を与えろと言うのではない。新興企業が成長できる場をつくることが重要なのだ。

レヴィーは、次にまた既存企業とパートナーシップを結ぶ場合に最も望むことを以下のように語っている。

「道具箱の中の道具の1つではなく、会社に変革を起こすためのテコだと思ってもらいたい。大企業が変化するための触媒になることを望んでいる。相手企業の社内での文書共有のあり方や社員同士のコラボレーションのあり方にとどまらず、最終的にはビジネスへの取り組み方も変えたい」

ほかの企業もこれを目標にすべきだ。この姿勢は、両社が成功することを目指す発想と言ってもいい。なにしろ、新興企業を既存企業の自己変革の触媒にしようというのだから。

第2章でも簡単に述べたが、これを目指すべきだという主張にはデータの裏づけもある。

「グローバル・パートナーシップ・スタディ」では、既存企業が新興企業と手を組んだ動機別に、パートナーシップの成功確率を調べている。それによると、自社の企業文化の変革——より新興企業的でリスクに前向きな企業文化への転換——が動機の場合、パートナーシップが成功する割合は67％に上った。

この数字は、さまざまな動機のなかでも2番目に高い（最も成功確率が高かったのは、顧客ともっと密接に結びつきたいという動機だ。成功の割合は70％に上っている）。レヴィーの願望は、理にかなったものだったのだ。

新興企業が自信をはぐくむ手助けをする

サティスファイ・ラボのドン・ホワイトは、ＩＢＭから真剣な誘いがあることはおろか、電話がかかってくることすら予期していなかった。ホワイトの会社は、10年近くの歴史をもっていたボックス社とは異なり、小さな部屋に３人の男が集まっていただけの会社だった。それでも２０１６年４月の時点ですでに、位置情報を活用して消費者とブランドが質問と回答を交わすのを助ける携帯端末向けアプリを開発していた。どこに行けば消費者のお目当てのものが見つかるか、どのようなルートを進めば目的地に着けるか、どうすればブランドの社員と話せるかといった問いと、それに対する回答をやり取りできる。

同社はその当時、大リーグのニューヨーク・メッツとビジネスをおこなっており、百貨店大手のメイシーズとの商談も進めていた。メイシーズは細部について繰り返し問い合わせてきて、アプリの利用者が大幅に増えても対応できるのかを執拗に知りたがった。話し合いは7回目でもまとまらず、8回目に突入した。

思いがけない電話があったのは、そんなときだった。

「(IBM側は)メイシーズとの商談のことはまったく知らなかった」と、ホワイトは言う。「相手はこう言った。『あなたの会社のアプリを大きく進歩させられます。いまのアプリを、です。それも、いまただちに、です。やってみませんか?』」

この言葉にホワイトは驚いた。ホワイトと共同創業者の1人のランドール・ニューマンは、大手金融企業でアルゴリズム取引のシステム開発に携わった経験の持ち主だ。ホワイトはブルームバーグ・トレードブックで、ニューマンはカナディアン・インペリアル・バンク・オブ・コマース(CIBC)で働いていた。もう1人の共同創業者であるラングソン・サムローエングラジャも、シティバンクとピツニーボウズで商品開発を担当していたことがある。要するに、3人の共同創業者たちは、巨大企業の実態を知り尽くしていたのだ。

「100年を超す歴史をもつ大企業から対等に扱われて、戸惑わずにはいられなかった。『いったいどうして? なぜ私たちに電話を? 私たちのことを踏みつけるつもりではなくて?』。こうした疑問をぶつけると、こんな返事が戻ってきた。『そんなことはありませんよ。

さあ、話し合いましょう』」

こうして信頼関係が芽生えた。

新興企業が成功すれば、既存企業も成功する

サティスファイ・ラボは、ＩＢＭとの提携をテコに、メイシーズとの商談をまとめることにも成功した。ホワイトはこう振り返る。

「私はＩＢＭに電話してこう言った。『早く契約を締結できますか？　実は、並行してメイシーズとも交渉を進めているんです』」

サティスファイ・ラボがＩＢＭと契約を結んだのは、２０１６年4月。その数日後、メイシーズとの契約もまとまった。そしてその8週間後には、メイシーズの10の店舗で「メイシーズ・オンコール」というサービスが始まった。これはワトソンを活用した来店客支援システムで、来店客はスマートフォンを使って、商品やサービスについて質問できる。メイシーズが売り上げの低迷に苦しんでいることを考えると、この種のサービスを導入することには十分な意義があるように思える。

このアプリは、具体的には以下のように機能する。買い物客が店舗を訪れると、スマートフォンにメッセージが表示されて、質問の入力を促される。たとえば、「赤いポロシャツは

どこの売り場で買える?」とか、「この階のお手洗いはどこ?」といった質問を入力すると、ワトソンのコグニティブ・コンピューティングとサティスファイ・ラボの位置情報ソフトウエアの機能によって、回答が表示される。

最初は2000件ほどの問いに対する回答を用意して出発し、その後は(人工知能とはそういうものだが)実際に使用されるにつれて新しい情報を学習していくようにできている。差し当たり、サービスの水準はまずまずだ。簡単な質問にしか答えられないと言えばそれまでだが、昨今の店員に期待できる応対とは遜色がないようにも思える(そもそも、最近は百貨店の売り場で店員を見つけるのも難しい)。

ホワイトによれば、現状のサービスはまだ第1段階にすぎない。今後も改良を重ねて、店舗での買い物体験を大きく向上させたいという。

「第2段階では、『赤いシャツが欲しい』という客に、適切な追加質問ができるようにしたい。『どのようなタイプのシャツをお求めですか?』『どなたかへのプレゼントですか?』といったことを尋ねる。システムが学習を重ねれば、客の求めに応じてアドバイスを送る能力も高まっていく。『パーティーがあるんだけど、何を着ていけばいいと思う?』という質問にも答えられるようになる」

目指すのは、1人ひとりの客に合わせた情報を提供することだ。ホワイトは、プレゼント選びのアドバイスを送るサービスに関して、ある超大手ショッピングモールと商談を進めているところだという（相手企業の名前はまだ明かせないとのことだった）。

「お母さんへのプレゼントを買いに、お店がたくさん並ぶショッピングモールに行ったとする。そこで何を買うかのアドバイスを受けるために、いくつかの質問に答える。『お母さんが好きなブランドは？　お母さんの趣味は？』。このようなデジタル空間でのやり取りを通じて、商品の候補が絞り込まれる。買うものが決まったら、どの店で買えるか案内される」

サティスファイ・ラボは、どこに在庫があるかを突き止めて顧客に商品を届けるという難しい課題に取り組んでいる。ホワイトによれば、この課題はワトソンの力だけでは解決できない。在庫に関する情報は小売業者が把握しなくてはならないからだ。しかし、大半の小売業者はまだリアルタイムの在庫管理システムを導入していない。

その点、メイシーズ・オンコールの導入は、メイシーズに変化をもたらしはじめている。「店舗の設計だけでなく、仕入れと在庫管理のあり方も変える可能性がある」のだ。

ＩＢＭとのパートナーシップは、サティスファイ・ラボにとって大きな刺激になった。「商品開発のスピードが一挙に加速した」と、ホワイトは言う。「1万人のスタッフが私たちのために商品開発に取り組んでくれているような感じだ」。ただし、「多くのことを自力でやらなくてはならない」のも事実だという。

サティスファイ・ラボはワトソンを活用することにより、ブロードウェーの劇場やスポーツチーム、水族館、スーパーマーケットなどに向けたアプリも開発できた。しかし、恩恵はそれだけにとどまらなかった。ＩＢＭのパートナーであることは、ＩＢＭの顧客企業との商談でも強みになるのだ。

「『お話しできませんか？　御社はメイシーズとＩＢＭに信頼されているんですから、私たちも信頼しますよ』と言ってくれる。そう言われると、とてもうれしい」

一方のＩＢＭも、サティスファイ・ラボとのパートナーシップが実を結んだことを受けて、それまで縁のなかった分野にも乗り出しはじめた。

■パートナーを支配するな

ホワイトは30代後半になってもまだ20代に見え、カリスマＣＥＯらしく楽天的な雰囲気と愛想のよさをもっている。しかし、ある質問をすると、雰囲気が一変する。その問いとは、ＩＢＭがアプリの開発をどのくらい緊密にチェックしているのか、というものだ。

「ＩＢＭに雇われて仕事をしているという感覚はない」と、少し苛立ったように言う。「この点を勘違いしないでほしい。最初の頃は、『ＩＢＭの仕事をしているんですか？』と尋ねられることが多かった。そのときはこう答えた。『いや、ＩＢＭとはパートナーの関係です』。必要に応じて連絡を取り合うけれど、週に1回とか、月に1回というふうに、定期的に電話がかかってきたりはしない」

これほどまでに自立性を強調するのは、ある面ではそれがプライドに関わる問題だからだ。それは、ウォルト・ホイットマンの詩を思い出させる。こんな詩だ。

「自分の足で、心も軽く、開けた道を歩く／私は健やかで、自由。私の前には世界が開けている……」

しかし、自由を保つことは、プライドの問題というだけではない。新興企業は自由を失えば成果を生み出せず、パートナーのいずれも好ましい結果を得られない。この点は、多くの起業家が私に語った話からも明らかだ。起業家は新しいものを生み出す自由をもっていて、既存企業から支持されて資金を与えられているとき、パートナーシップを成功に導けるのだ。

「グローバル・パートナーシップ・スタディ」でも、同様の結論が明らかになっている。既存企業が新興企業のリーダーに重要事項の決定権を委ねた場合、自社が権限を握り続けた場合に比べて、パートナーシップがうまくいく可能性が高い。成功率は、前者が75％なのに対し、後者は62％にとどまっている。既存企業にとって、新興企業に自由を認めることはイメージ戦略の面で得策というだけではないのだ。起業家は、手足を縛られなければ、しばしば目を見張るようなことを成し遂げるのである。

ボックス社のアーロン・レヴィー。サティスファイ・ラボ社のドン・ホワイト。ウィロー社のナオミ・ケルマン。この3人はいずれも、途轍もなく聡明で創造性豊かな半面、それなりに気難しく、変わり者で、簡単に手なずけられるような人物ではない。それでも、パートナーになった既存企業は、忍耐力と想像力をもって行動し、必要に応じて手を差し伸べ、効果が期待できると思えば一緒に行動し、それ以外のときも邪魔をしないようにしている。

既存企業にとって、新興企業に権限を委ねることのメリットは大きい。新興企業に主導権をもたせると、パートナーシップを通じて自社を大きく変えられる可能性が1・5倍に高まる。その恩恵に浴するために必要なのは、パートナーを信じること、それだけなのだ。

本章の教訓をまとめると、重要なのは、最も輝いている新興企業を引きつけるために時間を費やすこと。はじめからパートナーに自由と資金を与えること。そして、世界を驚かせるような結果を出すために、パートナーを「共同クリエーター」と位置づけることだ。

第6章

初期の試練を乗り切る

厳しい状況に置かれたときは、粘り強く踏ん張ろうと考える。
――デボラ・キルパトリック、エビデーション・ヘルス社CEO

両社が契約書に署名を済ませ、法務担当が脇に退く。そして、既存企業は新興企業と関わるための担当チームをつくる。そのあと、既存企業はどのようにパートナーシップを運営すべきなのか？　パートナーシップを自社の企業文化の影響から遠ざけ、社内のさまざまな攻撃から守るために、既存の組織と切り離し、場合によっては拠点も別の場所に置くべきなのだろうか？　それとも、自社の組織内に組み込んだほうがいいのだろうか？

この問いに対する簡単な答えはないが、私たちが実施した「グローバル・パートナーシップ・スタディ」の結論は驚くべきものだった。社内に別ブランドを設ける形態を採用した場合、パートナーシップが会社に大きな好影響をもたらす確率は、自社の組織と切り離す場合の約1・7倍に達するというのだ。

実務上の理由や法律上の理由などにより、このような仕組みを採用できないケースもある。それでも悲観する必要はないが、パートナーシップが成功するのに適した環境をつくることは不可欠だ。それは、具体的にどのような環境なのか？

第5章では、パートナーである新興企業に自由を——既存企業が心地悪く感じるくらい大幅な自由を——認めることの重要性を指摘した。しかし、自由を認めるとは言っても、なんらかの仕組みがなくてはならない。ある程度は、既存企業による監督が必要だ。

その役割を担うチームは、社内での地位が高く、パートナーシップに本気で取り組んでいなくてはならない。そのチームには、新興企業にさまざまな資源と専門的な助言、そして精神的な支援を提供し、つねにコミュニケーションに応じることが求められる。想定外の問題に対処するためには、いつでもコミュニケーションを取り合うことが必要だからだ。

また、チームのメンバーは、柔軟性をもっていて、素早く意思決定をくだしたり意見を述べたりできなくてはならない。そして言うまでもなく、2つの企業が大きな目標に関して一致している必要がある。

以上の点は、「グローバル・パートナーシップ・スタディ」でも裏づけられている。

既存企業との円滑な協働を妨げる障害として新興企業が挙げる要素で最も多いのは、意思決定の遅さ（44％）と官僚体質（19％）だ。また、相手企業の適切な人物と連絡がつかないこと（6％）も挙げられている。このような現象は、既存企業側にパートナーシップに本気で取り組む支援者がいないことを示唆している。担当者はたまに姿を見せたかと思うと、いつの間にかどこかへ消えてしまうのだ。

一方、既存企業が不満をいだく理由として多いのは、期待した結果が得られなかったこと（17％。そもそも目標のすり合わせができていなかった可能性が高い）と、コミュニケーション不足・不全（11％）だ。

それでも、新興企業側の回答によれば、パートナー同士がうまく協力し合えると、既存企業の行動が変わりはじめる。コミュニケーションの仕方が変わったり（42％）、ものごとのスピードが速くなったり（39％）する場合が多いという。

目標をすり合わせることも重要だ。新興企業は、パートナーとビジョンを共有できていて相性がいいと述べている場合、パートナーシップがうまくいっていると答える割合が１００％に達する。既存企業の側も、パートナーシップがうまくいっていると答えた企業の88％は、両社の目的が明確に一致していることを成功の要因として挙げている。

私たちの調査に対し、新興企業は既存企業へのアドバイスとして以下のようなことを述べている。

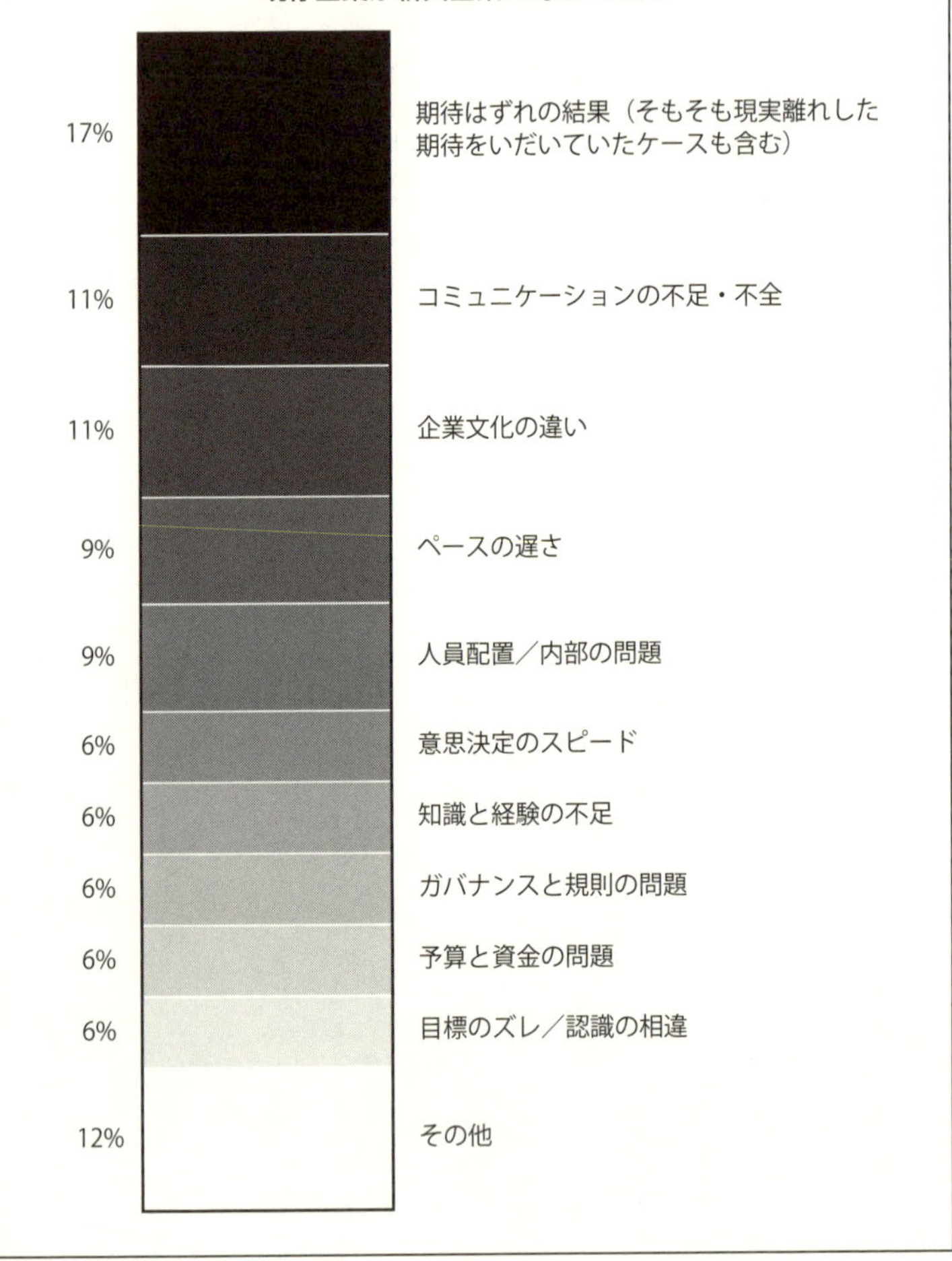
■良好なパートナーシップを阻むもの■
既存企業が新興企業に苛立つ理由
17%
期待はずれの結果（そもそも現実離れした期待をいだいていたケースも含む）
11%
コミュニケーションの不足・不全
11%
企業文化の違い
9%
ペースの遅さ
9%
人員配置／内部の問題
6%
意思決定のスピード
6%
知識と経験の不足
6%
ガバナンスと規則の問題
6%
予算と資金の問題
6%
目標のズレ／認識の相違
12%
その他

■「新興企業との関わり方に精通した経験豊富な幹部チームをもつべきだ」

■「新興企業を支援するための専任チームを設けてほしい。また、新興企業をビジネススクールの1年生やインターンのように扱わず、チームの一員として扱うべきだ」

■「法務・法令遵守関連の手続きをもっと速く進めるべきだ。新興企業と仕事をするときは、もっと柔軟性を発揮し、リスクのある行動にも踏み出したほうがいい。長大な契約書で自分を守ろうとしないでほしい」

■「迅速な意思決定ができないと、会社の命運が絶たれると肝に銘じておくべきだ」

■「部署のメンバーからしっかり支持されている上級幹部による支援が欲しい」

要するに、目標のすり合わせ、既存企業内の熱心な支持者、アイデアと情報をつねにやり取りできる体制、そして迅速な行動が欠かせないというのだ。以下では、軌道に乗りはじめたばかりの新興企業の視点から、これらの点を検討したい。

■医学界の「病」を癒す

カリフォルニア州サンマテオの都心に建つ低層のオフィスビル。デボラ・キルパトリックとチームのメンバーは、ここで医学界に革命を起こす準備をしている。患者のデータを活用できれば（もちろん本人の同意は得る）、「効果のある治療法と効果のない治療法を患者に教えられる」と、彼女は言う。

「この情報は、製薬会社、医療保険会社、デジタル医療企業の新製品開発にとっても非常に大きな価値がある。つまり、この取り組みにより、医療サービスの売り手と買い手の両方に重要な情報を提供できる。膨大な量のデータを高いレベルで活用し、大きな価値を生み出そうとしている」

キルパトリックは、ジョージア工科大学の学部と大学院修士課程、そして博士課程で機械工学を学び、とくに生物工学を専門にしていた。彼女が創業したエビデーション・ヘルス社は、さまざまなデジタル医療技術の医療上・経済上の効果について定量的な分析をおこなっている会社だ。デジタル医療はまだ歴史が浅いが、年間40～50億ドルの投資が流れ込む成長分野である。

デジタル医療技術とは、具体的にどのようなものなのか？　この分野には、さまざまなテクノロジーが含まれる（ときには、それらが互いに結びついている場合もある）。たとえば、オンライン上でアクセスし、ほかの医師や企業や研究機関と共有できる電子医療記録もその1つだ。保険会社や雇用主が減量や禁煙、ジム通いなどの奨励プログラムを通じて収集する個人の健康データも、デジタル医療技術の範疇に入る。「フィットビット」「ミスフィット」「ジョーボーン」「ガーミン」など、スマートフォンと連動するウェアラブル型活動量計や、「ヘルスキット」「マイフィットネス・パル」「オートスリープ」のような健康管理用のスマートフォンアプリもそうだ。医療機器の使用やラボでの実験、臨床試験などがもたらすデータ、「23アンドミー」「アンセストリー・ドットコム」などの新興企業が収集するＤＮＡデータ、そして医師が病気の治療や食生活の指導に用いる遠隔モニタリング・分析システムも、デジタル医療技術のなかに含まれる。

エビデーションは、このいずれかの領域の製品やサービスを開発しているわけではない。この会社は、デジタル医療技術が患者と医療提供者に医療面・経済面で恩恵をもたらせているかを検証するのが仕事だ。その目的のために、医療機関のデータだけでなく、自宅にいる患者のデータも活用する。それにより、医師や製薬会社、医療機器メーカー、医療保険会社が1人ひとりの患者に適した医療を提供できるようにしたいと考えている。

たとえば、糖尿病患者の血糖値管理用のモバイルアプリを提供している企業なら、ユーザーが正しくアプリを使っているのか、そもそもアプリを使用しているのか、それが患者にとってお金の節約につながっているのかを知りたい。バイオテクノロジー企業や製薬企業なら、新しいリウマチ注射薬が適量投与されているのかを知りたい。高血圧患者向けのアプリを開発した医療保険会社なら、患者がアプリをダウンロードし、便利に使っているかを知りたい。エビデーションは、調査への協力に同意した患者や、日々のデータの提供を了承した患者からリアルタイムで情報を集めて、これらの問いに答えている。

データの解釈は、テクノロジーと商品戦略を統括する共同創業者兼社長のクリスティン・レムケの専門分野だ。マイクロソフトの家庭用ゲーム機「Xボックス」部門でキャリアを振り出したレムケは、その後、センス・ネットワークスという会社を共同設立した。携帯電話の位置情報データをもとに、機械学習による予測分析をおこない、それを広告配信に活用する企業だ。エビデーションでは、同様のアプローチにより、患者の日々のデータを解析している。

エビデーションのアプローチがアメリカの医療費（アメリカ人が医療に費やす金額は年間3兆ドルを超す）を取り巻く状況を大きく変えられると考えるのは、さすがに過大評価だと思うかもしれない。しかし、アメリカの医療は、医療保険料の上昇、患者の選択肢の縮小、医療保険未加入者の多さなど、問題が山積みだ。エビデーションが提供するような情報へのニーズはますます高まっている。医療の未来がそれにかかっていると言っても過言ではない。

明確で野心的な目標を設定する

エビデーション・ヘルスは２０１４年に、ＧＥベンチャーズとスタンフォード・ヘルスケア（スタンフォード大学医学大学院系の医療機関）によって設立された。この会社の設立は、ＧＥのジェフリー・イメルトとスタンフォード・ヘルスケアのアミール・ダン・ルービンというトップの話し合いで決まった。

「私たちの会社は、医療のデジタル化が進む時代に行動分析とデータの定量化をおこなうために設立された」と、キルパトリックは言う。

新しい会社は、２人のＣＥＯの支持に加えて、ほとんどの新興企業には望むべくもない追い風に恵まれた。設立早々に、レムケの会社、アクティビティ・エクスチェンジ社と合併したのだ。この会社は、健康管理用アプリを利用している人たちのデータをリアルタイムで収集することに強みをもっていた。

立ち上げ期の資金として、ＧＥベンチャーズ主導で６２０万ドルの投資も受けた。ギリシャ神話の知恵の女神アテナは、父である全知全能の神ゼウスの頭から生まれたとき、すでに大人の姿をしていて、全身を甲冑（かっちゅう）で覆われていたという。それと同じように、エビデーションは設立の時点ですでに、デジタルの戦場でどのようなライバルとも戦える準備が整っていたのだ。

ＧＥが親会社兼パートナーであることの恩恵は、キルパトリックもよく理解している。「幅広い分野で事業活動をおこない、国内経済と世界経済の両方に精通している巨大複合企業なので、さまざまな産業で起きている多くの変化を把握し、それらの要素が影響し合って形づくられる新しい経済のあり方を予見できる」。人生の半分近くをシリコンバレーで働いているが、彼女の英語にはいまも南部訛りがかすかに残る。

「家電分野と医療分野で起きていることをすべて理解すれば、その2つの変化がデジタル医療というまったく新しいビジネス領域を生み出しつつあることがわかる」

医療とテクノロジーの融合を生かして患者の権利擁護と地位向上を実現するために、エビデーションが設立された。

医療分野で経験豊富なキルパトリックと、テクノロジー分野のベテランであるレムケは、最良のコンビだったのかもしれない。キルパトリックは、カリフォルニア州レッドウッドに本社を置くゲノム診断企業のカーディオディーエックスで働いていたとき、虚血性心疾患の有無を迅速かつ正確に調べる血液検査「コーラスＣＡＤ」の収益化などに貢献した。ガイダント社在籍時には、研究開発と新事業を監督した。この会社は、ステント、除細動器、ペースメーカーなどの心臓血管系の医療機器・器具をつくっていた（のちに、同業のボストン・サイエンティフィック社に買収された）。

キルパトリックは、医療技術分野の女性リーダーに光を当てることを目指す非営利団体

「メドテック・ウィメン」の共同創設者でもある。この団体がベイエリア地区で開くイベントでは、細身の体に、茶色にグレーが交ざった短髪、青く鋭い目が特徴の彼女の姿がいつも見られる。

ＧＥとエビデーションのパートナーシップが生まれる過程では、すべてが入念に計画されていた。そのなかで、キルパトリックがＣＥＯに就任した経緯だけが偶然の産物だった。「シリコンバレーでは珍しくない話」だと、本人は振り返る。「いくつもの偶然が重なった結果だった」

キルパトリックがＧＥベンチャーズの２人の幹部――本書でもたびたび登場しているスー・シーゲルと、当時は同社で医療分野への投資を取り仕切っていたローワン・チャップマン（現在はエビデーションの取締役を務めている）――と出会ったのは、この２人がカリフォルニア州サンマテオのベンチャーキャピタル会社、モール・ダビドウに在籍していたときだった。

当時、キルパトリックが最高商業責任者を務めていたカーディオディーエックスは、モール・ダビドウを中心に第２弾の資金調達を計画しており、彼女は２人にたびたび説明をおこなう必要があったのだ。その後、シーゲルとチャップマンはそろってＧＥベンチャーズに移籍し、カーディオディーエックスの第３弾の資金調達を主導した。

２０１４年夏、ＧＥベンチャーズとスタンフォード・ヘルスケアは、新しく設立するエビデーション・ヘルスのＣＥＯの人選を始めた。チャップマンはキルパトリックの留守番電話にメッセージを残し、誰か適任の人物はいないかと相談した。このときたまたま、キルパトリックは9年間勤めたカーディオディーエックスを辞めることを決めていた。

折り返し電話すると、「ローワン（・チャップマン）は、新しいビジネスのコンセプトと、どのような人物に舵取り役を任せたいかを説明しはじめた」と、キルパトリックは言う。「10分くらい経ったとき、私は彼の言葉をさえぎった。『素晴らしいアイデアだと思う。でも、実は近く会社を辞めることになっている。まだ取締役会のメンバーにしか話していないけれど。ＣＥＯ候補をあなたに紹介することはしたくない。ひょっとすると、私がその職に就きたいと思うかもしれないから』」

それでも、自分のことを待ってもらう必要はないと言い、辞職が公表されるまで自分は手を挙げなかった。本人に言わせれば、「この出来事の教訓は、あらゆるやり取りを将来の採用面接と考えるべし、ということ」だという。

このパートナーシップで両社が追求する目的は、ほぼ完全に一致している。ＧＥには、エビデーションの力になれることがある。「ＧＥは世界中の企業と関係をもっていて、パートナー企業同士を引き合わせることができる」と、キルパトリックは言う。

一方、エビデーションもＧＥに大きな価値をもたらせる。エビデーションは、ルイジアナ州のオシュナー・ヘルスシステムやボストンのブリガム・アンド・ウィメンズ病院のような有力医療機関と提携関係にあり、それが「GEのヘルスケア部門にとって重要な意味をもつ」というのだ。

恩恵はそれだけではない。「GEは私たちとパートナーになることにより、大企業では考えられない速度でイノベーションが進むプロセスをじっくり観察できる」

GEは、エビデーションが自社に何をもたらせるかを明確に理解しているはずだ。「私の性格もスキルもこの仕事に向いていると思うし、GEはこれまで順調なときの私も逆境のときの私も見てきた」と、キルパトリックは言う。

「取締役会には私を信頼してもらいたいと思う。厳しい状況に置かれたときは、粘り強く踏ん張ろうと考える」

重要な決定では助言を仰ぐ

キルパトリックは、会社の重要な岐路で顧問たちの助言を仰いできた。

「とりわけ難しかった決断の1つは、第2弾の資金調達で主にどのような人たちからの出資を求めるかという点だった」

贅沢な悩みに思えるかもしれないが、確かに難しい判断だった。これは会社のアイデンティティに関わる問題だからだ。医療分野の出資者を確保するか、テクノロジー分野の出資者を確保するかによって、会社が追求するビジネスモデルが変わってくる可能性があった。

「私たちはハイブリッド型の会社」だと、キルパトリックは説明する。「医療分野のベンチャー企業とは異なり、成功するか失敗するかの2つに1つになるリスクはない。けれども、一般消費者を相手にしているテクノロジー企業ではないので、ピンタレストやツイッターのようなペースでは売り上げを伸ばせない。この2つの分野の中間に位置する私たちには、どのような出資者が最も力になれるのか？　私たちの企業価値を正しく判断できるのは、どのような投資家だろう？　どのような人たちに取締役会のテーブルに座ってほしいだろう？」

この難しい意思決定を助けてくれたのは、GEだった。

「GEは、テクノロジーの視点でも、医療の視点でも世界を見ている。エネルギーやインフラや輸送の視点でも世界を見ている。そのため、さまざまな分野で起きている変化を把握し、5年後、7年後、10年後に、国内と世界で何がこれらの分野を牽引しているかを読み解ける」

エビデーションの取締役会に名を連ねるスキップ・フレッシュマン（カリフォルニア州パロアルトのベンチャーキャピタル会社、アセット・マネジメント・ベンチャーズの共同経営者）も、医療とテクノロジーの両方の分野で豊富な経験をもっていて、貴重な助言を送ってくれた。

エビデーションは、2016年10月に第2弾の資金調達を完了し、1550万ドルを集めた。この資金調達を主導したのがBキャピタル・グループだった。エドゥアルド・サヴェリン（フェイスブックの共同創業者）とラジ・ガングリー（マッキンゼーとベインキャピタルで10年近く経験を積んだベテラン）が共同で設立した新しいベンチャーキャピタルである。1億4000万ドルの資金を擁するBキャピタルは、医療と健康、電子商取引、金融サービス、運輸などの分野に投資しており、GEのもっている知識を補完することができた。

Bキャピタルから出資を受けると決めたことで、差し当たりはアイデンティの危機を回避できた。しかし、新興企業はほとんどの場合、この問題にずっと悩まされ続ける。その点では、エビデーションのように会社として何を目指すかがはっきりしている企業も例外ではない。キルパトリックは、どの医療分野に力を入れるかを決める必要があった。

「腫瘍を専門にするのか、それとも自己免疫疾患を専門にするのか？　あらゆる慢性疾患を対象にするのか、あるいは心代謝系疾患に絞り込むのか？」

エビデーションは、すべての病気を対象にしようと決めた。自社のテクノロジーを活用すれば、どのような病気に関してもデジタル医療技術の有効性を判断できると考えたのだ。

「私たちのソフトウェアと人工知能、機械学習、分析能力は、患者が慢性閉塞性肺疾患だろうと、高血圧症だろうと同じように役割を果たせる。患者の行動が医療の結果に影響を及ぼすケースなら、どの分野でも機能する」

あらゆる病気を対象にすると決めると、「患者を介して得られるデータ」の重要性が見えてきた。これは、平たい言葉で言えば、調査に参加する患者から提供されるデータや情報のことだ（患者たちは十分な説明を受けたうえで協力を承諾する）。

今後も、エビデーションの取締役会が会社の重要な進路決定に大きな影響力をもつ機会があるに違いない。

ビジネスを拡大させるためには、収集するデータの量を増やす必要が出てくる可能性が高い。「そのプロセスが速く進めば、投資を続けるために新たな資本が必要になり、株式公開を求める声が出てくる」と、キルパトリックは予想する。

そのときは、取締役に名を連ねる顧問たちが公開価格について助言してくれるだろう。

■パートナーを一歩ずつ前進させる

競技場でのスポーツ観戦は、家族や友人、ひいきのチームとお気に入りの選手、ほかの大勢のファンとの楽しい時間を約束してくれる。超満員の大歓声に興奮をかき立てられ、食べ物やお酒も進む（次の日に食べすぎや飲みすぎを後悔することも多いが）。

アレックス・ハーテルもそうした経験をしてきた。ただし、大半の人とは異なる視点でもスタジアムを見ている。チケットの読み取り機、来場客のスマートフォン、チームの公式アプリ、スマートフォンへの情報発信機、スコアボード、大型ビジョン、店舗のレジなど、スタジアム内のさまざまなデジタル機器が連携できていないことに目をとめたのだ。

ハーテルが目指すのは、これらの機器を互いに結びつけることにより、ファンを楽しませ（ゲームや懸賞などを用意する）、顧客企業に利益をもたらす（ゲームをきっかけにファンが商品をもっと買うように促す）こと。彼が設立したエクスペリエルという会社は、それをエレガントに、しかも低コストで成し遂げる方法を生み出した。開発チームを雇わなくても、双方向型ゲームを素早く開発できるようにしたのである。

テクノロジーに詳しくない企業がこのビジネスの有望さを理解するのは難しい。そこで、ハーテルは売り込み先を厳選した。有力者に紹介してもらい、ロサンゼルス・ドジャース（野球）、サクラメント・キングス（バスケットボール）、ニューヨーク・ジェッツ（アメリカンフットボール）に話をもっていった。いずれも、デジタル分野の専門知識があり、多くのファンを擁していて、スタジアムでの試合観戦の魅力を高めたいと強く望んでいる球団だ。しかし、それでもハーテルは、相手が話についてきているかに細心の注意を払った。

エクスペリエルのサービスがはじめて試験採用されたのは、２０１６年のジェッツ主催の3試合だった。このときは、ジェッツの公式アプリにゲームを組み込んだ。試合中にタッチダウンを予想するゲームだ。

ファンが予想できるのは1試合に4回。予想が的中すれば、試合のチケットなどの賞品がもらえる。4回とも予想をはずしたファンにも、まだチャンスがある。スタジアムの売店でビール（バドワイザー・ライト）を買って――あるいは自宅から持参してもいい――スマートフォンでロゴをスキャンすれば、もう1度予想できるのだ。

いささか粗い実験に見えることは、ハーテルもよくわかっている。これは言ってみれば、デジタルの世界とリアルの世界がブラインドデートをしたようなものだ。両者の間に豊かな関係が生まれる可能性はあまり見えていなかった。メットライフ・スタジアムの座席にチラシが置かれ、巨大ビジョンに告知が数回表示されたのを別にすれば、ゲームの宣伝はほとんどなかった。ファンのスマートフォンに、バドワイザーの広告やゲームの宣伝が配信されることもなかった。それでも、1試合目にゲームに参加したファンは約1000人に上った。

将来はこれがもっと進化する。未来のスタジアムでは、入り口の機械でチケットがスキャンされると、来場客は名前を呼ばれて歓迎され、巨大ビジョンに顔が映し出される。ほかの大勢のファンと競い合って雑学クイズやパズルに挑戦したり、デジタル版のプレーヤーカードを集めたりもできる。スマートフォンの位置情報アプリにより、トイレの場所や、遠くの席で観戦中の友達の居場所を教えてもらうことも可能になる。飲食物やグッズを買うたびにポイントが加算され、貯まるとチケットをもらえるサービスも始まる。しかも、これは始まりにすぎない。

こうした未来図と比べればまだ素朴な取り組みではあったが、実験の結果は期待をもたせるものだった。バドワイザー・ライトの缶をスキャンしたファンは4人に1人に上り、ファンがこのゲームをプレーした時間は平均2時間近くに達した。これだけユーザーをのめり込ませることができれば、広告主にとっては夢のようだ。

「コンバージョン率や利用時間の面でこんなに好ましい結果を得られるとは思ってもいなかった」と、ハーテルは言う。「アイデアを着想してから実行するまでは、あっと言う間だった。2カ月くらいだったかもしれない。とくにすごかったのは、エンジニアの力を借りずに仕組みを完成させたところだ。それを10日でやり遂げた」

試験プロジェクトはあくまでも出発点にすぎない。それを土台にサービスに磨きをかけたり、ほかの企業に売り込んだりすることになる。

ハーテルは楽観主義者ではあるが、慎重な性格でもある。一部の起業家とは異なり、夢想家的なところもない。この点は、カナダ出身であることと関係があるのかもしれないし、分析的な性格が影響した結果なのかもしれない。

兄弟のフィリップと一緒にエクスペリエルを設立したのは2013年後半。掲げた目標は、新しい実験マーケティングのあり方を生み出すことと、コンピュータプログラミングの民主化を実現することだった。

設立資金には、2010年に電子決済会社のウォレットー社（発明家であるハーテル兄弟がその3年前に立ち上げた会社だ）をグーグルに売却して得た金を充てた。グーグルはのちに、買収したウォレットー社を土台に送金・決済サービスの「グーグル・ウォレット」を開発することになる。

兄弟がエクスペリエルを創業した当時、インターネット・オブ・シングズ（ＩｏＴ）や、リアルとデジタルの融合は、おおむね一握りの鬼才や異能の人だけが空想するものだった。それでも、２人には、大学院でのコンピュータ科学の研究成果をビジネスに発展させるための資金があった。

シリコンバレーの中枢であるサニーベールに本社を構えると、少人数の有能なエンジニアチームを発足させ、グーグルでデザイナーをしていたコニー・タンも迎えた。タンにはプログラミングの経験がなかった。プログラミングの知識なしにエレガントで魅力的なゲームアプリをつくろうという、エクスペリエルの基本方針どおりだ。

ハーテルとエンジニアたちは、建物の２フロアーを占めるオフィスの、ウッドパネルを敷き詰めた広い部屋に集まり、壁に掲げた写真の数々から刺激を得てアイデアを生み出そうとしていた。

写真に写っていたのは、科学、思想、数学、ビジネス、芸術、人道の分野でハーテルが尊敬する人たちだ。オプラ・ウィンフリーとウォルト・ディズニー、フィリッポ・ブルネレスキ（ルネサンス期の建築家、フィレンツェの大聖堂を設計したことで知られる）とレオナルド・ダ・ヴィンチ、環境汚染を告発したレイチェル・カーソンとポリオワクチンを発明したジョナス・ソーク、それにコペルニクスとガリレオ・ガリレイといった面々の写真がぎっしり飾ってある。テレビジャーナリストのビル・モイヤーズの上にはネルソン・マンデラ、その上にはフローレンス・ナイチンゲールの顔が見える。単に目覚ましい業績を残した人たちを集めただけではない。ここには、ある種の多様性も表現されている。多様性の尊重は、エクスペリエルが追究している使命の核を成す要素だ。

テクノロジーの世界では普通の人の力が強まってきたと、ハーテルは言う。大企業と政府機関だけが大型コンピュータを利用していた時代に始まり、個人が数千ドルでパソコンを買えるようになった時代を経て、ワールド・ワイド・ウェブ、携帯電話、インターネット・オブ・シングズ（ＩｏＴ）の時代へと移行するにつれて、これらのテクノロジーを利用する人の数は大きく増えた。

「いまも民主化していない領域の1つがテクノロジー業界の雇用だ。エリート層以外は、テクノロジー関連の職にほとんど就けない」と、ハーテルはカナダ訛りがかすかに残る英語で語る。「女性はほぼ締め出されている。その状況を変えたい」

エクスペリエルはエンジニアの半分が女性だ。

「この業界は、都市の貧困地区出身のマイノリティも少ない。シリコンバレーは、家父長主義的で、白人中心で、エリート主義的だ。私たちのテクノロジーでそれを改めたいと思っている」

■世界（とパートナー）がついてこられるペースで進む

エクスペリエルは、2016年の大リーグ開幕に合わせてロサンゼルス・ドジャース向けのアプリをデビューさせる予定だった。しかし、4月、5月、さらには6月になっても、細部をめぐり交渉が滞っていた。

同じ時期、NBA（バスケットボール）のサクラメント・キングスともゲームアプリの開発に向けた商談をまとめつつあった。この「コール・ザ・ショット」と名づけられたゲームは、ファンが試合中にアリーナや自宅で次の展開を予測するというものだ。総工費5億3500万ドルで建設されたばかりのキングスの新本拠地「ゴールデン1センター」の巨大ビジョンに、個人のメッセージを映し出すサービスについても計画を進めていた。ところが、私が取材した時点で、この事業も前に進んでいない。キングスの関心がエクスペリエルとのビジネスよりも、新しい本拠地とチームづくりのほうに向いていたことが原因だ。

ハーテルは、商談が滞っていることをあまり気にしていない。アイデアが軌道に乗りはじめたという手ごたえを感じているからだ。

「ジェッツとのビジネスを1つのケーススタディと位置づけ、それをほかの売り込み先にも説明している。『こんなことを実践しています。みなさんとも同じことができます』という具合に」。内に秘めた知性と、人を引きつけるルックス（丸顔に顎ひげ、それに眼鏡）は、人に信頼感をいだかせずにいられない。

ジェッツ、キングス、ドジャースだけでなく、それぞれのスポーツのほかのチームともビジネスをしたいと、ハーテルは意欲をもっている。さらには、スポーツ以外の分野への進出も考えている。

「たとえばテーマパーク。スタジアムと同じように、ゲームの要素があり、来場客がとりこになっていて、多くのテクノロジーが用いられている。同じことは、カジノや音楽フェス、クルーズ船などにも言える」

いずれは、小売業界にも進出したいと考えている。店舗にもっと多くのテクノロジーを導入し、来店客が新しいタイプの娯楽を体験できるようにしたいと思っているのだ。それは、ハーテルが夢見る「リアル・ワールド・ウェブ」の実現への一歩になるだろう。私たちが触れるものすべてが双方向型のデジタル機器という性格をもつようになり、身近なものを通じてインターネットに接続することが当たり前になる世界のことだ。

突飛な発想だと思うかもしれない。それでも、ハーテルと支持者たちは、そのような世界を実現するために2016年半ばに700万ドルの資金を調達した。早い段階で名乗り出た出資者のなかには、グーグルの上級副社長を務めたショナ・ブラウンや、オンラインアンケートのサーベイモンキーでセールス部門の幹部を務めたブラッド・オニール、そのほか、起業準備段階の起業家を支援している錚々たる投資家たちも含まれている。サン・マイクロシステムズの共同創業者で初期のグーグルも支援したアンディ・ベクトルシャイム、グーグル創業時の取締役の1人であるラム・シュリラム、会計ソフト大手のイントゥイット社の共同創業者であるスコット・クック、スタンブルアポン（検索サービス）とウーバー（配車サービス）の共同創業者であるギャレット・キャンプといった面々だ（公正のために情報を開示しておこう。私もエクスペリエルに少額の投資をしている）。今後、投資はさらに流れ込むだろう。エクスペリエルは、本書執筆時点で第1弾の資金調達を完了しつつある。

パートナーシップの滑り出しの時期を乗り切るのは、一般に想像されているより難しい。最初のうちは双方が強い熱意をもっていて、大きな期待をいだいている。その熱意と期待をしぼませないためには、注意深く見守り、応援し、調整しなくてはならない。

期待どおりの成果を得たいなら、それぞれがパートナーシップの成功を後押しし、調整を重ねる必要がある。既存企業の取締役会や顧問たちが積極的に関われば、途中で素早く軌道修正と立て直しがしやすくなるし、新興企業が重要な戦略上の決断を迅速にくだすのも支援できるだろう。トップが明確に支持することが好ましい結果をもたらす。

パートナーシップが適切な形で出発できれば、エビデーション・ヘルスやエクスペリエルのように、すこやかで元気いっぱいの子どもが育つ。そのようなビジネスは、多少のつまずきにも負けずに成長していける。エビデーションのキルパトリックが言うように、厳しい状況に置かれたときに粘り強く踏ん張れるのだ。

それに対し、両社の目標が一致しなかったり、重要な展開が素早く進まなかったりすれば、パートナーシップは揺らぎ、失敗に終わりかねない。

しかし、既存企業と新興企業がパートナーシップを大切に育てる必要があるのは、最初の段階だけではない。次章ではその点を見ていこう。

第7章

パートナーシップのマネジメントを学ぶ

彼らは、失敗することへの抵抗感が私たちよりはるかに小さい。
——ポール・ディリンジャー、リーバイ・ストラウス社グローバル商品イノベーション責任者

パートナーシップは、生き物のようにつねに変わり続ける。だから、なんらかの形のマネジメントが欠かせない。道を逸れそうなときや、異なる利害関係をもつ人たちの間で股裂きになりそうなときは、とくにそれが必要だ。リリアン・ヘルマンの戯曲『屋根裏部屋のおもちゃ』（不幸せな家族を描いた自伝的作品）の登場人物は言う。

「人は変わる。けれども、それを互いに伝えることを忘れてしまう。不幸なことだと思う。それが多くの過ちを生んでいる」

本章ではそのような過ちに光を当て、それがパートナーシップに大きなダメージを及ぼしたり、関係を破綻させたりする事態を防ぐ方法を論じたい。完璧なパートナーシップなど存在しない。意図のズレや誤解が生じる可能性がつねにある。戦略の食い違い、コミュニケーションの不全、期待や予想の変化、相性の悪さなどが問題の原因になりうる。

重要なのは、パートナーシップを瓦解させかねない要素を増大させないことだ。そのためには、しばしば両社の関係を再起動させる必要がある。全面的な仕切り直しとまでは言わなくても、目指す目標やビジネスの進め方を見直さなくてはならない場合が多い。

以下では、新興企業とのパートナーシップに悪戦苦闘した経験をもつ既存企業の人たちが語るストーリーを通じて、このような点を考えていく。彼らの体験談の内容は、「グローバル・パートナーシップ・スタディ」によっても裏づけられている。

パートナーシップが成功だったと考えている既存企業のうち、72％は目標の達成時期に関する期待を改める必要があったと答え、71％は途中で軌道修正が必要だったと答えている。そうした修正をおこなった企業幹部たちは、以下のようなことを述べている。

■「相手企業は、実際にできないことまで約束していた。プロジェクトが予定どおりの時期に完了しなかった。企業文化の衝突があった」

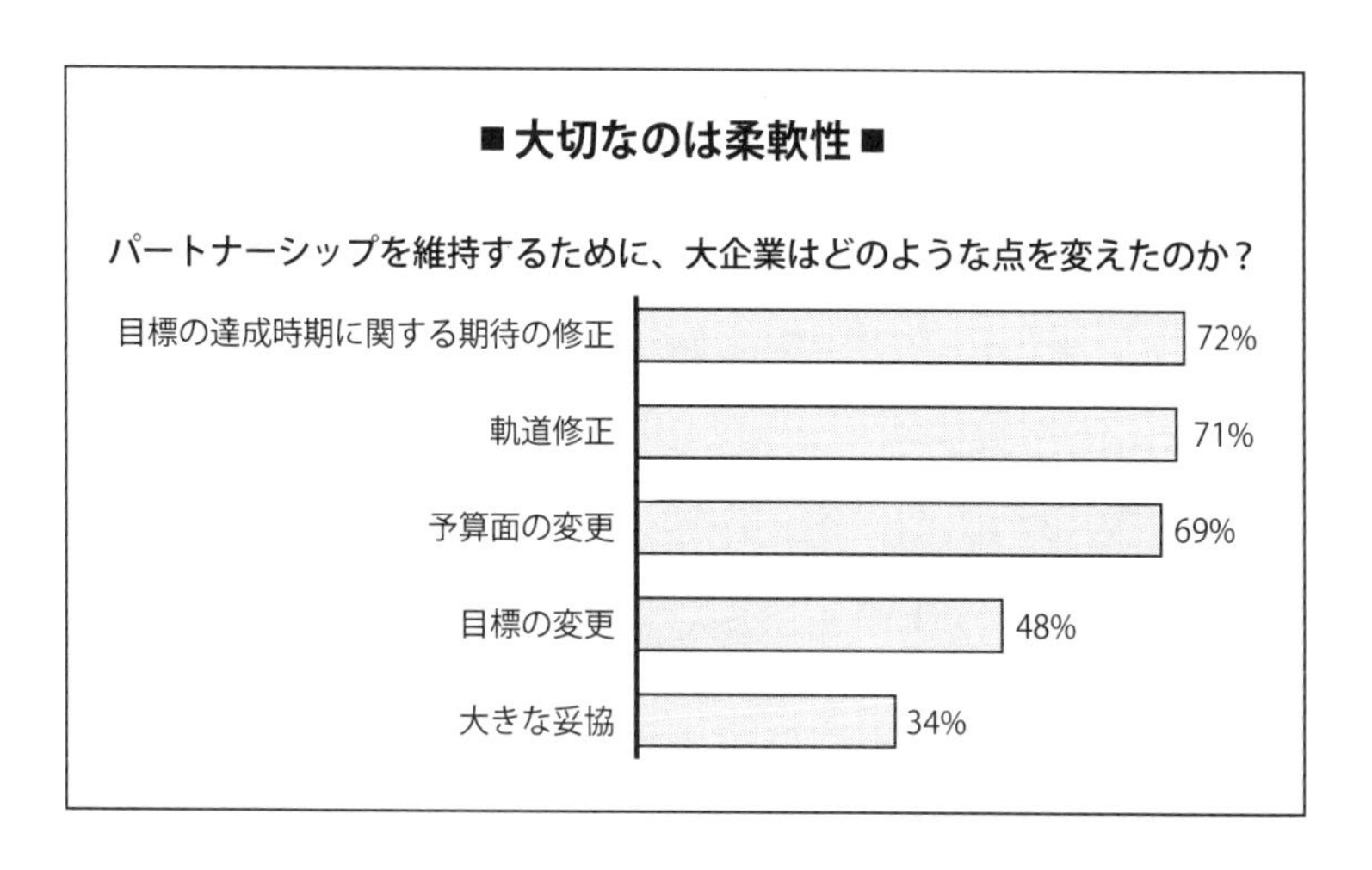

■「何が必要かを軽く見すぎていたようだ。この種のことは、実際にやってみないとわからない」

■「時間が経つにつれて、さまざまなことを学んでいく。それに応じて計画を修正しなくてはならない」

■「私たちは、すべてのことを知っていたわけでも、あらゆる専門技能をもっていたわけでもなかった。パートナー企業と一緒に市場に乗り出し、前に進んでいった」

このような柔軟性をもたず、学習と適応に後ろ向きな企業は、パートナーシップが破綻しかけたとき、立て直しに苦労する。

■将来的に両社がライバルになる可能性を警戒する

ショーン・テイラーは30代前半。長身で痩せ形の男性だ。ティーンエージャーのような内気な振る舞いからは想像しづらいが、モトローラ・ソリューションズで10年以上の経験を積んできたベテランで、現在は上級戦略マネジャーの職にある。ベンチャーキャピタル部門を率いるリース・シュローダーにとっては、起業コミュニティに関する貴重な情報源だ。

一方、同社が投資している新興企業にとっては、ビジネスプランの道先案内人であり、困ったときに頼れる問題解決人でもある。パートナーシップに修正が必要なとき、それを鋭く察知できる人物なのだ。そして、もう1つ見逃せない点は、今日の新興企業がいつか自社の手強いライバルになるかもしれないと明確に認識していることだ。

2015年前半、モトローラ・ソリューションズは、カナダのトロントに本社を置くシーンドックという会社に投資した。この会社のモバイルアプリを用いれば、クラウドベースのプラットフォームを通じて、現場の警察官や捜査官が写真や映像や音声やメモを記録し、リアルタイムで本部と情報共有できる（保険会社の調査員が事故現場で情報を収集し、オフィスに送信しているのと同様のことが可能だ）。犯罪現場や事故現場で情報を記録するためには、非常に有益な仕組みと言える。この会社が「（モトローラ・ソリューションズにとって）いつか脅威になるかもしれないと思った」と、テイラーは振り返る。

そこで、シーンドックが自社と競合するビジネスを追求しないよう軌道修正させた。「ちょっとバツが悪い」と、テイラーは言う。なにしろ、パートナー企業に対して「みなさんは、私たちが望むような形で成功しつつありません。別のプランを用意しました。みなさんには任せておけないので」と言い渡すに等しいのだから。それでも、両社は最終的に合意に達した。2016年後半、シーンドックはモトローラ・ソリューションズとともに、交通違反チケットの電子化サービスを市場投入した。

新興企業に教わって方向転換する

モトローラ・ソリューションズには、第二次世界大戦前から無線通信機器を製造してきた歴史がある。しかし、ほかの多くの機器とうまく連動する製品をつくるために必要な知識をすべて備えているわけではないと自覚している。

同社のさまざまな機器は、ブルートゥース技術で接続される(ブルートゥースは、1989年にスウェーデンの通信機器大手エリクソンが開発したワイヤレス通信技術だ)。この技術により、比較的近い距離にある携帯電話とヘッドフォンやプリンターなどを接続できる。しかし、スムーズに接続できる場合ばかりではない。テイラーは、その問題を(お世辞にも上品とは言えないが)わかりやすい言葉で表現する。

「ブルートゥースはクソだ。どうすれば、問題を解決できるのだろう?」

この問いの答えをもたらしたのは、サンフランシスコのオリオン・ラボという会社だった。この会社の主力商品である「オニックス」は、缶バッジ程度の大きさのウェアラブル型機器だ。いわゆるプッシュ・トゥ・トーク(PTT)の機能を備えており、この機器を1度押すだけで、WiFiや携帯電話ネットワークを通じてハンズフリーで誰とでも話せる。低消費電力型のブルートゥース経由でiOS端末ともアンドロイド端末とも接続し、そこからネットワークにつながるのだ。強みは、音質がよい、バッテリーが長持ちする、どんなに遠方にいる人とも話せるといったことだ。

「私たちもそれらの課題に取り組んでいた」と、テイラーは言う。「オリオンは、私たちとまったく別のアプローチで問題を解決しつつある。もしオリオンが成功すれば、ブルートゥースを用いた機器をたくさん扱っている私たちにとってメリットは大きい」

このケースでは、パートナーの新興企業ではなく、モトローラ・ソリューションズのほうが軌道修正したのだ。オリオンはその後も快進撃を続け、最近はアマゾンの音声認識アシスタント「アレクサ」にも話しかけられるようになった。アレクサは、ユーザーの口頭での指示や問いかけを受けて、質問に答えたり、気象情報や交通情報を知らせたり、音楽をかけたり、ネットワークに接続された家電類をコントロールしたりできる。

モトローラ・ソリューションズは2016年前半、オリオンの第1弾の資金調達を主導し、アバロン・ベンチャーズと組んで900万ドルを提供した。オリオンの創業者であるジェシー・ロビンズは、まさにモトローラ好みの人物だ。消防士として訓練を受けたロビンズは、2005年に巨大ハリケーン「カトリーナ」の被災地支援に携わり、非常事態への対処と人道援助の分配を効率的におこなうためのシステム構築を手掛けた。そのあとアマゾンに入社し、わざとトラブルを引き起こすことによってウェブサイトの安定性を強化する仕事を担当した。その試み(「ゲーム・デイ」と呼ばれた)を理由に、当時は「惨事のマスター」と呼ばれていた。

アマゾンを去ったあとは、シェフというソフトウェア企業を設立した。企業のサーバーを維持管理し、それをクラウドベースの巨大なプラットフォームと接続するサービスを提供する会社だ。そして、その次に設立した会社がオリオン・ラボだった。

モトローラ・ソリューションズの最高イノベーション・戦略責任者を務めるエドゥアルド・コンラードがロビンズと知り合ったのは、ベンチャーキャピタル会社のDFJ(旧ドレイパー・フィッシャー・ジャーベットソン)を訪れたときだった。

「当時、ジェシー(・ロビンズ)は客員起業家としてそこに在籍し、打ち合わせにも同席していた」と、コンラードは振り返る。「(パートナー候補として)検討することになった会社の創業者として再び私たちの前にあらわれたのは、その1年後のことだった」

このあとのストーリーは、すでに述べたとおりだ。

以下では話題を転じて、リーバイスの「コミューター・ジャケット」について詳しく紹介する。これは、グーグルの「ジャカード」技術を用いたジャケットだ。リーバイ・ストラウス社とグーグルは、この野心的な試みを通じて、ウェアラブル技術の可能性を広げたいと考えている。

「ジャカード」という名称は、産業革命期のフランスの発明家ジョゼフ・マリー・ジャカールに由来する。ジャカールが発明したジャカード織機により、どのような模様の紋織も自動的に織れるようになった。言ってみれば、布と先端技術の融合が実現したのである。リーバイ・ストラウスとグーグルの取り組みにとって、これほど打ってつけの名前はないかもしれない。

しかし、両社は、独創性、苦境から立ち直る力、強靭さを試されることになった。両社が目指したことは、前例のないものだったからだ。ヒューストン大学のブレネー・ブラウンが有名なTED講演で述べたように、「創造とは、それまで存在しなかったものをつくり出すこと。これほど、弱さを生み出す行動はない」のである。

リーバイ・ストラウスとグーグルはこのとき、それぞれの快適ゾーンの外に踏み出した。パートナーシップが独創的なことを目指すうえでは、それが不可欠だ。リーバイ・ストラウスは、問題が解決不能に思えたときの姿勢をひとまず改めなくてはならなかった。一方のグーグルは、まったく経験のない業種の——同社の原点であるネット検索とは似ても似つかないビジネスの——複雑な現実に敬意を払い、それを学ぶ必要があった。

では、世界屈指の2つの有名企業が互いを後押しし、ウェアラブル技術の可能性を広げていった物語を見ていこう。

始まりは偶然の出会いだった

2014年4月、リーバイ・ストラウスの上級副社長でリーバイス・ブランドのトップでもあるジェームズ・〝J・C〟・カーレイがニューヨークを訪れた。リーバイスのジーンズ「501」がトライベッカ・ディスラプティブ・イノベーション賞を受賞し、授賞式に出席することになったのだ。ほかの受賞者には、アイウェアブランドのワービー・パーカー、テレビの子ども番組『セサミストリート』、シンガーソングライターのアマンダ・パーマー、そして、グーグルの「先進技術プロジェクト研究所（ATAP）」を率いていたレジーナ・デューガンもいた。

カーレイはデューガンとの偶然の出会いを次のように振り返る。

「気がつくと、ニューヨークの小さな劇場で隣の席にいたのがこの素敵な女性だった。聡明で、強靭で、アイデア豊富な女性だ。『ベイエリアで近所同士なのに、はじめて会うのがニューヨークのトライベッカだなんて』と、私は彼女に言った」

2人は夕食会でも隣になり、ベイエリアでお互いのチームのメンバーを紹介し合おうと約束した。

私の経験上、ほとんどのリーダーは(悪気はないのだが)このように偶然知り合った相手とそれっきり連絡を取らずに終わる。しかし、この2人は違った。何カ月かあと、デューガンがリーバイ・ストラウスを訪ねた。このとき同伴していたのがイワン・プピレフ。ATAPの新しい取り組みであるジャカード・プロジェクトの責任者を務めていた人物だ。

プピレフがこのプロジェクトに取り組みはじめたのは、2014年1月。プピレフとチームのメンバーは、布地に組み込める双方向型テクノロジーの枠組みをすでに開発していて、コンピュータと一体化したアパレル製品をつくるためのパートナー探しをはじめたところだった。

自社でアパレル製品をつくることは、もともと念頭になかった。アパレル企業の製品づくりに役立つ仕組みをつくりたいと考えていたのだ。グーグル側はカーレイとの面会の席でプロジェクトの進捗状況を説明し、コンピュータと一体化したスマート・アパレルへの関心を伝えた。

一方、リーバイ・ストラウス側は自社を取り巻く競争環境の変化を説明し、魅力的な新製品で革新的なイメージを取り戻して強力なブランドを復活させることの難しさを語った。両社の面々は、まだ生まれたばかりのスマート・アパレルの分野が共通の関心領域だという結論に達した。

この少し前までのリーバイ・ストラウスだったら、カーレイとデューガンの実り多い出会いは実現しなかっただろう。消費者にそっぽを向かれて売り上げがじりじりと減少し、デニム好きの女性たちの心をつかむチャンスもたびたび逃していたのだ。それでもようやく、この時期には自信を取り戻し、勢いを回復しつつあった。20年ぶりに売り上げと利益が同時に増加に転じると、その状態が4年連続で続いていた。

2011年から社長兼CEOを務めるチップ・バーグは、アメリカ屈指の老舗ブランドの原点回帰を推し進めた。

「501のジーンズに、白いTシャツ、デニムジャケットというファッションのかっこよさを取り戻したい」と、バーグは言う。ただし、それだけでなく、テクノロジーという新しい要素も取り込もうとしてきた。その仕事を任せたのが「ユーレカ・イノベーション・ラボ」と名づけた工房だ。

ユーレカは、サンフランシスコのノースビーチ地区にあるリーバイ・ストラウス本社のほど近く、コイトタワーのすぐそばに2階建てのレンガ造りのオフィスを構えている。ここでは、職人、バリスタ、縫製師、デザイナーなど、さまざまな専門職が働いていて、地球環境に及ぼす悪影響の抑制、新しい生地の組み合わせや生地製造方法の開発、ファッションの新機軸の実現に取り組んでいる。

ユーレカは、新生リーバイ・ストラウスの1つの象徴だ。

「イノベーションと進化と協働の中心地」だと、カーレイは語る。50代前半のカーレイは、長身に、肩くらいの長さの（やや伸びすぎの）黒髪、よく手入れされたグレーの顎ひげ、そして太い眉毛の持ち主だ。人生の半分は、シューズブランドのキーン、スポーツウェアのサロモン（北米部門）、アディダス傘下（当時）のゴルフ用品メーカー、テーラーメイド（ヨーロッパ部門）、マース社のチョコレートブランド「M＆M」などで、消費者向けブランドを築く仕事をしてきた。164年の歴史をもつリーバイ・ストラウスにとって大きな戦力になったことは、想像に難くない。

社長兼CEOのバーグは、アメリカ陸軍の出身。リーバイ・ストラウスに加わる前は28年間にわたりP＆Gに在籍し、ブランドマネジメントの分野で多くの経験を積み、最後は男性用身だしなみ商品のグローバル責任者に上り詰めた（彼には本書の終盤で再び登場してもらう）。私もよく知っている男で、親友と言ってもいい。

聡明なバーグは、自分1人ですべてはできないとわきまえていたので、ユーレカの運営をバート・サイツに任せた。ケンタッキー州ヘンダーソンでデニム工場を営む家で育ったサイツは、デニムの染料と同じ青い血が流れていても不思議でないような男だ。

一方、グーグルでジャカード・プロジェクトの責任者を務めるプピレフは、ロシア生まれの快活なコンピュータ科学者だ。ソニーおよびウォルト・ディズニーに籍を置き、3Dグラフィクスなど、ＡＲ（拡張現実）を活用したユーザーインターフェースの開発に携ったのち、２０１４年1月にグーグルに移籍した。

このパートナーシップの成果は、２０１６年後半の社内テストを経て、２０１７年秋に市場投入された。「リーバイス・コミューター・トラッカー・ジャケット・ウィズ・ジャカード・バイ・グーグル」と名づけられた新製品は、都市住民が自転車や徒歩で通勤するときの服としてデザインされた。これを着ている人は、実際に手で触れることなしにスマートフォンを利用できる。片袖の布の一部分に導電性の繊維が織り込まれており、スマートフォンの画面のようにその個所をスワイプすると、その動作がスマートタグを通じてワイヤレスで端末に伝達されるようになっている。

たとえば、自転車通勤中に上司や配偶者から電話がかかってきたときも、ジャケットの袖をスワイプするだけで、電話に出たり、それを拒んだりできる。袖をタップすれば、聴いている音楽を変更したり、目的地への正確な到着予想時刻を調べたりもできる。

２０１６年春に私がはじめてリーバイ・ストラウスを訪問して、このパートナーシップについて聞いたときは、まだ試作品を見せてもらえる段階ではなかった。しかし、その約1年後、テキサス州オースティンの大型イベント「サウス・バイ・サウスウェスト（ＳＸＳＷ）」で同社のパビリオンに足を運ぶと、テクノロジーのデモンストレーションとジャケットの試作品を見ることができた。ジャケットは謳い文句どおりに機能し、見栄えもよかった。

「リーバイス・アウトポスト」と名づけられたパビリオンは大盛況だった。私はジャケットに袖を通して機能を試したとき、胸躍ると同時に、少し怖くなった。世界が変わったことを実感したとき、あなたもそんな矛盾する気持ちになったことがあるだろう。私にとってそれは、はじめてiPhoneに触れたとき、はじめてテスラの電気自動車に試乗したとき、はじめてスターバックスでコーヒーを飲んだときと同じ感覚だった。

スマート・アパレル（衣料品にマイクロコントローラーを組み込むことにより、ユーザーの身振りや健康上のデータに反応するようにしてあるもの）は、近い将来、私たちの生活に目を見張る変化をもたらすだろう。職場からの帰宅途中にピザを注文し、自分が家に着くと同時に配達員が到着するようにできたり、知らない場所への道順をバーチャルアシスタントに尋ねたりといったことだけではない。もっと重要な機能も果たせる。たとえば、障がいのある人が自宅で着用するシャツやブラウスが血圧や脈拍を測定し、必要に応じて医療機関などに連絡が届くようにもできる。脳卒中の兆候を事前に察知することも可能になるかもしれない。

■チームとして結束し、互いの手法を理解する

ジャカード技術を用いたリーバイスのジャケットは、紆余曲折を経つつも、わずか2年で

素案から社内テストまでこぎつけた。リーバイ・ストラウスとグーグルの両社は、最初からきわめて意欲的だった。両社の面々は、新製品の大いなる可能性に胸を高鳴らせていた。

その気持ちはよくわかる。まだ世界に存在しない製品をつくる機会は、めったに巡ってくるものではない。私はP&Gでの25年間に、そのような経験が1度あった。それは人工代替油脂「オレストラ」の開発である。P&Gはこの商品に大きな期待を寄せていたが、結局は派手な失敗に終わった。その話は別の機会に譲ることにして、リーバイ・ストラウスとグーグルに話題を戻そう。

想像してほしい。3万年の歴史をもつ商品を扱う企業（考古学の研究によると、3万年前の人類はすでに、紡いで染色した繊維を使っていたという）と、100年先の未来を見据えてビジネスをおこなうテクノロジー企業が協働するというのは、非常に魅力的なストーリーに思える。145年の時間を隔ててサンフランシスコ・ベイエリア地区で生まれた2つの企業が、衣服の役割を変えることを目指して手を組んだのだ。

リーバイ・ストラウスのユーレカ・イノベーション・ラボに足を踏み入れると、まず目に飛び込んでくるのが「未来が逃げていく」というネオンサインだ。半分は冗談だが、半分は重要な警告の意味が込められている。

1階を時計回りに歩くと、ガラス張りの会議室（磨き上げられた巨大なクルミ材のテーブルが置かれている）、いくつもの小さな研究室（そこでは、さまざまな生地や衣服をテストしたり、デジタルプリントの実験をしたりしている）、そして、静かな機械音をＢＧＭに新しいジーンズの試作品を縫う縫製師たちの前を通る。中央の広いスペースには、出来上がった作品がいくつも散らばっている。まるでデニムの大量殺人現場だ。

吹き抜けの中２階スペースには、サンプルの数々が保管されている。このなかに、次のシーズンのファッションが含まれているのかもしれない。こうしたすべての中心にいるのがバート・サイツだ。スタッフに助言を送ったり、問題点を指摘したり、励ましたり、ときには沈黙して考え込んだりしている。髪はほぼ剃り上げていて、裾をロールアップしたタイトなジーンズに、ワークブーツ、グレーのＴシャツという出で立ちは、１９６０年代前半の連邦捜査官かと思うような外見だ。手にはブルーの染料が染みついていて、爪のまわりと手のひらのひび割れの個所はとくにそのブルーが濃くなっている。

サイツの相棒は、グローバル商品イノベーション責任者のポール・ディリンジャー。長身で顎ひげをたくわえていて、いつもエネルギッシュな人物だ。フルブライト留学生としてファッションデザインを学んだ経験の持ち主で、なにごとにも情熱と知性をもって取り組む。何かを考えるときは、青い瞳の視線が小刻みに動く。ほぼいつも青い毛糸の帽子を被っている姿は、ボヘミアン風でもあり、フランスの革命家風でもある。ディリンジャーは、グーグルとのパートナーシップでリーバイ・ストラウス側の現場責任者を務めてきた。

グーグル側は、このプロジェクトに関して最初から具体的なアイデアをもっていた。

「反応する衣服、スマートな衣料品」をつくりたかったと、プピレフは振り返る。

グーグルはその時点ですでに、新しい導電性繊維や、工業用織機向けの技法を試作レベルまで完成させていた。その中核を成す技術は、デザイナーでアーティストの福原志保率いる日本のチームによって開発されたものだった。ジャカード技術を日常用の服に活用したいと考えたプピレフは、いくつもの会社と話した末に、リーバイ・ストラウスと組むことを決めた。

「(グーグルは)消費者に関して自社がもっていない知識をもっている企業と組むべきだと理解していた」と、ディリンジャーは言う。

リーバイス・ブランドの最高製品責任者を務めるカリン・ヒルマンによれば、「私たちが彼らに教えた重要な点の1つは、実際に衣料品をつくるために何が必要かということだった」という。

小柄でブロンドヘアーのヒルマンは、ギャップとカルバン・クラインで働いていた経験があり、開発プロセスも含めてファッションビジネスに精通している。「両社が一緒になって、消費者に提供するものをつくり上げた」と、彼女は語っている。

リーバイ・ストラウスは、グーグルのジャカード技術が自社の「コミューター」シリーズに打ってつけだと考えた。

「画面を見ずに衣服でスマートフォンを操作する機能が大きな価値をもつ状況をイメージで

きた。自転車で走っているとき、人は何をしているか？　何を知りたいか？　そのとき、人は画面を見ずに情報を得たいと思うはずだ」と、ディリンジャーは言う。「ジャケットにそのような機能をもたせたいと、私たちは考えた」

ただし、いかにもテクノロジー製品らしい外見にすることは避けたかった。「着ることに抵抗を感じないジャケットをつくる必要があった」と、リーバイ・ストラウスのアイデア創出・デザイン開発責任者を務めるクリス・トゥリン＝ロバーツは言う。しかし、それは簡単なことではなかった。「放っておくと、いかにもハイテクグッズっぽいものをつくろうとするデザイナーたちもいた」と、サイツは言う。

パートナーシップが初期に直面する問題の1つは、目標の達成時期をめぐる考え方のズレだ。グーグルの先進技術プロジェクト研究所（ATAP）では、アイデアを着想してから2年以内に、実現可能性を調べるための試行段階までもっていくことになっている。そのため、プピレフのチームは少しでも早く試作品をつくりたがった。しかし、リーバイ・ストラウスは、もっと時間をかけて慎重にことを進める会社だ。高品質で耐久性がある衣料品をつくるために、それが必要だと考えている。

「本物をつくりたいと、双方が思っていた。オモチャっぽいものにすることは望んでいなかった」と、バーグは言う。しかし、サイツによれば、「両社とも、その目標の難しさを軽く考えすぎていた」という。

「私たちは最初から最後まで主張をぶつけ合った」と、ディリンジャーは振り返る。「どのくらい早く結果を出したいか、どのくらいの完成度を目指したいかという点で、考え方に違いがあった。そうしたことで意見を戦わせた」

問題の発生を歓迎する

リーバイ・ストラウスは、このプロジェクトが技術面で本当に実現可能なのかという疑念をいだいていた。そこでプピレフは繊維をつくる日本の工場を見学するようサイツに助言し、彼は助言に従って工場を訪れた。

しかし、実際にその繊維で作業を始めると、機械で何度も洗濯したり、繰り返し表面に炎を当てたりといった耐久性テストに合格できなかった。しかも、繊維に織られる前の糸だけの状態では、そのようなテストもできなかった。それでも、両社は一緒に問題を克服した。改良に改良を重ね、何度も乱暴な使い方をされても耐えられる糸を開発したのだ。

「彼らは、失敗することへの抵抗感が私たちよりはるかに小さい」と、ディリンジャーはグーグル側を評する。

「最初に尋ねられた問いは、『繊維に当てる炎の性質は？　燃料の温度は？』といったものだった。彼らはこの問題も解決可能だと考えていた。『糸のことは心配せずに、ほかの６つの要素の作業を進めよう』というのがプピレフの態度だった」

問題を解決できると信じていたグーグルは、スケジュールを変更するつもりなどなかった。

プピレフは、試練や逆境に対する両社のアプローチの違いについてこう語る。

「相手方の疑念に関して、私たちが最も大切にしたのは正直に話すことだった。『すべての疑問には答えられません。あらゆる可能性について説明することもできません。ものごとが裏目に出る可能性をすべて示すこともできません』と説明した」

そのうえで、リーバイ・ストラウス側に次のように述べたという。

「それでも、私たちのチームには、この問題に挑み、解決策を見いだせるだけの創造性と強さと柔軟な思考があります」

両社の間には、多くの緊張関係もあった。プピレフの見るところ、技術的な課題に挑むアプローチが両社でまったく違った。リーバイ・ストラウスは新しいプロジェクトに取り組むとき、それまで150年間続けてきたのと同じ方法で臨みたがる。

「彼らは勝手知ったことをやろうとする。そうやって、いつも同じことを続けてきた」と、プピレフは言う。

対照的に、グーグルは未知のものへの抵抗がもっと少ない。「計画は立てる。けれども、計画どおりに行動しても成功する保証はないと知っている。むしろ、期待どおりの結果を得られなかったときこそ、新しい発見に到達できる可能性が出てくる」

リーバイ・ストラウスは、そうしたことが怖くて仕方がなかった。それでも、両社のアプローチの違いは好ましい結果も生んだ。リーバイ・ストラウスはグーグルとのパートナーシップを通じて学習し、イノベーションについての考え方を変えはじめたのだ。

「人は難しい課題に立ち向かうときに最も輝き、一段高いレベルに到達する」と、ディリンジャーは言う。

「試練に直面すると、人は考え方が変わり、決まりきったやり方という壁を打ち壊せる」と、バーグも述べている。

上級副社長のカーレイは、このパートナーシップを通じてリーバイ・ストラウスが学んだ最も大きな教訓についてこう語る。

「リーダーは、できるだけ視野を広くもち、現状を変える方法を見つけなくてはならない。その点、私たちはグーグルのような先進的なリーダーを見て学ぶべきことが多い。私たちは、自分の業界ではリーダーだ。だから、業界の中だけ見ていると、自分たちの後ろを歩いている企業しか見えなくなってしまう」

カーレイが述べていることを実践するには、アウトサイダーのように思考して行動することも必要になる。この点は重要なテーマなので、章を改めて論じたい。

変化は避けられないと考えておく

グーグルとリーバイ・ストラウスは、専門分野やものの見方、アプローチは違ったが、当初から関係は友好的で、大きな目標に向けて結束していた。両社のメンバーは、意見を交換し合い、ともに仕事をし、試練に立ち向かい、食事やお酒を楽しんだ。ヴィクトル・ユゴーの小説『レ・ミゼラブル』に登場する革命派の学生たちのような感じだった。

「両社から少人数のチームが参加していた」と、ディリンジャーは振り返る。「プロジェクトを推進するために、限りなく1つのチームとして行動しようと約束し合った。透明性が徹底されていた。誰も他人に猜疑心をいだいたり、些細な問題を隠したりしなかった。うまくいっていないときに、成功していると嘘をつく人もいなかった。2つのチームが一緒に旅を続けた。夕食代のことで言い争うことはあったけれど」

自由、平等、博愛の精神だ。ここには、理想的なパートナーシップの条件が見事に整っていた。それでも、時間が経てば、パートナーシップを取り巻く状況が変わることは避けられない。そうした変化により、両社の理想的な関係も試練にさらされた。

プピレフはジャカード・プロジェクトを監督する一方で、「ソリ・プロジェクト」という取り組みにも深く関わるようになった。これは、いわゆるタッチレス・インタラクションの実用化を目的とするプロジェクトだ。レーダーを使って手の動きを検知し、実際に端末などに触れることなしに、スマートフォンや腕時計やノートパソコンやスマート家電や、いずれは自動車も操作できるようにすることを目指している。このプロジェクトが初期の試作品づくりから次の段階に進んだ時点で、ジャカード・チームにグーグルからデーヴィッド・オールモンという製品デザインのベテランがやって来た。

２０１６年４月には、グーグルのＡＴＡＰのリーダーだったレジーナ・デューガンが会社を去り、グーグル全体とＡＴＡＰのリーダー層に変動があった。それに加えて、生産段階への移行に向けてＡＴＡＰとジャカード・チームの増員がなされたこともあり、リーバイ・ストラウス側は少し不安を感じはじめた。グーグルがまだジャカード・プロジェクトを重んじているのか心配になってきたのだ。グーグル側は、ただちに定例の会議（週２回のペースで話し合いの場をもっていた）で不安を取り除こうとした。ジャカードはいまも最優先事項だと説明したのである。

「プロジェクトの性格上、もっと多くのパートナーが加わってくることは理解していた」と、ディリンジャーは言う。「それでも、自社がどのくらい重んじられているのかという不安があった。私たちが新作で使いたい素材が他社に優先的に納品されたりはしないかと、気になっていた」

プロジェクトをめぐる力学は、チームを構成するメンバーが変わったり、新しい顧客企業が増えたりするのにともない、移り変わっていった。

2016年5月、グーグルの開発者向けイベント「グーグルI／O」で、コミューター・ジャケットがお披露目された。ディリンジャーとプピレフが前年の同じイベントで計画を発表してから、ちょうど1年後のことだった。この年、ジャカードは栄誉あるカンヌライオンズ賞でグランプリに輝いた。

サイツは、グーグルとのパートナーシップの経験をこう振り返る。

「私たちはいくつかの目標を同時に追求することができる。ジャケットをたくさん売るという目標に関しては、グーグルとリーバイ・ストラウスが目指すものは異なるかもしれない。けれども、それとは別に、洗濯できるスマート衣料品を開発するなど、大きな問題を解決するという目標も同時に追求できる」

このプロジェクトが生み出した新製品は、誰のものなのか？　2014年10月、グーグルは、ジャカードのプラットフォームとジェスチャー操作システムの独占特許を申請した（2017年3月に特許が認められた）。

プピレフは肩をすくめて語る。

「これはややこしい問題だ。技術を提供したのは私たちだった。核を成す基礎技術は、私たちが発明したものだ」

それでも、このプロジェクトが「共創の産物」であることはプピレフも認めている。リーバイ・ストラウス側の見方も同じだ。ただし、その技術はリーバイ・ストラウス以外の会社も利用できるようになったが。

教訓を次のパートナーシップに生かす

リーバイ・ストラウスはこの経験を通じて、将来も同様の大型プロジェクトに挑む意欲がどのくらい強まったのか？　これは同社にとってきわめて重要なことであり、多くの既存企業も自問する問いに違いない。

「（大型プロジェクトに挑むことの）味を覚えると、もう後戻りできない。私たちはそれまでより大きな夢をいだくことを知った。陳腐な言葉に聞こえるかもしれないが、言わせてほしい。不可能なことなんて1つもないのだと、私たちは学ぶことができた」と、ディリンジャーは言う。

サイツもこう語る。「ATAPとの関係を通じて学習したことは多い。イワン（・プピレフ）からさまざまなことを学んだ。私たちはものごとを前に進めるために、学んだことを生かしはじめている。アイデアがあれば実験してみることにした」

その姿勢が最もよくあらわれているのは、シアトルの新興企業、エバニュー社とのパートナーシップだ。リーバイ・ストラウスは、グーグルと共同開発したジャケットを発表したのと同じ頃、再生コットンでつくったジーンズもひっそりとお披露目した（厳密に言うと、製造後5年経ったTシャツから再生したコットンに、少量の新しいコットンを混ぜた)。これがエバニューとのプロジェクトの成果だった。

エバニューのテクノロジーにより、コットン製品から染料を抜き取り、ポリエステルやレーヨンなどを分離し、残ったコットンを分解して新しい繊維に再構築することが可能になった。ディリンジャーによれば、再生コットンを使用した場合、ジーンズを1着つくるのに要するエネルギーが約80%減り、水の使用量はなんと約1%まで減るという。

「6万ドルの投資とわずか90日ほどの期間で、そうした再生コットンを原料にした最初の衣料品をつくれた」

ディリンジャーがエバニューを見いだしたのは、持続可能なファッションと繊維をテーマにしたイベントでFIT(ニューヨーク州立ファッション工科大学)を訪れたときだった。

「私は会場で尋ねた。コットンを化学的に再構築する方法を知っている人がいたら、声をかけてほしい、と。その方法を明らかにすることが私たちの課題だったからだ」と、ディリンジャーは振り返る。「このとき、最初に名乗り出たのがシアトルの小さな新興企業だった。この会社には、何よりアイデアがあった」

エバニューの共同創業者であるステーシー・フリンとクリストファー・スタネフはいずれもMBA取得者で、繊維ビジネスに精通している。業界経験は合わせて30年。2人は、リシンク・ファブリクス、エディー・バウアー、デュポン、マハラム、ナイキ、グロリア・ジーンズ、ジョーンズ・アパレル・グループなどのファッション・繊維企業で仕事をしてきた。

繊維を化学的に分別して再生することができれば、ビジネスにもなるし、環境にも好ましいと、フリンとスタネフは信じている。彼らによれば、既存の技術で新しいTシャツを1枚つくるには700ガロン（約2500リットル）の水が必要だ。また、世界で発生している繊維廃棄物（捨てられる衣料品に含まれる繊維）の量は年間1300万トンに上る。このうち1100万トンがゴミ処理場に埋め立てられているという。

よいことをし、利益も上げる――エバニューが追求する2つの目標は、チップ・バーグがリーバイ・ストラウスで目指しているものとも合致する。リーバイ・ストラウスは売り上げの倍増を目標に掲げつつ、環境面での持続可能性を重んじ、製造過程で用いる水の量を削減しようとしている。

「リーバイスの店舗に衣服の回収ボックスを置いている。着なくなったジーンズを店にもってきてボックスに入れた客には、割引クーポンを配っている」と、バーグは言う。

エバニューのような企業とパートナーになれば、「回収したジーンズをリサイクルして新しいジーンズをつくるという形で、完全な循環を実現できる」と考えているのだ。

会社のトップがこのように強く後押ししていれば、パートナーシップは快調に滑り出したのだろうと思うかもしれない。しかし、実際は違った。最初はおっかなびっくりのスタートだった。なぜか？

その最大の理由は、既存企業がパートナーシップの教訓を全社に浸透させることの難しさにあった。歴史の長い企業では多くの場合、変革への抵抗が大きいのだ。この問題については、第9章で改めて論じる。

第8章

失敗に対処する

ときには成功する。ときには学習する。

——アーリフ・アジズ、GEヘルスケアのインド・ASEAN・アフリカ担当人事責任者

ときには、獅子奮迅の努力をしてもパートナーシップの破綻が避けられない場合がある。破局の原因は、恋愛でもビジネスでもさまざまだ。「グローバル・パートナーシップ・スタディ」に対し、パートナーシップがうまくいかなかったと回答した新興企業は9％。理由としては、目標の未達成（33％）、企業文化の相性の悪さ（33％）、相手企業からの不当な扱い（22％）、柔軟性の欠如（22％）といった要因が挙げられた。注目すべきなのは、少なからざる新興企業が既存企業から不当な扱いを受けたと述べていることだ。

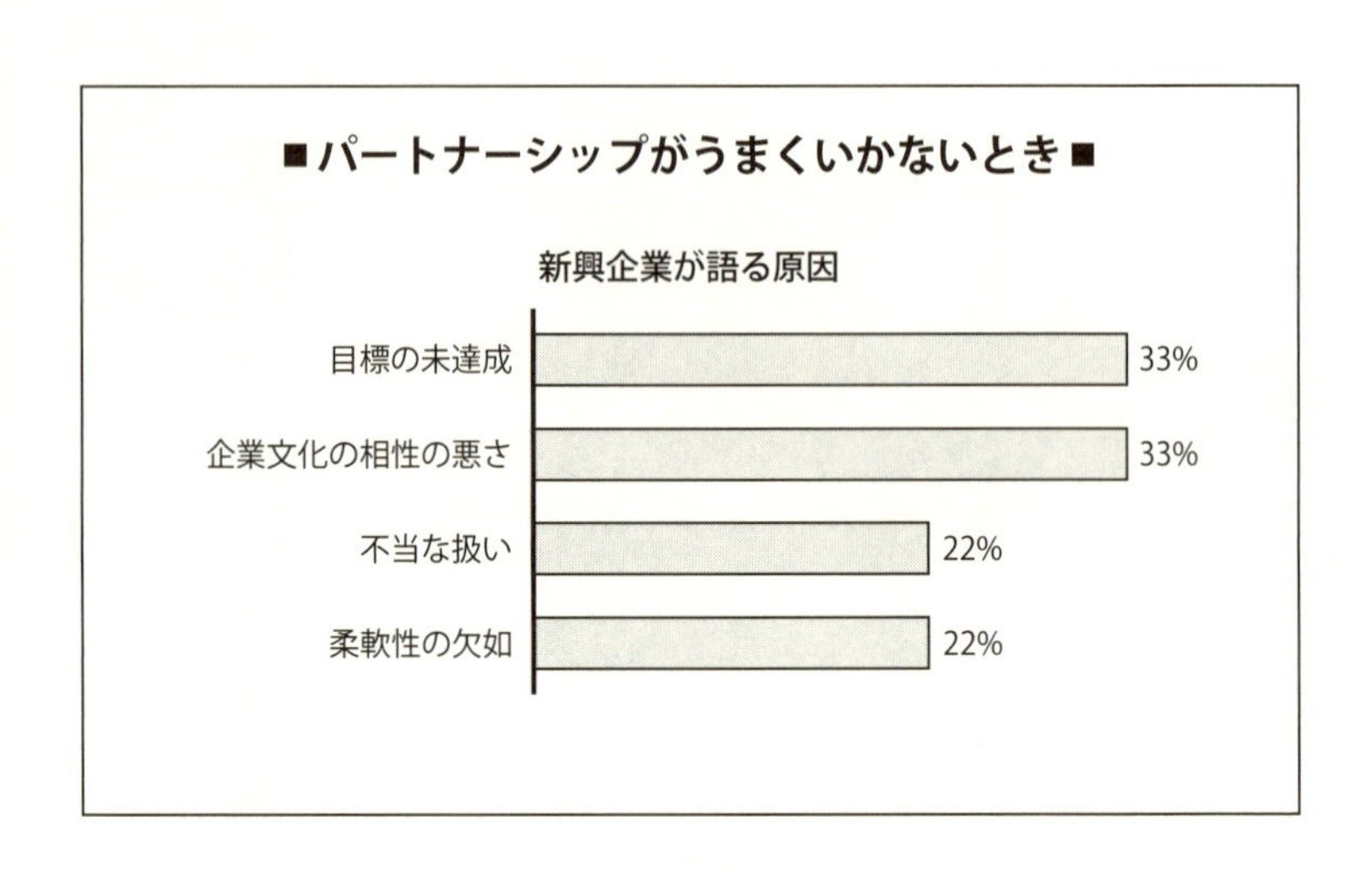

一方、パートナーシップがうまくいかなかったと答えた既存企業は7％だった。それらの企業は、どのような理由を挙げているのか？相手から十分に尊重されなかったと主張するケースは新興企業より少なかったが、目標の未達成と企業文化の衝突を理由として挙げた企業はやはり多かった。

この調査結果は、GEベンチャーズのCEOと、GEの「ヘルシーマジネーション」（ヘルスケア関連のイノベーションへの取り組み）の責任者を務めるスー・シーゲルの主張ともほぼ一致する。

多くの投資先企業を監督してきたシーゲルに、ある新興企業とのパートナーシップの破綻について尋ねたところ、「期待のズレがあった」と言葉少なに語った。

「両者の目指すものが最初から明らかに違っ

た。関係は1カ月も経たずに崩壊した」

やけに漠然とした説明という印象が拭えない。この反応には、禁断の「Fワード」をめぐる興味深い現実が見て取れる。抽象論や一般論としてならともかく、自分自身に関係したこととして「失敗（failure）」という言葉を好んで使う人はほとんどいないのだ。

私が本書のために話を聞いた企業幹部や起業家たちは、おおむね謙虚で、勇敢で、正直な人たちだった。しかし、ほかの多くの人と同じように、失敗の話題になると身構えてしまう。リスクを恐れずに行動すると言い、実際にそのとおりに行動しているにもかかわらず、ほとんどの人は敗北を認められない。みずからの人間としての欠陥や過失を認めるに等しいと思っているかのようだ。

高い目標を掲げる

ウィル・パパはジョージア工科大学で化学工学の学士号を取得しているが、仕事では「失敗学」の博士号取得者と言ってもいいくらい、数多くの失敗を経験している。この30年あまり、実験と商品開発の最前線に身を置いてきた。聡明で快活な人物で、P&Gを皮切りにキャリアを重ね、いまは老舗チョコレートメーカーのハーシーで最高研究開発責任者兼上級副社長を務めている。私は彼とP&G時代からの知り合いだ。

ハーシーでは、商品ラインナップを多角化して高級チョコやヘルシースナックに手を広げる一方、社内の人々に対して、もっとリスクを恐れず、未知のものに賭け、新しいチャンスをつかもうと呼びかけている。

「これまではリスクを徹底して避けてきた。この点が最大の障害だ。それでも、研究開発に携わっている人たちは、私の主張を比較的受け入れてくれる。画期的な成果を期待されたイノベーションも9割が実を結ばず、たとえ成功しても十分な後押しを得られない場合が多いことを知っているからだ」

パパは、全米を飛び回って新しい人たちと会うことに時間を費やしている。業界関連のブログやニュースにもよく目を通し、見本市にも多く足を運ぶ。また、「イノベーション・スカウト隊」を各地に送り込み、パートナー候補を探させてもいる。それが好ましい結果につながったケースも多い。

たとえば、アーモンドやプレッツェルやカボチャの種などを埋め込んだダークチョコレートの「バークシンズ」や、高タンパク・低脂肪ジャーキーの「クレイブ」などは、買収した新興企業の商品だ。

そのほかに、3Dシステムズのような企業ともパートナーシップを結んでいる。この会社は、お世辞にも新興企業とは言えない。チャック・ハル（現在は同社の最高技術責任者）によって設立されたのは1986年。光造形法（液体樹脂にレーザー光を照射してきわめて薄い層を重ねていくことにより、物体を制作する3Dプリンティング技術）の先駆的な企業だ。ハーシーはこの会社と手を組み、チョコレートバーを「プリント」しようと考えた。実現すればきわめて画期的だ。しかし、これまで3年間にわたってさまざまなアプローチを試してきたが、いまのところ実を結んでいない。

「3Dプリンティングの素晴らしい点は、どんなものでもプリントできることだ」と、パパは説明する。「とはいえ、物理と化学の法則には逆らえない。チョコレートもニュートンの法則に支配される」

チョコレートは、圧力を加えられたときの反応がプラスチックや金属とはまるで違う。この性質が手強い障害になった。

「私たちは大きな進歩を実現してきた。昔は、プリントに何時間もかかっていた。それがいまは数分だ。ビジネスとして成り立たせるには、数秒まで短縮する必要がある。それを達成するための意志力と忍耐心が私たちにあるかは心もとないけれど」と、パパは言う。

ハーシーと3Dシステムズのパートナーシップが経験した試練は、これだけではなかった。最も大きな問題は、2つの会社がいだく目標にズレがあったことだ。「(3Dシステムズが)機器を売る会社なのに対し、私たちは食品を売る会社だ。どうすれば、有効なビジネスモデルを編み出せるのか？」

3Dシステムズは、ハーシーにプリンターを販売し、さらにライセンス料も徴収したいと考えていた。しかし、それはハーシーにとって受け入れ難いことだった。この問題は最終的に解決されたが、技術面の課題を乗り越えるのは容易でなさそうに見える。
「3Dプリンティングには素晴らしい点がたくさんある。在庫を抱えずに済むし、受注生産ができる。それに、究極のオーダーメイドを実現できる。けれども、コストが高く、品質の面でも不満足だという問題が残されている。型を使った生産と同じ水準にはまだ達していない」と、パパは指摘する。

それでも、この試みに乗り出したことは後悔しておらず、いずれパートナーシップを打ち切ることになったとしても満足だと思っているようだ。

以下では主にGEの事例を紹介するが、この会社ほど失敗に正面から向き合ってきた企業は珍しい。1つのパートナーシップが崩壊しても世界が終わるわけではないと、同社は考えている。そのパートナーシップにどれほど大きな期待をかけていたとしても、この考え方は揺らがない。

このように言えるためには、ベンチャーキャピタリストのように、いくつもの投資をしているほうがいい。たとえほとんどの投資が失敗に終わったとしても、いくつかは大成功するだろうと期待できるからだ。失敗を乗り切る方法としては、失敗の経験から教訓を引き出すことも有効だ。その教訓を全社が共有し、吸収するのである。GEは、この2つを両方とも実践している。

■大々的に売り出す前に厳選する

まず紹介するのは、第1章でも簡単に言及したパートナーシップだ。鳴り物入りでスタートしたが、思わぬ失敗に終わった取り組みである。ここでは、この経験がGEのパートナーシップ戦略全般に及ぼした影響を指摘したい。

2009年に設立されたクワーキー社は、クラウドソーシングを活用した新製品開発を支援する会社だった。アイデアを広く募り、それに基づいて消費者向け製品を開発し、市場に送り出そうというのだ。

創業者のベン・カウフマンによれば、ある時点では100万人を超す発明家のコミュニティを擁し、1週間に4000件ものアイデアを提案していたときもあったという。この問題解決アプローチは、ほかに類がないくらい楽天的なものに思えた。同社は、有力ベンチャーキャピタルのアンドリーセン・ホロウィッツやクライナー・パーキンスなどの有力投資家から1億7500万ドルの資金を調達し、それを瞬く間に使い切っていた。

GEはクワーキーの第4弾の資金調達（総額7900万ドル）を主導し、同社とパートナーシップを結んだ。これにより、カウフマンはGEの膨大な特許と新技術を活用できることになった。GEはこのパートナーシップにより、「ウィンク：インスタントリー・コネクテイッド」というブランドの下で消費者向け製品を開発し、ホームセンター大手のホーム・デポやアマゾンなどの大規模な小売業者を介して素早く市場に投入したいと考えていた。

パートナーシップが発表されて5カ月の間に、クワーキーは7つの新製品を開発した。いずれも、「ウィンク」のアプリで操作するスマートホーム用機器だ。「ノーム」（エアコンの温度自動調整装置）、「タプト」（照明のスイッチ）、「アセンド」（ガレージのドア開閉用のリモコン装置）、「トリッパー」（窓とドアのセンサー）、「ニンバス」（電子メール、株価、銀行の残高、友達の誕生日、時刻、天気などの情報を画面で一覧できる機器）などである。素晴らしい新製品に思えた。

ところが、販売を開始して数カ月経つと、苦情が殺到しはじめた。「ウィンク」がハッキングされて、機器が正しく作動しなくなったためだ。とくに激しい怒りを招いたのが、280ドルのエアコン「アロス」だった。エアコンが起動しない場合があったのである。

2015年9月、クワーキーは資金が底を突き、購入客へのサポートを継続できなくなった。GEはこれよりかなり前に、クワーキーに対する警戒心を募らせ、同社に家電関係の特許を利用させることを中止していた。

3カ月後、クワーキーが連邦破産法第11条の適用を申請して民事再生手続きに入り、ほどなく保有資産の清算が始まった。GEは、企業イメージに傷がついたとして損害賠償を求める裁判を起こしたが、手痛い教訓を学んだ以外は何も受け取れなかった。その後、GEは一時的にこの分野への情熱が弱まったように見えたが、今日も独自のスマートホーム機器ビジネスを継続している。

GEビジネス・イノベーションズのトップを務めるベス・コムストック副会長は、この経験について次のように語る。

「私たちはいくつかのことを学んだ。とくに、企業文化の面で大きな教訓を得た。それは、財務面の問題と同じくらい、ことによるとそれ以上に重要なことかもしれない」

具体的には、どのような教訓を学んだのか？

GEはこの失敗のあと、ケンタッキー州ルイビルのローカル・モーターズという新興企業とパートナーになった。オープンソースで自動車をつくる会社だ。GEはこのパートナーシップにより、「ファースト・ビルド」というカスタム学習センター兼ミニ工場を立ち上げた。地元のエンジニアや学生、それにGEの人材を活用して、少量生産の製品をつくろうというのだ。

「この事業では、新製品を大々的に売り出す前にテストするようにしている」と、コムストックは言う。「きっかけはクワーキーとの経験だった」

■顧客の反応を試す

ＧＥがクワーキーとの経験から学んだ教訓がもう1つある。それは、アイデアを早い段階で顧客に評価してもらうことが望ましいというものだ。顧客になってほしい人たちにアイデアを示し、評判がよければただちに製品化に向かう。反応が悪ければ、見切りをつけて、すぐに次のアイデアに進む。

そのように「つまずきながら前に進む」アプローチの実例を紹介してくれるのは、第2章でも登場したヴィヴ・ゴールドスティーンだ。ＧＥのグローバル・イノベーション加速責任者を務めている人物である。

あるとき、原子力発電所関連の技術、燃料、サービスを提供する企業であるＧＥ日立ニュークリア・エナジー（日立製作所との合弁事業）の面々が社内の「成長委員会」の月例会議を開いていた。この委員会には、新しいアイデアやプロジェクトに資源をどのように割り振るかを決めるという、難しい役割が課されていた。

この日は、原子力発電所につきものの問題に頭を悩ませていた。その問題とは、原子力発電が核分裂反応を利用するという性格上、きわめて厳しい規制の対象になっているため、コストが非常にかさむことだ。規制は厳しくなる一方で、費用対効果を考えずに新たな規制が導入されるケースもある。このような状況の下、規制緩和が進む電力市場で競争する原子力発電事業者は、徹底した効率化によるコスト削減を避けて通れない。では、具体的にはどうすればいいのか？

GE日立は、自分たちのアプローチ――それは、安全基準と発電所の操業データ、エンジニアリングの観点から導き出されるリスクに基づいて判断するというものだった――を用いれば、規制を守りつつ、コストを抑えられる可能性があると考えた。そこで、そのアプローチを顧客に売り込みはじめた。

顧客企業のさまざまな部署や階層の人たちに説明して感想を求めると、興味深いことがわかった。売り込み相手の社内での立場によって、賛否が大きくわかれたのだ。そうした社内の亀裂を認識していた顧客企業上層部は、この商談に及び腰だった。

このような反応を受けて、GE日立は数週間後に計画を取りやめにした。その結果、50万ドルの新製品投入コストを無駄にせずに済んだ。もしGEが「ファストワークス」（第2章参照）を導入する前だったら、成長委員会による検討を経ずにそれだけの資金が費やされていた可能性がある。計画がそのまま継続され、顧客から立て続けに拒絶され、無謀な挑戦により莫大な資金が失われていたかもしれない。

この経験を通じて、GE日立は新しいビジネスのやり方を学んだ。早い段階で顧客の反応を確認したうえで、アイデアを採用するかどうかを最終決定するという方法だ。このときは、反応が悪いアイデアを早々と打ち切れたおかげで、もっと顧客に支持されるプロジェクトに資源を割り振ることができた。

　こうしたやり方は、ＧＥのそれまでのアプローチとは大きく違っていた。このアプローチの下で打ち切りが決まった試みは、成功だったと言えるのか？

「期限内に予算の範囲内で何かを完成させたかを評価基準にするなら、成功とは言えない」と、ゴールドスティーンは言う。「でも、発想を逆転させて、『価値を生み出せないものは、打ち切りにする必要がある』と考えれば、大成功だったと言える」

■たくさん失敗する

「リーン・スタートアップ」という考え方を提唱するエリック・リースは、ＧＥのジェフリー・イメルトの心をつかみ、同社がファストワークスを導入するうえで重要な役割を果たした。『リーン・スタートアップ』（日経ＢＰ社）などの著書があるリースは、ブログや講演、毎年恒例の「リーン・スタートアップ会議」、テクノロジー企業向けの新しい証券取引所の設置構想などで有名な人物だ。

　一方、デビッド・キダーの名前を知っている人は少ないかもしれない。しかし、キダーもリースに負けず劣らず大きな役割を果たした。恥ずかしがり屋とはお世辞にも言えない性格だが、思うところあって自分の貢献を隠してきた。多くの経験やテストケースを蓄えたうえで、それを引っ提げて表舞台にデビューしたいと考えているのだ。『「世界」を変えろ！　急成長するスタートアップの秘訣』（日経BP社）と、NBCニュース社長のノア・D・オッペンハイムとの共著『1日1ページ、読むだけで身につく世界の教養365』（文響社）という著書もあるキダーは、起業家、エンジェル投資家、そしてデジタル革命の初期の伝道師でもある。

いまキダーが情熱を燃やしているのは、ビジネスパートナーのアン・バーコウィッチ、GEのベス・コムストックと共同で設立したバイオニックという新興企業だ。この会社はコンサルティング会社とデジタルプラットフォームという2つの側面をもっており、大企業が新しい成長の源を見いだすためのアプローチを根本から変えようとしている。

このビジネスのアイデアは、著書『「世界」を変えろ！　急成長するスタートアップの秘訣』から生まれた。キダーはこの本を書くために、成功している起業家数十人に2つの問いを投げかけた。10億ドル規模の売り上げにつながるアイデアをどのようにして選んでいるのか？　生き残るために、最初の5年間に何をしたのか？

キダーはこの2つの問いに対する回答をもとに、大企業のCEOのための新しいマネジメントと意思決定の方法論を「成長のOS（オペレーティングシステム）」としてまとめ上げた。それを実践すれば、ベンチャーキャピタリストのように投資できるとされている。

具体的には、顧客が抱えている問題を解決するようなビジネスに小規模な投資を大量におこなう。ほとんどが失敗に終わることは覚悟の上で、一部の成功した投資が新たな成長エンジンをもたらすことを期待するのだ。

「成長のＯＳ」は、ひとことで言えば、成長をマネジメントすることを目的にしている。このアプローチの新しいところは、失敗した場合のダメージを小さくすることにより、スケジュール内に好ましい結果が生まれる確率を高めようとする点にある。

「失敗のコストを小さくすること、そしてもう1つは、失敗が許されるというメッセージを伝えることが大切だ」と、キダーは言う。スーパーマンのクラーク・ケントを思わせる黒縁眼鏡という容貌は、ＣＢＳの法廷ドラマ『ＢＵＬＬ／ブル　法廷を操る男』で主人公の心理分析専門家を演じるマイケル・ウェザリーの代役が務まりそうだ。

「私はＣＥＯたちに挑発的な言葉を投げかける。『あなたの会社の幹部たちは、あなたに本当のことを話していません。というより、嘘をついている。それは、幹部たちが悪党だからではありません。あなたがそのような行動を促す環境をつくっているのです。あなたが君臨している世界は、人々があなたに嘘をつくようにできている。失敗が明らかになれば、その人たちが大きな打撃を被るからです』」と、キダーは説明する。「この問題を解決する方法は1つしかない。それは、ＣＥＯが発想を根本から変えることだ」

課題が手強いほど、その課題を解決することにより大きなチャンスと収益が得られると、キダーは考えている。

「成功のコツは、ポートフォリオ理論で未来に向き合うこと。私たちは、世界を悩ます大問題を解決するために資本を投資する。そのとき、イチかバチかで1年に数件の5000万ドル規模の賭けをしたりはしない。3年か4年の間に、100件の小規模な投資をおこなう。9割が失敗でも構わない。1件ごとのコストはとても小さいから」

バイオニックは、ビジネスにおける「計画」の意味を根本から変えようとしている。計画をやり遂げることではなく、計画を実行する過程で新しい発見をすることが大事だと考えているのだ。

失敗から教訓を引き出す

たくさんの小さな失敗を重ねることにより、企業は何を得るのか？ 生産的な学習を通じて自信とスピードを手にできる。それが優れたアイデアを生むことも多い。

「私たちは失敗することで、『ちょっと待てよ。問題はあれではなくて、こっちだったんだ！』と気づく。そこで新しい会社を始める。ところが、半年か1年でその会社も失敗に終わる。そうやって失敗を繰り返せばいい。デスクにどっかり腰を据えて、100個ものアイデアを考える必要はない。成長のOSに従えば、これまでとは根本から異なる問題解決策とビジネスモデルを生み出せる」と、キダーは言う。

「ゾンビ［早まって規模を拡大させてしまい、本当は失敗しているのに、成功していることにされている事業のこと」を早期に打ち切り、適切な事業だけを拡大させるようにすれば、資金を大幅に節約できる」

不適切な事業を中止することにより、真に好ましい事業に資金や人員などの資源を多く割り振れるのだ。

キダーは、GE、P&G、ナイキ、シティグループ、アンハイザー・ブッシュ・インベブなどの幹部チームと協力して「成長のOS」をインストールしてきた。

まず、小規模な取り組みから大規模な挑戦まで、過去におこなった資金拠出とその結果に関するデータをまとめる。CEOがそれを見れば、過去にどのような選択が失敗したかが一目でわかり、戦略を検討する助けになる。

しかし、ポートフォリオ投資の考え方に転換すれば、キダーとリースが言うところの「実験に基づく学習」が可能になる。失敗を新しい成長のきっかけにできるのだ。

「成長のOS」の土台を成すのは、ベンチャーキャピタリストや起業家がもっている発想とスキルと手法だ。キダーの取材に応じた起業家たちに言わせれば、成功するか失敗するかは8割がタイミングと運で決まる。起業やベンチャー投資の世界ではそれが常識だ。だから、失敗を恐れてはならないと、起業家たちは考える。しかし、そのことを大企業のCEOたちに話しても耳を貸そうとしない。

「いますぐ新しいことに挑むべきだと、私たちは企業のCEOに話す」と、キダーは言う。要するに、もっと起業家的な行動を取るべきだというのだ。起業家は、当たり前のように失敗し、その経験から学習し、実験をおこない、ものごとをやり直す。そうすることで、成功の確率を高められるのだ。

キダー自身は、失敗から何を学んだのか？　彼が思い出すのは、クリッカブルという会社を経営していたときに、ある戦略パートナーとの関係が不幸な結果に終わった経験だ。

クリッカブルは、顧客企業がさまざまなソーシャルメディアと検索エンジンを活用してデジタルマーケティングをおこなうのを手伝う企業だ。要するに、オンライン広告の最適化を支援しようというのだ。２００７年の創業から3年後、ある多国籍金融サービス企業と手を組み、その企業の顧客に向けてオンラインマーケティング・サービスを提供することになった。グーグルやヤフー、マイクロソフト、フェイスブックへのオンライン広告の出稿を助けるサービスだ。このパートナーシップは幸先のいい滑り出しを見せ、クリッカブルはパートナー企業の主導により第3弾の資金調達として１２００万ドルを集めた。これにより、同社の企業価値は1億ドルを軽く突破した。

しかし、最初の情熱と楽観ムードは長続きしなかった。２つの企業は、いくつかの点でぶつかり合うようになった。

「相手方のペースが遅すぎた。あんなペースでは、ビジネスの規模を拡大させるどころか、失速して墜落しかねなかった」と、キダーは振り返る。「よく冗談で言ったものだが、『二十日鼠と人間』のレニーに好かれたような気分だった」

ジョン・スタインベックの１９３７年の小説『二十日鼠と人間』の登場人物レニーは、怪力で知能の弱い農場労働者。不幸なことに、ハツカネズミや農場主の息子の妻などに愛情をもって触れると、怪力ゆえにいつも相手の首の骨を折ってしまうのだ。

このパートナーシップから得た教訓は、どのようなものだったのか？

「パートナーシップを成功させるためには、双方が予算を投入する必要がある」と、キダーは言う。商業化のスピードを両社で一致させることが重要だからだ。また、「まずまず」の結果で満足することも大切だという。完璧を追求すると、すべてが台無しになりかねない。

学んだことはほかにもあった。大きなビジネスに発展しそうだと思うアイデアがあるなら、手放してはならない、ということだ。バイオニックの株式は、キダーと共同創業者のアン・バーコウィッチの２人がすべて握っている（バーコウィッチは経験豊富な起業家だ。バイオニックを創業する前に経営していたセレクトマインズという会社は、ソフトウェア大手のオラクルに売却した）。

キダーは、猛烈なペースで事業を拡大させている。起業家や新興企業のベテランを続々と雇い、オフィスも広い場所に移転した。現在のオフィスは、マンハッタンのコロンバスサークルに近いビルの１フロアーを占めている。

キダーが失敗のコストを減らそうとしているとすれば、アーリフ・アジズが目指しているのは失敗の価値を高めることだ。

メンバーに失敗の経験を話す

GEヘルスケアのインド・ASEAN・アフリカ担当の人事責任者を務めるアジズは、キャリアのほとんどの期間をGEで過ごし、家電、産業機器、エネルギー、ヘルスケアなどの部門で仕事をしてきた。GEがアジアやアフリカの新興国に進出するにともない、それらの地域でも経験を積んだ。

現在の重要な任務の1つは、世界各地に初期診療センターを開設する取り組みを監督すること。このプロジェクトを成功させるためには、GEの機器を供給するだけでなく、資金の提供と技術者の訓練も必要になる。GEはこの活動に限らず、安価で画期的なテクノロジーを活用して、経済的な理由で医療を受けられない58億人を助けることに力を入れている(第2章で紹介した未熟児用保育器の開発もその一環だ)。

アジズはインドのバンガロールで長時間の電話取材に応じ、こう振り返った。

「製品の販売と修理だけでよしとせず、顧客の問題を解決するビジネスへの根本的な転換を遂げる必要があった。ただし、それが簡単でないことはわかっていた。解決策の設計と実行も一筋縄ではいかないし、まったく新しいスキルも必要とされる」

たとえば、最新鋭の心電計を旧式のプリンター（バスの乗車券を印刷するために用いられていたもの）と組み合わせて使う方法を見つけなくてはならないケースもあった。

「社内のどの部門よりも実験に前向きな文化を築く必要があると思った」と、アジズは言う。「（ファストワークスの）発想をさらに徹底させ、10歩前に進めようと考えた」

アジズはこうした考えを約4000人の部下に説明し、どうすれば独創的な実験を促す雰囲気をつくれると思うかと尋ねた。

「自分の失敗を同僚たちに伝えて、みんなの教訓にできるような環境をつくるべきだと、多くの人が述べた」

教訓を共有できれば会社にも恩恵があるし、失敗した本人もふて腐れず、前に進みやすくなるかもしれないと、アジズは考えた。そこで再び部下たちに尋ねた。失敗を語ることに正式なお墨つきを与えれば効果があると思うか、と。すると、そう思うという意見がほとんどだった。

これを受けて設けられたのが「DAREアワード」という賞だ。この賞は、勇気をもって新しいことに挑戦して挫折し、その経験から価値ある教訓を引き出したチームに与えられる。ノミネートは70カ国の社員たちがおこなう。「キャッチフレーズは『ときには成功する。ときには学習する』」だと、アジズは言う。2016年以降、この賞は四半期ごとに発表され、表彰状と賞金が授与されている。

顧客に問題点を教えてもらう

DAREアワードの受賞者には、どのようなグループがあるのか？ たとえば、ケニアのナイロビで活動しているグループは、ケニア保健省と緊密に協力し、100近い病院の放射線科の設備改善に取り組んだ。GEからX線機器などの設備が提供された。

「胸躍る思いだった」と、アジズは振り返る。「素晴らしい仕事ができたと思った」

しかし、それは思い違いだったようだ。機材には問題がなかったが、病院の状況はあまり改善しなかったのだ。ケニア側の責任者はGEのチームを病院の現場に案内した。すると、壁の塗料は剝げ落ちていて、更衣室には洗面台と鏡がなかった。患者にささやかなプライバシーを保障するカーテンすらなかった。患者の快適性に「まったく思いが及んでいなかった」と、アジズは言う。

「本当はそのような視点をもつべきだった。まったく新しい解決策を生み出して、患者のニーズに応える必要があった。私たちは、この経験を通じてそれを学んだ」

早いうちに失敗する

DAREアワードを受賞した別のグループは、東南アジアの国で、ある病院に患者モニタリング装置を売り込もうとしていた。大型の商談だった。契約をまとめるためには、装置が導入される病院の医師たちと緊密に連携する必要があった。

「ＧＥのチームは相手方ときわめて良好な関係を築けていた」と、アジズは言う。「医師たちに装置の長所をしっかり理解してもらえていた」

あとは注文が入るのを待つばかりだと思っていた。しかし、注文はなかった。

「問題は、病院の管理部門との関係をないがしろにしていたことだった。購入の最終決定をするのは管理部門なのに」

大きな痛手ではあったが、カトリック教会なら、これを「幸いなる罪」と呼ぶだろう。失敗が好ましい結果につながったのだ。別の地域で活動していたGEのチームは、病院に医療機器を売り込む際、管理部門とは良好な関係を築いていたが、実際に機器を使う医師たちの支持を得ることを怠っていた。このチームも受注に失敗した。この2つのチームの経験をつなぎ合わせることにより、ＧＥは強力な教訓を得ることができた。「主要な利害関係者すべてと関係を築くべし」と学んだのだ。この教訓は、いまもGE全社で語り継がれている。

生産的な失敗を奨励している企業は、ＧＥだけではない。アマゾンの創業者であるジェフ・ベゾスは、「ジャスト・ドゥ・イット・アワード」を２０００年代半ばに創設した。アマゾンの社員が顧客の利便性を高めようとして、上司の承諾を得ずに行動したとき、その行動が必要だと考えた合理的な理由を説明できた場合に、この賞が与えられる。その試みが成功したか失敗したかは関係ない。賞品は、「ジャスト・ドゥ・イット（やるっきゃない）」をキャッチフレーズにしているナイキの昔のスニーカーだ。スニーカーを受け取った社員は、誇らしげにオフィスのデスクに飾る人が多い。

設立直後のアマゾンで最高情報責任者（ＣＩＯ）を務めたリック・ダルゼル（現在は会計ソフトのイントゥイットとクラウドコミュニケーション関連ソフトのトゥイリオの取締役を務めている）は、ある受賞者のことをよく覚えている。それはアメリカ東部の名門大学出身の若くて聡明な男性で、決済部門で働いていた。

あるとき、その社員は、アマゾンでたくさん買い物をしている顧客に報いたいと考えて、書籍を割引価格で販売した。ところが、たまたま2人のジャーナリストが同じ本をアマゾンで購入し、顧客によって価格が違うことに気づいてしまった。この一件が報道されて、アマゾンは批判の矢面に立たされた。

「その社員を呼び出し、私とジェフ（・ベゾス）と最高財務責任者の前で釈明させた。『どういうつもりだったんだ？』と、私は問いただした。すると、理由を説明してくれた」

その若者は、みずからの発案により、上司の了解を取ることなく行動した。しかも、そのアイデアは熟慮されていて、理屈も通っていた。

「ジェフが言った。『とてもいいアイデアだと思うが、それをやるわけにはいかない。きみの行動は評価する。でも、中止してもらいたい』」

ダルゼルによると、その社員はのちにアマゾンでいくつもの素晴らしい成果を残した。「1度の失敗が命取りになることはなかった。むしろ、それがアマゾンでの輝かしいキャリアの出発点になった」

失敗を好材料に変える

「経験とは……人がみずからの失敗に与える呼び名でしかない」。これは、毒舌家として鳴らした作家のオスカー・ワイルドが小説『ドリアン・グレイの肖像』で主人公の苦悶を分析する際に用いた表現だ。

しかし、失敗を好ましい経験に転換するという発想を冷笑の対象にすべきではない。ビジネスの世界で、結果が期待どおりにならなかったときに人が取る態度はさまざまだ。失敗したことを認めようとしない、自己弁護に走る、他人事のように考える、(最も好ましいパターンでは)失敗から新しい発見を得るといった反応がある。

リーダーシップコンサルタントのジョン・C・マクスウェルは、失敗を経験して前に進むことの大切さを指摘した。しかし、それを実践できる人ばかりではない。失敗を認めるのはつらい。ささやかな自己憐憫から抜け出すことすら、たいてい容易ではない。屈辱的な経験を徹底的に自己分析できる人はほとんどいない。そのような分析をしたいと思う人はもっと少ない。失敗の経験を他人に語りたい、あるいはそうした経験から教訓を引き出したいと思う人はさらに少ない。

そんなことは簡単だと言う人がいるとすれば、よほど天真爛漫か、嘘を言っているかのどちらかだ。失敗を恐れる気持ちは、大企業の最大の弱点と言ってもいいだろう。それでも、GEはせめてその恐怖心をやわらげようと努めている。

クワーキーとのパートナーシップが失敗したとき、GEは長く経験したことがない痛みを味わった。斬新な製品をあまりにスピーディーに売り出しすぎたことが失敗の原因だった。しかし、GE日立の原子力発電所事業では、新しいアイデアを採用する前に顧客の声を聞いた。このときは、顧客の反応を受けて早期にプロジェクトを打ち切り、もっと有望な取り組みに方向転換することができた。

失敗を認めるとは、その経験を隠して忘れることではない。それを次への出発点とすることが大切だ。

次章では、失敗から成功に話題を転じる。パートナーシップの成否は、新しい製品やテクノロジーを生み出せるかどうかだけで決まるわけではない。本当に重要なのは、パートナーシップを通じて学んだアイデアやアプローチ、教訓が会社全体でどのように受容されるかだ。

第9章

教訓を全社に広げる

恐怖心が現実と出会ったとき、ものごとは失敗する。
——ティム・アームストロング、オース社CEO

前章の最後で述べたように、パートナーシップが成功したと言えるためには、その活動を通じて得た教訓が全社に定着する必要がある。パートナーシップの教訓に対して、末端の社員や経験豊富なリーダーはどのような反応を示すのか？　最も重要な教訓がしっかり根づいて、会社全体に広がるのか？　パートナーシップの経験を通じて、リスク許容度が高まり、イノベーションが後押しされ、意思決定が加速するのか？　動脈硬化を起こしていた企業文化が若返り、会社が最盛期のパフォーマンスを取り戻せるのか？

既存企業にとっては、パートナーである新興企業との相違点を克服することも難しいが、新しい思考やアプローチに対して社内の同意を取りつけることのほうがはるかに難しい。これは、驚くようなことではない。既存企業には惰性が蔓延しているからだ。

新しい思考やアプローチを導入した場合に失うものは、パートナー企業よりも、自社の上司や同僚や部下たちのほうが多い。既存企業で働く人たちは、これまでのやり方に――お決まりのプロセス、波風を立てない姿勢、キャリアへの悪影響を徹底して避ける行動パターンに――多くの投資をしてきた。長い目で見れば、そうしたやり方が自分たちと会社を破滅に導きかねないのだが……。

本章のテーマは、既存企業の人たちが新しい思考やアプローチに対していだく恐怖心だ。独創的な方法で恐怖心に打ち勝ち、新しいやり方に対する社内の抵抗を乗り越えている企業の実例を見ていく。社内の暗闇に明るい陽の光が差し込むようにするためには、この恐怖心を克服することが不可欠だ。

具体的な事例を紹介する前に、「グローバル・パートナーシップ・スタディ」の結果をもとに、変化への恐怖心を克服することの利点を明らかにしたい。

既存企業が企業文化の変革（起業家精神を取り戻すこと）を目指して新興企業と手を組む場合、パートナーシップが成功する確率は67％に上る。ちなみに、成功確率は、製品やサービスの種類を増やすことが目標の場合は62％、売り上げを増やすことが目標の場合は60％、

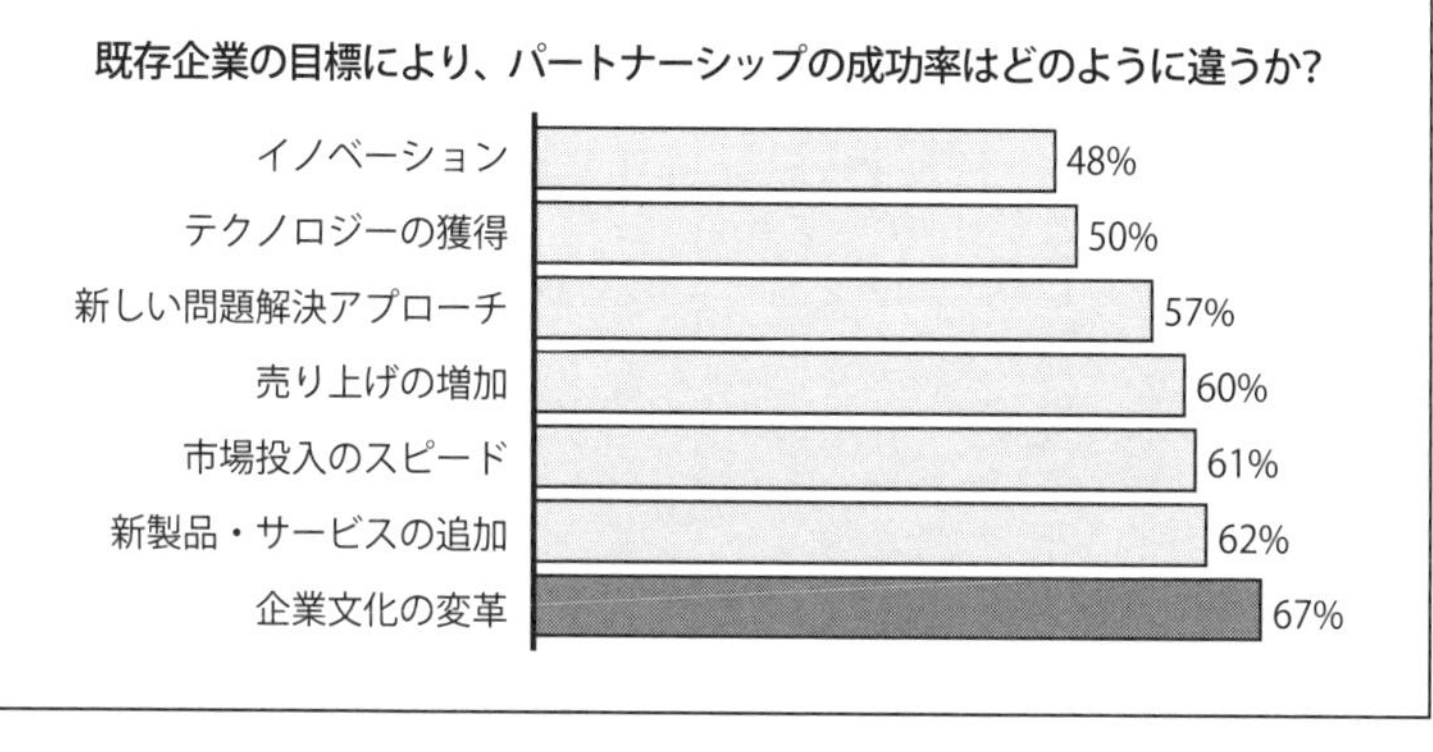

新しいテクノロジーを獲得することが目標の場合は50%だ。

たびたび述べてきたように、既存企業が新興企業とのパートナーシップを成功させた場合、そうでない場合に比べて、会社全体に大きな好影響が及ぶ確率が3倍近く高い。パートナーシップの成功は、全社に好ましい影響を与える場合があるのだ。

恐怖心でパートナーシップを台無しにしない

「恐怖心が現実と出会ったとき、ものごとは失敗する」と、オース社のティム・アームストロングCEOは言う。オースは通信大手ベライゾンの傘下にあり、AOLとヤフーという2つの有力ブランドを保有している会社だ。

アームストロングは、若い頃は新興企業で活躍し、その後はウォルト・ディズニー、グーグル、AOL、ベライゾンといった大企業でも要職を歴任してきた。部下たちのことは信頼しているが、恐怖心がものごとの障害になることへの懸念も率直に語る。これまでも、人々がつねに学習と成長を続けるような企業文化をはぐくもうとしてきた。私たちが話を聞いたときは、AOLのベテラン社員たちに恐怖心を克服させるよう努力しているとのことだった。

2012年にダニエル・ワイズバーグとカーリー・ザキンが設立したザスキム社は、400万人の購読者にメールマガジンを毎日送信している会社だ。メールマガジンには、おもしろいストーリー、有益な名言や格言、よく読まれている記事などが盛り込まれている。「掲載されているニュースは、厳選されていて個性も強い。私たちが獲得したい層には、とりわけ人気がある」と、アームストロングは言う。その層とは、ミレニアル世代の女性だ。「私たちはたびたびこの会社と協働しようとしてきた」とのことだ。狙いは、両社が組むことにより、AOL傘下の人気ニュースサイト「ハフポスト」(旧ハフィントン・ポスト)などを通じてザスキムに読者を呼び込み、売り上げを増やすこと。ウェブサイトの広告収入と月額料金2・99ドルのモバイルアプリ「スキム・アヘッド」以外にも収益源を広げようというのだ。

しかし、AOLの人々は、この有望なパートナーシップをしばしば妨げてきた。原因は恐怖心だと、アームストロングは言う。

「ＡＯＬの社員たちは、ザスキムのビジネスの基本的な骨組みを理解していないと思う。既存企業の側は、どうしても恐怖心をいだく。ある分野で自分たちよりはるかに経験と才能があり、専門性が高い人たちが入ってくるのではないかと心配になる。『まずい！　仕事を奪われてしまう』と怖くて仕方がない。一方、新興企業の側も恐怖心をいだく。『この会社は、私たちよりはるかに大きくて、多くのことを知っている。私たちの知識の乏しさが露呈するのではないか』と考えずにいられない」

私とアームストロングは、それぞれの勤務先だったＰ＆Ｇとグーグルがパートナーシップを結んだとき以来の古い知り合いだ（その件については第1章で述べた）。私はＡＯＬの取締役を務めた5年間に、彼のことをいっそうよく知るようになった。彼が取締役会で熱弁を振るう姿もたびたび目にしてきた。

しかし、4月はじめの冷たい朝、マンハッタンのイーストビレッジにあるオフィスで話を聞いたときは、苛立っているように見えた。この日は、ワシントンＤＣから戻ったばかり。多忙を極める日々も苛立ちを増幅させていたのだろう。

「文化の違いは明らかだ」と、アームストロングは言う。革張りの椅子に深く腰掛けているが、長身の体は椅子に収まり切らない。「新興企業は、人を、そして顧客を非常に重んじる。巨大企業も人を大切にしているはずだが、そこで働いている人たちは会社の中で捕らわれの身になっているように感じている」

ここまで話すと、痛みを感じたかのように一瞬身じろぎ、言葉を続ける。「リーダーが何かを推し進めたいと思っても、社内で十分な支持を得られない。恐怖心を土台にした文化が形づくられているためだ」

ザスキムとの有望なパートナーシップも、社内の抵抗により最初から失敗が運命づけられているのかもしれない。

ときに、社内の抵抗は、すでに文句なしの成功を収めているパートナーシップをも転覆させる。厳しい選択を突きつけられたり、劇的な変化に直面したりしたとき、人は往々にして現状維持を選ぶものだからだ。サミュエル・ベケットの戯曲『ゴドーを待ちながら』の登場人物の言葉を借りれば、「習慣は感覚を強力に麻痺させる」のである。

■社内の抵抗を取り除く

第7章でリーバイ・ストラウスとシアトルの新興企業エバニューのパートナーシップを紹介した。再生コットンを使ってジーンズをつくろうという取り組みだ。両社は持続可能性がある方法でジーンズを大量生産したいという意思があり、そのための手段をもっているが、目標の達成には事前の予想以上に時間を要している。変革への抵抗が社内に根を張っていることがその一因だ。

「革新的な商品の開発を目指すイノベーションは、いまでも会社に大激震をもたらす」と、リーバイ・ストラウスのグローバル商品イノベーション責任者であるポール・ディリンジャーは言う。

リサイクル・デニムのジーンズは前例のない商品だったが、採算性の面でも、顧客にとっての利点の面でもきわめて画期的な商品だと、担当チームは考えていた。しかし、CEOのチップ・バーグの強力な後押しがあったにもかかわらず、社内でたびたび抵抗が持ち上がった。

「イノベーションにより、まったく新しい製品を生み出そうとするときは、具体的な数量や金額を示して有望さを説明することができない。そのため、社内で賛同を取りつけるのが難しい場合がある」

それでも、ディリンジャーは、リサイクル・デニムのプロジェクトを継続し、生産工程での節水を推進するために投資を続けたいと考えている。「この目標を追求しようという機運を高めて、気がつけばみんながそれにのめり込んでいるようにしたい」と述べている。

「グーグルとのパートナーシップからも学ぶ必要がある。障害や困難にぶつかったときは、スピードを落とさず、それを問題解決の機会と考えるべきだ」

イノベーションへの情熱に再点火したい既存企業は、この言葉を肝に銘じたほうがいい。

2017年春、私はサンフランシスコのリーバイ・ストラウス本社を再び訪ねた。同社がパートナーシップから学んだことが全社に浸透しているかを確認したいと考えたのだ。エバニュー社との提携がその後どうなったかも知りたかった。

グーグルとのパートナーシップから得た教訓は、エバニューとの関係に生かされていた。リーバイ・ストラウスのチームは、段階を追って計画を進め、予算を少しずつ増額していった。そしていまは、商業化の可能性を検証する段階まで来ている。

では、教訓は会社全体に広がっているのか？　リーバイス・ブランドの責任者であるジェームズ・カーレイはこう語る。

「どのような企業とパートナーになるかがすっかり変わった。パートナーシップに関する私たちの力量も大幅に向上した。昔よりも冒険するようになったし、イノベーションに対する考え方も野心的になった」

上層部の支持だけで満足しない

大企業への売り込みの話になると、リック・モリソンは気持ちが高揚する。モリソンは、カリフォルニア州レッドウッドシティに本社を置くコンプリヘンド・システムズ社の共同創業者兼CEO。製薬業界で名を成したいと考えるテクノロジー専門家だ。その野望を実現することは難しくなさそうに思える。同社のクラウドベースのソフトウェアは、メルク、アストラゼネカ、アステラス製薬などの大手製薬企業が大量のデータを解析し、複雑な承認プロセスを乗り切り、新薬や新しい治療法を市場に送り出すスピードを加速させる手助けができる。

新薬の臨床試験には、途方もない時間とコストがかかる。徹底したランダム化比較試験と二重盲検試験、厳しい審査を何度も繰り返して、ようやく当局の承認を得られる。商品化にこぎ着けるバイオ医薬品は6つに1つ。癌治療薬の場合、その割合は20分の1にすぎない。

製薬企業が費やしている研究開発予算は、年間1600億ドルに上る。承認までのプロセスを加速させたり、承認を得られる確率を高めたり、成功の可能性が乏しい新薬候補を早期に切り捨てたりできれば、莫大なコストを少しでも減らせるかもしれない。コンプリヘンド・システムズが顧客に提供するのは、そのためのサービスだ。

モリソンがこのようなビジネスを手掛けるのは、名声と利益だけが目的ではない。この事業を追求したい個人的な理由もある。母親が癌を克服しており、画期的な新薬がもつ力をよく知っているのだ。彼はそうした個人的な体験を背景に起業家としての目標をいだき、会社として追求する高次の目的を定めている。

しかし、そのような事情があるからといって、企業への売り込みが簡単になるわけではない。本書で紹介した新興企業がすべて経験しているように、新しいアイデアを既存企業に売り込むのは容易ではない。

私は以前、マーケットシェアという新興企業の顧問を務めたことがある。予測分析の手法により、顧客企業がマーケティング予算を有効に活用するのを支援する会社だ。この会社のビジネスが軌道に乗るまでには、多くの年数を要した。前例のないサービスだったので、既存企業のマネジャーたち、とりわけ調達部門のマネジャーたちは、そのサービスをどのように評価し、自社のビジネスのなかにどのように位置づけるべきか理解できなかったのだ。最終的に、ハーバード・ビジネス・レビュー誌に共同創業者のウェス・ニコルズの論文が掲載されたことが突破口になった。私たちは２０１５年、この会社をデータ管理大手のニュースター社に売却した。

モリソンとコンプリヘンド社の面々は強い目的意識をもっているが、それでもマーケットシェア社と同様の試練に直面している。

「私たちのサービスが相手企業の既存のやり方に適合しない場合、最初のうちはその会社の調達チームに理解されないケースがある。私たちがやっていることは、相手企業にとって未経験のことだから」と、モリソンは言う。

しかし、トップへの売り込みには（その機会があれば、の話だが）意外に苦労しない。「ＣＥＯたちは、つねにものごとの最先端にいたいと考える。それに対し、部下たちは、新しいことを試して失敗すればキャリアに悪影響が及ぶのではないかと恐れる可能性がある。そのような現状維持指向は、売り込みの防げになりかねない」

問題の根底にあるのはインセンティブのあり方だと、モリソンは語る。

「一流企業の最上層の幹部たちは、自分にイノベーションの能力があり、売り上げを伸ばす力があることを一刻も早く世界に示したい。それに対し、トップから数階層下の人たちは、自分の出世のほうが大切に思える場合もある。そのような人たちは、かっこいいイノベーションよりも、過去に成功したことを繰り返すほうが無難だと考える」

このような考え方の人たちには、どのように対処すればいいのか？　起業家はみな、この問題にいつも頭を悩ませている。

「相手の関心事や重要課題で役に立てると理解させることが重要だ。そうすれば、相手の心をつかみ、すんなり契約を取れる」と、モリソンは言う。

また、ある会社の一部門と関係を築ければ、同じ会社の他部門にも食い込みやすい。

「ある企業で1つの部門と関係を築き、その会社のビジネスチャンスを拡大させ、結果を出すことができれば、同じ社内のほかの部門からも目にとめてもらえる」

パートナーシップはトップの賛同がなければ始まらないが、成功するかどうかは、自分の出世が大きな関心事のミドルマネジャーたちにメリットを納得させられるかにかかっている。ミドルマネジャーたちにとっても、自分の世界を少し揺さぶられることがキャリアの前進につながる場合がある。私もそれを経験した。P＆G時代に取り組んだイノベーションはことごとく、昇進につながった。その点は、失敗に終わったイノベーションも例外でない。

懐疑派を取り込む

小売大手のターゲットはここ数年、数え切れないほどの反省会を重ねてきた。その議事録を集めれば、百科事典何冊分にもなるだろう。そうした議論の結果、自社がデジタル革命にすっかり乗り遅れてしまったという結論に行き着いた。20億ドルを費やしたカナダ進出も大失敗に終わり、2年も経たずに撤退に追い込まれた。そこへもってきて、大規模なハッキング被害にあい、約4000万人のユーザーのクレジットカードやデビットカードのナンバーが盗まれた。この事件により、同社に35年間勤めたグレッグ・スタインハフェルCEOが退任を余儀なくされた。

このように相次ぐ失態と手痛い打撃を経験したことにより、ターゲットはいわば肩の力が抜けた組織に変身した。自信が少し弱まり、実験に少し前向きになったのだ。そうした姿勢は、サンフランシスコに開設した「オープン・ハウス」に最もよくあらわれている(第3章参照)。端的に言えば、ターゲットは自社の改造を目指しはじめた。それは素晴らしい発想だ。

しかし、現実は簡単でない。オープン・ハウスを統括するジーン・ハンは、それを痛感している。ターゲットのサンフランシスコ・イノベーションセンター所長であり、同社の消費者向けIoT担当副社長も務めるハンは、テクノロジーマニアというだけでなく、財務アナリストという顔もある。2002年にターゲットに入社して以来、この2つのスキルが役に立ってきた。もう1つ見落とせない強みが「翻訳」の才覚だ。さまざまなビジネスの言語に精通しているのである。

韓国系アメリカ人のハンは、ソウルで生まれてシカゴで育った。父親は自動車の修理工場で、母親は組み立て工場で働いていた。2人とも英語が話せなかったので、幼い頃から彼が両親のために「翻訳」をしていた。8歳のとき、確定申告のためにアメリカの税制を調べて両親に教えたこともあった。

「こうした経験のおかげで、2つの世界で生きることが得意になったのだと思う」と、本人は語っている。この資質は、イノベーション精神と起業家精神が旺盛な世界と、やや保守的なターゲット本社の世界の両方で仕事をするうえで役に立った。

オープン・ハウスを開設する前、ターゲットは「シティ・ターゲット」という都市型店舗を出店していた。ハンもこのプロジェクトに携わった。第1弾がシカゴ、シアトル、ロサンゼルスなどに開店したのは2012年。店舗の面積は、従来の郊外型店舗の約60%(7000~8000平方メートル程度)だった。

当時、私の娘がカリフォルニア大学ロサンゼルス校で学んでいて、その近所にシティ・ターゲットがオープンした。私はこのとき、新しい店舗のコンセプトがミレニアル世代の若者にとっていかに魅力的かを知った。娘はほぼ毎日、この店に足を運んでいたのだ。

いま考えると、当たり前のアイデアに思えるかもしれない。しかし、当時は違った。少なくともターゲットの上層部は、このコンセプトを当然のものとは考えていなかった。

「数え切れないくらい大勢の人たちに、たいていは私のいない場所で『ぜったい成功しない。ぜったいに』と言われた」と、ハンは言う。

そこで、ホールフーズ（食品スーパーマーケットチェーン）、ウォルグリーンズ（ドラッグストアチェーン）、JCペニー（百貨店チェーン）の都市型店舗のデータをもとに、売り上げの予測を示した。「分析の結果を見せ、売り場面積当たりの売り上げを明らかにすると、懸念がやわらぎはじめた」

次に、シティ・ターゲットの試験店舗を数店舗つくった。コンセプトの有効性を検証すること、そして会社のリーダーたちが新しい都市型店舗の完成形をイメージしやすいようにすることが狙いだった。

「理解させるためには、実物を見てもらう必要がある。紙の上だけでイメージさせることには無理がある」

また、戦略的に行動することも忘れてはならない。「本格的なアイデアであればあるほど、多くの人を取り込む必要がある」と、ハンは言う。

■大きな変化を少しずつ

第8章でも紹介したリック・ダルゼルは、1997年にアマゾンに加わり、最高情報責任者を務めたのち、2007年に退社した。アマゾンの創業者であるジェフ・ベゾスの哲学を、彼はこんな言葉で表現する。

「私たちがビジネスをおこなう目的は、顧客のためにイノベーションを実行することだ」

もっとも、アップルのスティーブ・ジョブズが喝破したように、顧客は実際の製品を見るまで、自分が何を欲しているかに気づかない。そこで、「それを明らかにすることが私たちの仕事になる」と、かすかなケンタッキー訛りの英語でダルゼルは説明する。「そのためには大量の失敗が避けて通れない」

障害は、それだけではない。アマゾンで働くイノベーターたちは、社内の一部からも抵抗を受ける。急成長中の会社を円滑に運営する役目を担っている人たちは、イノベーションに抵抗を示す場合があるのだ。

アマゾンでは、イノベーションについて回るリスクを管理し、消極派を納得させるために、「イノベーションの有効性を確認するために、少人数のチームでコストをかけずに実験することになっていた」と、ダルゼルは言う。

有料会員向けに無料で至急配送をおこなう「アマゾン・プライム」は、そのようにして誕生したサービスの1つだ。アイデアが持ち上がったとき、財務計画・分析責任者のグレッグ・グリーリーは、顧客がこの種のサービスをどのくらい欲しているかを知りたいと考えた。それは、顧客にとって商品の品揃えや価格より重要なことなのか？

「財務部門などからは、常軌を逸していると指摘された」と、ダルゼルは振り返る。わざわざ会費を支払ってこんなサービスを受けたい人などいるのか？　そんな疑問の声が上がったのだ。しかし、小さな実験を重ねると、顧客が無料の至急配送を望んでいることが明らかになった。

「これでものごとが動きはじめた。こうして、アマゾンでも指折りの重要なプログラムが生まれた」

どうして、このサービスは成功したのか？　大きかったのは、配送料が無料になった結果、顧客に購入を思いとどまらせる要素を大幅に減らせたことだった。それどころか、たくさんの商品を買ったほうが会費の元が取れる。素晴らしい好循環も生まれた。アマゾン・プライムを通じて、アマゾンはより多くの顧客により多くのサービスを提供できるようになった。電子書籍の読み放題サービスと電子書籍のレンタルサービス、動画配信の見放題サービス（アマゾンはネットフリックスに対抗してこのサービスに注力している）などだ。

アマゾンは、最近の新しい試みである「アマゾン・ゴー」も、段階を追って少しずつ進めている。アマゾンが出店するコンビニエンスストア「アマゾン・ゴー」では、スマートフォンアプリを活用することにより、来店客はお菓子やドリンクを手に取り、レジに並ぶことなく、そのままゲートを通って店外に出られる。配車サービスのウーバーやリフトにも言えることだが、「場所が購入の妨げになる時代は終わった」のだ。アマゾンなどの企業が漸進的な改善を続けることで、買い物体験のストレスはさらに減ると、ダルゼルは予想している。

アマゾン時代のダルゼルは、オンラインショッピングのプラットフォームと、購買履歴に基づく「おすすめ商品」表示機能を構築した中心人物の1人でもあった。また、情報システム担当副社長を7年間務めたウォルマート時代にも、それに負けず劣らず大きな仕事をした。革新的なデータ管理戦略を導入して、納入業者が販売データにアクセスして顧客層ごとの販売状況をチェックし、自動的に商品を補充できるようにしたのだ。

「すべての店舗で恒久的な在庫補充システムが実現した。店舗の仕入れ担当者が発注しなくても、自動的に商品が補充されるようになった」

最初、このアイデアはあまり支持されなかったという。

「店長や店員たちが抵抗した。人間よりコンピュータのほうが適切に判断できるという考え方を受け入れられなかった。エリア担当の副社長や店長は誰1人として、商品補充の決定権を手放したがらなかった」

そこで、あるバイヤーの力を借りることにした。そのテクノロジー通のバイヤーは、冬季の自動車用バッテリーを補充するために新しいシステムを試したいと言ってくれたのだ。

「その実験の結果を1割の店舗に示したところ、納得してもらえた。ごり押ししていたら、うまくいかなかっただろう」

新しいシステムは店頭での販売率を改善させ、最終的には、補充可能な商品すべてで採用された。前例のない大きなアイデアを売り込みたいときは、「まず課題を細分化して、小さな課題で有効性を実証する」と、ダルゼルは言う。「それを足掛かりに、ほかのカテゴリーに広げていけばいい」

■実物を見せて売り込む

社内の消極的な反応を乗り越えるために有効な方法はほかにもある。どうすれば、現在の収益源を損なわずに、大きな変革に踏み出して新しい能力とチャンスに投資できるのか？

トヨタモーター・ノースアメリカの最高情報責任者（CIO）とトヨタコネクティッド・ノースアメリカのCEOを務めるザカリー・ヒックスは、この問いに答えようとした。トヨタコネクティッドは、データ分析を活用し、消費者、販売代理店、企業、政府機関に向けて新しいアイデアや製品を送り出すために設立された会社だ。

この会社が目指すのは、クラウドベースのソフトウェアを使って自動車のさまざまな装置や機能を連携させることだけではない。自動車を「タイヤつきスマートフォン」に変えることだけが目的ではないのだ。そのほかに、人々が実際にどのように車を運転するかをモデル化して自動車保険の保険料決定のモデルをつくったり、リアルタイムの道路情報を提供し、ドライバー同士がそれを共有して事故回避に利用できるようにしたり、さまざまな新興企業と協力して新しいことを試みたりすることも目的にしている。新興企業とのパートナーシップでは、体が不自由な人の移動を助けるなど、モビリティ（移動手段）を自動車以外にも広げたいと考えている。端的に言えば、「自動車」の概念を拡張しようというのだ。

しかし、その試みはこれまで難航を極めてきた。

ヒックスがトヨタの大変革に乗り出したのは、会社が２つの大嵐に襲われていたときだった。最初に襲来した嵐は２００８年の大不況だった。自動車販売台数は前年比で15・４％減り、１９９２年以降で最悪の水準まで落ち込んだ。誰もがコスト削減に血道を上げ、新しいものを生み出そうという機運はしぼんでしまった。

それに続いて、もう1つの危機がトヨタを襲った。この危機は瞬く間に拡大した。始まりは、フロアマット関連のトラブルだった。それからアクセルペダルの問題が持ち上がり、さらにはエンジンの電子スロットルシステムとブレーキの問題が指摘された。最終的に２３０万台をリコールする事態に発展した。

この時期、ヒックスは管理部門からＩＴ部門に復帰し、最高情報責任者に就任した。「コールセンターに電話が殺到し、対応し切れなくなっていた」と、当時を振り返る。「やがて販売代理店にも顧客が押し寄せ、クレームを申し立てたり、部品交換を求めたりするようになった。私たちのシステムが対応できる限界を超えていた。システム全体が少しずつ崩壊に向かっていた」

しかし、危機をチャンスに変えないのはもったいないと考えたヒックスは、ＩＴシステムが悲鳴を上げるなか、データを精査しはじめた。その頃、アメリカ議会は怒れる消費者たちに同調し、トヨタが最悪の情報を隠していたと非難していた。ところが、よくよく調べてみると、メディアで報じられていることは、自社のデータベースに記録されている情報と食い違っていた。

この少し前に、トヨタは新しいビッグデータ関連のツールに投資していた。ヒックス率いるチームがそのツールを活用し、顧客関連のデータ、コールセンターのデータ、部品交換の請求データ、それに運輸省道路交通安全局に寄せられた苦情のデータなどを集約したところ、データが物語る事実はメディアのストーリーと違っていたのだ。この発見を品質管理部門に伝えると、「ＩＴプロジェクトにつき合っている暇はないんだ」と言われてしまった。

そこで、トヨタモーター・ノースアメリカのジェームズ・Ｅ・レンツＣＥＯに話を持って行った。そのとき、レンツは一連の問題に関して議会で証言したばかりだった（証言というより、吊し上げと言うべきかもしれないが）。ヒックスはこう切り出した。「いまそれどころではないと思いますが、私に10分説明させてください」。説明を聞き終わったレンツは、「このことを全員に知ってもらいたい」と言った。

「これですべてが変わった」と、ヒックスは振り返る。

しかし、まだ障害は残っていた。ほかならぬＩＴチームが前向きでなかったのだ。このようなデータの使い方は前例がなかったからだ。

それでも最終的に、この新しいビッグデータ関連ツールのおかげで、トヨタが社内のデータを適切に把握していたことを政府機関に納得させることができた。そして、いまトヨタは、ソーシャルメディアに書き込まれる顧客の不満を把握したり、工場の重要な機械が故障するタイミングを事前に予測したりするために、このツールを活用している。

社員に力をもたせて抵抗を取り除く

ヒックスは社内の賛同を取りつけるために、新しい考え方の有効性を示すだけでなく、批判的だった人たちに新たな権限をもたせた。

「最初にこう話した。『みなさんのことは管理しません。資金と自由を与えます。どうぞやってみてください』」

また、ＩＴ部門やそれぞれの事業部門の内部にデータを抱え込むのではなく、データの民主化を実現すべきだとも訴えた。データを全社で共有することを主張したのである。「新しいビジネスチャンスは、たいてい全社に影響を及ぼす」からだ。

ヒックスはレクサス部門のマーケティング責任者に、ソーシャルメディアと予測分析を組み合わせることの利点を説いた。最初、その人物は彼の提案を差し出がましいと感じたようだ。それでも、「この方法を活用すれば、顧客がいつ他社に流出するかを予測できる」と訴えて説き伏せた。実際、トヨタから10回も車を購入していた顧客がソーシャルメディアでトヨタ車のエアコンについて不満を述べ、そのあとホンダの販売代理店2軒に足を運んだケースがあったという。

同様の方法により、2番目に規模の大きな（販売・リース台数ベース）販売代理店のトップであるグレッグ・ペンスキーにも、ソーシャルメディアを用いた顧客感情分析の有用性を納得させた。ペンスキーは、その効果の大きさを見て目を疑った。ほどなく、ほかの販売代理店もあとに続いた。

新しいアイデアに賛同してもらうには「言葉だけでは不十分だ」と、ヒックスは言う。「大切なのは効果を実証してみせることだ」

新しいものが本当に有効だという証拠を示すこと――懐疑派の支持を取りつけるためには、それが不可欠なのだ。

社員からの提案を促す

素晴らしいアイデアをもっている社員は大勢いる。しかし、けっしてそのアイデアを披露しようとしない。アイデアを聞かせてくれと言われないからだ。そこでヒックスは、「トヨタ・イノベーション・フェア」を毎年開催することにした。この1日間のイベントでは、社内のチームが新しいアイデアの試作品をつくり、賞金や予算の獲得を目指して競い合う。提案するアイデアは、いま会社が直面している課題を解決するものでもいいし、会社にとって新しい道を切り開くものでもいい。審査員には、事業部門を統括する副社長やゼネラルマネジャーも数人加わる。

このイベントでは、第3章で紹介したモトローラ・ソリューションズの社内コンペ「スタートアップ・チャレンジ」と異なり、取引先企業（コグニザント、アマゾン、インフォシス、マイクロソフトなど）や取引関係のない企業（ザッポスやインテル・キャピタルなど）の人たちにも最新の発見やテクノロジーを発表してもらっている。社員による提案のなかには、スケールの大きなアイデア（中古車販売の新しい方法など）もあれば、もっと小さなアイデア（ランチ配達アプリなど）もある。それで問題ないと、ヒックスとチームの面々は思っている。

データ分析を社内に浸透させ、社員のイノベーションを後押しし、社外の優れたアイデアの持ち主たちと触れる機会を用意したところ、「社内で交わされる会話が変わった」と、ヒックスは言う。

大きな挑戦で抵抗の壁を突き崩す

少年のような憎めない一面と、テクノロジーマニアのセールスマンみたいにぶっきらぼうな一面を併せもつヒックスは、イノベーションに消極的だった人たちの支持を取りつけると、それをテコに社内にまったく新しい事業部門を立ち上げた。２０１６年前半、ごみごみした都会から遠く離れたテキサス州ダラス北部のプレストン・ホロー地区に、トヨタ・コネクティッドが設立された。この新会社は「さまざまな面で顧客体験とモビリティの改善を目指している」と、彼は説明する。

トヨタ・コネクティッドは、自動車に関わるエレクトロニクス製品をすべてクラウドと接続するだけでなく、自動車以外の分野でも新しいテクノロジーの開発を推進している。「プロジェクト・ブレイド」という取り組みでは、トヨタのロボット部門と協力して、目の不自由な人の屋内歩行を助けるためのウェアラブル装置を開発しようとしている。ハンズフリーで使える装置をつくって、自宅やオフィス、ショッピングモール、空港などの中を移動しやすくしようというのだ。

具体的には、カメラで周囲の状況を把握し、階段やエスカレーターの位置、出口やトイレの標識などの情報を音声や振動でユーザーに伝える。将来的には、周囲にある物体や人物の識別も実現したいとのことだ。

トヨタ・コネクティッドは、発明家のディーン・ケーメンが設立した研究開発ラボ「DEKA」ともパートナーシップを結んでいる。ケーメンは、「セグウェイ」(一部の人から熱烈に称賛され、多くの人から物笑いの種にされている電動立ち乗り二輪車だ)の生みの親として知られている。

DEKAがいま開発を進めているのは、過去に自社で発売していた四輪電動車椅子「iBOT」の改良版だ。この車椅子は、座面を上昇させて走行したり(これにより、立っている人と同じ目の高さになれる)、階段を上り下りしたりできる。未舗装の道など、路面が悪い場所でも走行しやすい。

「トヨタほどロボット工学に多くの投資をしている企業はほかにない」と、ヒックスは言う。「その資金の多くは、お年寄りや体の不自由な人たちの移動を助けるためのプロジェクトに投じられている」

ヒックスは、大きな努力を払って社内の抵抗を解きほぐし、型破りなアイデアを推進できる状況をつくり出した。それでも、足元が脆いことは自覚している。イノベーションに対する抵抗が再び頭をもたげてくる可能性は排除できない。

「古いやり方のせいで命取りになりかねない」と、ヒックスは言う。「既存企業や投資家がシリコンバレーの新興企業を買収したがる理由は、この点にあるのだと思う。大企業では、官僚体質と組織の大きさが原因で、社内で生まれたイノベーションが押しつぶされがちだ。そこで、社外からイノベーションを買ってこようという発想になるのだろう」

社内で新しいことに取り組む

ＩＢＭが社内ではぐくんでいる新事業は、ワトソンだけではない。「ＩＢＭブルーミックス・ガレージ」という事業も、自社と顧客企業のイノベーションへの姿勢を様変わりさせる可能性をもっている。

「ガレージ」の1つの役割は、顧客企業がＩＢＭの開発者向けプラットフォーム「ブルーミックス」（その後、「ＩＢＭクラウド」と改称）を利用するのを助けること。顧客企業のソフトウェア開発者は、ブルーミックスを利用することにより、システムを動かすための基盤の整備やサーバーの確保を心配せずに、プログラミングに専念できる。プラットフォームの使い勝手もいい。

しかし、ガレージが担っている役割はほかにもある。大企業と新興企業を結びつける存在でもあるのだ。新興企業はガレージで大企業と知り合うことができ、大企業はイノベーションが活発な企業を知ることができる。

たとえばサンフランシスコ・ガレージでは、そうしたことが当たり前のように起きている。ガレージが25社の新しい企業と同じ建物に入居しているからだ。ＩＢＭは建物の２フロアーを占めていて、新興企業風のオープンスペースのオフィスがいくつも並んでいる。ここでは、誰もがアップルのノートパソコンを相棒にしている。数年前までのＩＢＭではあり得なかった光景だ。

「私たちは大企業内のコンサルティング部門だ」と言うのは、サンフランシスコ・ガレージを統括するジョン・フェランだ（ガレージは、ロンドン、ニース、トロント、ニューヨーク、メルボルン、シンガポール、東京にもある）。「けれども、新興企業的な側面もあって、さまざまな企業の変革を後押ししている」

フェランの下でナンバー２の地位にあるシニアデザイナーのサラ・プランテンバーグによれば、「私たちの使命は、顧客企業のために研究を請け負うことではなく、自己変革の方法を教えること。私たちが成功する過程で有効だった手法を学んでもらう」とのことだ。

ガレージが担っている暗黙の――しかし非常に重要な――任務は、顧客企業がいだく変革への抵抗を打ち壊すことだ。「重要なのは、どうやって顧客企業が社内でイノベーションを実践できるようにするかだ」と、フェランは言う。

変化のスピードを高めるために、社内の部署間（たとえばＩＴ部門と事業開発部門）の溝に橋を渡し、意見交換を促したりもする。それにより、それぞれの部署が異なる方向を目指している状況を改めることが狙いだ。

以前、ある大企業の中の小さなグループと仕事をしたとき、秘密保持を約束する文書に署名させられたことがあったという。その会社全体に対して秘密にしておいてほしいというのだ。なぜ、そんな必要があったのか？ そのグループは、ガレージの力を借りて新しいものを開発し、有効性が確認できてから会社に報告したいと考えていたのだ。社内の批判を回避するためだ。

ガレージは、なにごとも少しずつ前に進めることを旨としている。「いつも『このプログラムや顧客にとって、いちばんシンプルな方法はなんだろう？』と自問する」と語るデベロッパーのマリーナ・コンプトンは、ガレージが誇る多様な人材――たいていは若くて、性別や人種や外見はさまざまだ――の1人である。

ガレージは、IBMにどのような変化をもたらしたのか？

フェラン「それは――」

プランテンバーグ「それまでより広い視野をもたせるようにしました。というのも――」

フェラン「顧客企業やユーザーを中心にものを考えるように促しました。新しいテクノロジーを生み出すことばかり考えるのではなく」

プランテンバーグ「ＩＢＭはもともと、ユーザー中心主義の発想をしてきました。ブルーミックスでは、そのような考え方と顧客である大企業の文化と意識を溶け合わせるようにしています」

要するに、ブルーミックス・ガレージは、ＩＢＭが顧客企業のために製品のイノベーションを実現するだけでなく、同社が顧客企業のビジネスのプロセスを変革する方法を学ぶ手助けもしているのだ。

２０１１年から一緒に仕事をしているフェランとプランテンバーグは、２人ともエネルギッシュな人物だ。話しているときに、互いの言葉を途中でさえぎったり、相手の話の結論を言ってしまったりすることも多い。

比較的控えめなのは、熱心なアルペンスキー愛好家のフェランのほうだ。年齢は50代後半。何かを言葉にするのを思いとどまったかのように、愉快そうな笑みを浮かべるときがある。

長身でスリムなプランテンバーグは40代半ば。私が会った日は、映画『スター・ウォーズ』のレイア姫のように髪を編んでいた。思ったことはなんでも口にする。「私たちはＩＢＭの一部ではあるけれど、会社の変化を担う存在でもある。ＩＢＭ全体に変化をもたらす触媒の役割をもっている」と語る。

具体的には、どうやってその役割を果たしているのか？ フェランは、ガレージが顧客とどのように関わっているかを説明するとき、いつも使う比喩がある。それは、ニューヨークのグランドセントラル駅でラッシュアワーの混雑時に駅中央の大時計までたどり着くのに似ているというのだ。

「どこを通って歩くかを前もって決めておくことはできない。すれ違う人すべての動きを予測することはできないから」と、フェランは説明する。「その場の判断で状況に対応し、蛇行して歩いたり、進路を急に変えたりする。それでも、時計のある場所は知っていて、そこへ向けて進む」

顧客に対して有効な方法は、社内でも効果を発揮する可能性がある。つまり、目標を定めて（それは、顧客サービスについての考え方を変えることだったり、イノベーション指向の企業文化を築くことだったりするだろう）、あとはそれを実現するために奮闘を続ければいいのだ。

「継続的に取り組む必要がある」と、シニアデザイナーのケリー・ベイリーは言う（現在はカード大手のビザに移籍）。「変化を成し遂げるには時間がかかる」

■会社を新興企業の集合体につくり変える

自社を新興企業の集合体に変貌させる――常軌を逸した発想だと思うかもしれない。企業としての自殺行為だと感じる人もいるだろう。

しかし、シャイアー社のフレミング・オルンスコフCEOはそれを実行に移し、3年で目覚ましい成功を収めた。シャイアーは希少病の治療薬に強い製薬会社で、1986年に4人のイギリス人によって創業された。売上高1250億ドルの超巨大企業であるGEに比べれば、年間の売上高は10分の1程度にとどまるが、この会社のモデルは注目に値する。短期間で会社を大きく成長させる過程では、戦略スキル、戦術スキル、対人関係スキルのすべてが試された。

デンマーク人のオルンスコフは、小児科医として訓練を受け、ビジネススクール「INSEAD」でMBAを、ハーバード大学で公衆衛生学修士号を取得している（公正のために情報を開示しておこう。シャイアー社は私の会社の顧客だ）。

「私が経営を引き継いだとき、会社の未来は非常に危ぶまれていた」と、オルンスコフはかすかに北欧訛りのある流暢な英語で語る。趣味はサッカー。長身で引き締まった体の持ち主だ。当時のシャイアーは、一部の薬品の特許切れが近づいていたうえ、業界の競争が激化しつつあり、新しいテクノロジーの波も押し寄せようとしていた。注意欠陥多動性障害（ADHD）、消化器疾患、C型肝炎、ヘルペスなどの治療薬をつくっている会社を次々と無計画に買収し、迷走状態で21世紀を迎えていた。

オルンスコフはシャイアーのトップに就任すると、それまで自社がどのような道を歩んできたかを知るために、可能な限り多くの元幹部に話を聞き、ライバル企業のリーダーたちにも意見を求めた。それを通じて見えてきた自社の現状には満足できる点もあったが、もっとビジネスの規模を拡大し、スピードを高めるべきだという結論に達した。

「私が目指したのは、シャイアーをパートナーや買収先として選ばれる会社にすることだった。パートナー企業や傘下に収めた企業を一体化させることにより、ビジネスの規模を拡大させたいと考えた」

オルンスコフはそのために、さまざまな希少病を専門とする製薬会社を着々と傘下に収める一方、社内では会社のあり方を変革していった。

具体的には、シャイアーを新しい会社に、無限に成長し続ける能力をもつと同時に、どれだけ会社が大きくなっても核の部分では新興企業的な性格を失わない会社に変貌させようとした。イノベーションを目指す試みが擁護され、潤沢な資金を提供されるようにしたいと考えた。そうすれば、人の体内で新しい血管が生まれるのと同じように、新しいアイデアや商品が続々と生まれると期待したのだ。

きっかけは、コペンハーゲンの子ども病院で働いた経験だった。総合病院をお手本にして、「希少病も含めて、さまざまな臓器に関わる病気すべてを扱う製薬会社をつくりたいと考えた」のである。実際、シャイアーは、多くの診療科が集まった総合病院のような製薬会社だ。

「移植、免疫、血液、視覚、腫瘍など、さまざまな部門がひとつ屋根の下にある」

「今日のシャイアーは、いくつもの企業の集合体という性格をもっている。多くの企業が一緒になり、しかも新興企業的な企業文化を共有している。ほとんどの社員は、シャイアーを1つの大きな会社とは感じていない。みずからの部門を1つの新興企業のように考えている」と、オルンスコフは言う。

CEOに就任して3年あまりの間に買収した企業は10社以上。パートナーになった新興企業も多い。売り上げは50億ドルから110億ドルに跳ね上がり、社員数は5000人から2万4000人に拡大した。株式時価総額も3倍近くに増加して、500億ドルを突破した。本書執筆時点で、同社は世界の68カ国で事業を展開し、100以上の国の患者の力になっている(2018年、武田薬品工業による買収で合意)。

ここまで来るためには、社内を説得することが不可欠だった。

「まず、戦略の有効性を取締役会に理解させる必要があった」

シャイアーに移籍する前、イカリア(救急分野に特化した製薬会社)、ライフサイクル・ファーマ(現ベロクシス社)、ボシュロム、バイエルの幹部を歴任してきたオルンスコフは、そのような重要な舞台の場数を踏んでいた。

希少病向け薬品業界には、小規模な企業がひしめき合っている。50〜100社程度の小さな会社がそれぞれの専門分野で新薬開発に取り組み、業界全体で2年に1つか2つくらい画期的な新薬が生まれる。

「そうした小さな製薬会社とパートナーシップを結んだり、そのような会社を買収したりすれば、2年に1つのペースで年商50〜60億ドル規模のビジネスを生み出せる計算になる」と、オルンスコフは取締役会に説明した。「世界規模でビジネスをおこない、2桁の成長率を持続できる会社を築くことができる。そうすれば投資を回収できるし、利益も上がる」

消極的な社員に権限を与える

財務面で説得力のある見通しを示すことができたので、取締役会の同意を取りつけることはさほど難しくなかった。問題は社員たちだった。「自社で新薬を開発することに固執する人が多かった」と、オルンスコフは言う。抜本的な改革に対する反発がそのような反応を増幅させていた面もあっただろう。

社内改革の最大の標的は研究開発部門だった。昔ながらの（ある意味では時代遅れの）流儀で研究に取り組んできた学究肌の人が大勢いる部門だ。従来の研究委員会に代わって新薬開発委員会を新設し、メンバーの半分が研究開発に関わり、もう半分が社外の可能性を――要するに、パートナーシップや買収の候補を――探すものとした。

これは、イノベーションの強化と新薬開発の加速に力を入れるために採用された「フランチャイズ型」モデルの一環だ。このモデルの下では、遺伝子、免疫、血液などの分野ごとに組織を設け、ビジネスと研究開発の両分野のリーダーに監督させている。

新しい商品は、「まだ新薬の承認やライセンス取得を目指している段階なら、新薬開発委員会が担当する。すでにビジネスとしての実行段階に移っていれば、承認済み製品委員会で話し合う」とのことだ。

これ以外では、研究員の事務負担を取り除くために、財務、人事、ＩＴなどの部門を統合してグローバルなサービス組織に改編した。科学者たちがインキュベーターとして腕を振るいやすい環境を整えたのだ。

できるだけ長い間、新興企業を自由にさせる

取締役会と社員のほかに、納得させなくてはならないグループがもう1つあった。パートナー候補の企業である。どうして、シャイアーに飲み込まれることを承知の上で、パートナーになったり、買収されたりすることにメリットがあるのか？――この点を理解させる必要

があった。

大企業だけでなく、小さな会社でも働いた経験があるオルンスコフは、小規模な企業がいだく不安をよく理解できた。そこで、パートナーシップを結んだり、買収したりしたあとの関係について、斬新なアプローチを編み出した。

「ほとんどの場合、1~3年くらいは自由にさせるようにした。様子を見ること、そして素晴らしい研究を中断させないことが目的だ」

いずれはシャイアーに統合し、ほとんどの場合はマサチューセッツ州ケンブリッジのアメリカ本社内にオフィスを設けさせるが、あくまでもCEO直属という扱いにしている。

「1つの小さな会社、1つの新興企業のような気持ちでいてほしい」と、オルンスコフは言う。統合を進めるペースは、個々の会社ごとに異なる。各社が取り組んできたことが最良の結末を迎えるようにすることが最優先だからだ。一般的な企業買収とは大きく異なるアプローチと言っていいだろう。

このモデルは、おおむねうまくいっている。シャイアーは最近、進出先のほとんどの国で傘下の企業のオフィスを都心部に集めるようにした。それにより、新興企業的な感覚を失わずに済むし、創造性が刺激されることも期待できる。「一緒に問題解決を目指す人たちは、同じ空間で仕事すべきだ」と考えているのだ。

オルンスコフは、オフィスを郊外から都心に移すことにより、都市の神経中枢に、つまり新しい活動や精力的で有能な人たちの近くで仕事ができると考えている。これは、ＧＥやモトローラ・ソリューションズと同じ考え方だ。

究極的には、パートナーシップが成功したかどうかは、それがさらなる成功を生み出したかどうかで判断すべきだ。「グローバル・パートナーシップ・スタディ」の結果からも明らかなように、パートナーシップが実を結べば、既存企業の会社全体に好ましい影響が及ぶ場合がある。パートナーシップの好ましい要素を社内に移植できるのだ。新興企業の若々しくて活発なＤＮＡが既存企業の変革を突き動かすようになる。

しかし、そのためにはたいてい、社内で抵抗の壁を乗り越えたり、壁を打ち壊したりしなければならない。歴史の長い企業では、保身のための行動が繰り返される結果、長年の間にそのような壁が築かれている。

本章では、新しいアイデアや新しいやり方に対する社内の抵抗を克服するためのアプローチをいくつか紹介した。ＡＯＬは、新しい人たちが入ってくることに対する不安をやわらげようとしている。リーバイ・ストラウスは、破壊的なイノベーションに対する社内の抵抗を取り除こうと努めてきた。コンプリヘンド・システムズとトヨタは、立場は異なるが、いずれも社内の現状維持指向と反発を乗り越えるための取り組みを実践している。

ＩＢＭは、型破りな方法により、人々の意識を変えることを目指してきた。シャイアーでは、トップが新しい組織のあり方を追求し、イノベーションの阻害要因をことごとくはねのけようとしている。ＧＥは、徹底した自己変革プログラム「ファストワークス」を通じて、すべての社員に変化を受け入れさせたいと願っている。

「誰に対しても何かを強いたりはしない」と、ＧＥのグローバル・イノベーション加速責任者であるヴィヴ・ゴールドスティーンは言う。「変わりたくない人はつねにいる。それは仕方がない。ただし、いずれはそのような人たちが居心地よく感じる会社ではなくなる。そのときが来れば、会社との相性が悪い人には次の職場を探すよう促すことになると思う」

1つの成功が次々と新たな成功を生むようにしたければ、隠れた悲観主義者たちの賛同を取りつけるだけでは十分でない。パートナーシップの成功がもたらした変化を加速させ、社内に浸透させるためには、適切な資質を備えたリーダーが不可欠だ。リーダーには、志を同じにする「弟子」を育て、その人たちがみずからもリーダーになっていく後押しをすることが求められる。この点については第10章で詳しく論じたい。

第10章

リーダーは「内部のアウトサイダー」であるべし

それをやり遂げるには、過激なアウトサイダーが必要だった。
――デビッド・S・キダー、バイオニック社CEO

2013年、GEのベス・コムストック副会長は、GEがフロリダ州ボカラトンで開催する毎年恒例のリーダーシップ会議でデビッド・キダーに講演を依頼した。第8章で紹介したように、キダーは現在、大企業が成長の道筋を見いだすのを助ける会社であるバイオニック社の共同創業者という肩書をもつ。しかし、この時点ではバイオニック社はまだ設立されておらず、キダーはコムストックとは親しかったものの、GEとはまったく縁がなかった。

当日、世界中からGEの幹部たちが集まった会場でコムストックがキダーを壇上に招き、何かジェフリー・イメルトCEOに質問するよう促した。いたずら好きのキダーは、この無茶な要求を受けて立った。

「ジェフ(・イメルト)とは初対面だった。最前列のジェフに、私はこう問いかけた。『去年、5000万ドル規模の企業をいくつ立ち上げましたか?』」と、キダーは振り返る。

「私はさらに続けて言った。『きっとゼロでしょう。そうだとすれば、驚愕せずにいられません。これだけ大勢の社員がいて、900億ドルもの預金がある会社で、それがつねに実践できていないなんて信じられない』」

その場が静まり返った。もしこのときLED電球が切れていたら、その音がはっきり聞こえただろう。

「ベス(・コムストック)が張り詰めた空気を破り、こんなふうに言った。『いまの気分は?』。聴衆がいっせいに神経質な笑い声を上げた」

キダーがステージを降りると、イメルトに抱擁された。壇上での発言を咎められることはなかった。

「『素晴らしかったよ。私たちがその問題を解決するのを助けてほしい』と言われた。そのあとジェフはステージに上がり、締めくくりの言葉を述べた。『これは、37年間のリーダーシップ会議の歴史でいちばん重要な問いだ』」

このあとほどなく、エリック・リースの旗振りで「ファストワークス」が始まり(第2章参照)、キダーの貢献によりイノベーションへの投資にポートフォリオ戦略が採用された(第8章参照)。

「ジェフはGEの精神を丸ごと変える必要があると気づいていて、ベスと一緒にそれを推し進めていた」と、キダーは言う。「けれども、それをやり遂げるには、過激なアウトサイダーが必要だった」

過激なアウトサイダーの力を借りて会社の精神を変えるのは、愉快なことではない。しかし、コミュニティを危機から救う英雄は、往々にして型破りの存在だ。イギリス最古の叙事詩『ベオウルフ』で巨人グレンデルと戦って王国を守った勇士ベオウルフにしても、映画『シェーン』で農民たちを悪徳牧場主から守ったシェーンにしてもそうだった。モーゼ、イエス、ムハンマド(マホメット)、ブッダも、ある面ではアウトサイダー的な存在と言える。

本書の文脈では、もっと文字どおりの意味で「アウトサイダー」を定義すれば十分だろう。つまり、アウトサイダーとは、別の場所からやって来て、異なる思考様式をもっていたり、内向きでない発想ができたりする人のことだと考えておけばいい。そのような人物の力を借りれば、これまでのやり方を変えられるかもしれない。

アウトサイダーであることは、新しいタイプのリーダーがもっているべき重要な資質の1つだ。苦境に陥っている既存企業に行動パターンを改めさせ、新興企業とのパートナーシップなど、若さを取り戻すための険しい道を歩ませるには、勇気と決意をもった人物が現状を手荒く揺さぶる必要があるからだ。

「言ってみれば、誰かが山のてっぺんに登り、大きな声でみんなに向かって宣言しなくてはならない。『これからはこの方法で成長を目指すぞ』と。そうしなければ、成長は実現しない」と、ターゲット社のジーン・ハンは言う。それをおこなう人物は、旧来の常識とは異なる形で権力や影響力を振るい、人々を触発し、新しいスキルを新しい形で活用できなくてはならない。

アウトサイダーは、好ましい変化への最良の先導役になりうる。そのような人物は、よその会社から移ってきた人の場合もあれば、いつも新しい方向に目を向けて変化の必要性を唱えてきたベテラン社員の場合もあるだろう。

そのようなリーダーたちは、偉ぶったところのない謙虚な人たちで、たいてい自分が直面している課題に恐れをいだいている。あらゆる問題の答えを知っている人間はいないと理解しているので、ほかの人から学ぶことにも前向きだ。とくに、起業家など、自分とは異なるタイプの人たちから積極的に学ぼうとする。

また、話の聞き方と仕事の任せ方を心得ているので、部下からも信頼される。やがて、感化された「弟子」たちが前面に出てきて、現状の変革と新しいアプローチの実践を提唱しはじめる。その人たちが未来のリーダーになるのだ。

リーダーが部下に仕事の一部を任せられれば、社外の新しい人と知り合うなど、ほかの活動に割ける時間が増える。そうすると、リーダーは新しいアプローチに触れる機会が多くなり、さまざまな教訓やアイデアを自社に持ち帰れるようになる。その結果、つねに新しい考え方を取り込むことが可能になる。こうしたことは、社外出身者にせよ、部外者の視点をもったベテランにせよ、アウトサイダー型のリーダーたちの大きな強みになる。

本書で取り上げたCEOたちの何人かは、文字どおりの意味でのアウトサイダーだった。ブライアン・コーネルは2014年にターゲットに移る前、セーフウェイ、マイケルズ、サムズ・クラブ、ペプシコで要職を歴任した。フレミング・オルンスコフは2013年にシャイアーのトップになる前、医学研究と製薬の世界で経験を積んでいた。2011年からリーバイ・ストラウスのCEOを務めるチップ・バーグは、P&Gで28年間働いていた人物だ。

一方、アウトサイダーのような思考と行動をする内部のベテランもいた。ジニ・ロメッティは1981年からIBMで働いているが(2012年にCEOに就任)、社内で過激な変革を提唱し、IBMを新たな分野に進出させてきた。コンサルティング、クラウドコンピューティングとビッグデータ分析、そして人工知能プラットフォームの「ワトソン」などだ。

GEのジェフリー・イメルトも同社のベテランだが、過激な改革者の精神の持ち主で、プラスチック、家電、金融などの事業を売却する一方、デビッド・キダーやエリック・リースのようなアウトサイダーの力を借りて「ファストワークス」に乗り出した。

グレッグ・ブラウンがモトローラに加わったのは2003年。2008年にCEOに就任し、２０１１年の会社分割を実現させた。そして、分割後の新会社モトローラ・ソリューションズでも改革をおこない、マネジメントチームの権限を強化し、島国根性を変革して新しいアイデアや人材を積極的に迎え入れた。

トヨタモーター・ノースアメリカの最高情報責任者（ＣＩＯ）を務めるザカリー・ヒックスは、トヨタでの20年間を通じて変革とイノベーションの重要性を訴え続けてきた。最近では、２００６年にトヨタコネクティッド・ノースアメリカを設立してＣＥＯに就任した。「トヨタが日本以外に新しい会社を設立し、しかも日本人以外をトップに据えることは珍しい」とは本人の弁だ。

この新会社を設立する前、ヒックスはトヨタの社内でクラウドの活用を推進するために奮闘した。当時は、まだ誰もがＩＢＭのグループウェア「ロータスノーツ」を使っていた時代だった。

「親会社からは、『それはだめだ。電子メールをクラウドに保存するなんて、あまりにリスクが大きい』と言われた」。しかし、ヒックスはすでに、豊田章男社長の名義でマイクロソフトと契約を結んでいた。「それを理由に主張を押し通し、全社に導入させた」

ヒックスはこれより前に、社内の全員がビッグデータと予測分析を活用できるようにすべきだと訴え、豊田社長の賛同を得ていたのだ。

「章男はこんなことを言った。『私があなたのほうに向けてトンネルを途中まで掘る。あなたも私のほうに向けてトンネルを掘る。そうすれば中間地点で落ち合える』『官僚体質の組織に風穴を開けなくてはならない』」

ここにも1人、アウトサイダーの精神をもったベテランがいたのだ。

やりすぎに注意する

一般的に、アウトサイダーは、衰弱した会社を若返らせる特効薬として機能する。しかし、たくさんのことを拙速にやろうとしすぎると、悪い結果を招く。

その最もわかりやすい例がダーク・ジャガーかもしれない。P&Gの歴史上、最も短い在任期間で終わったCEOだ（在任期間は、ジョン・ペッパーとA・G・ラフリーに挟まれた1999年9月～2000年7月）。

P&Gに加わったのは1970年。社歴こそ長いが、つねにアウトサイダー的な存在だった。オランダの農業地帯の出身で、ヨーロッパでキャリアを振り出し、日本勤務を経て上級幹部に上り詰めた。P&Gは長年、日本市場で苦戦を強いられていたが、ジャガーは日本で成功を収めた。その過程では、日本の文化を深く理解し、日本語と日本流のビジネスのやり方を学んだ。

CEOに就任したときは、頭の中に新しいアイデアがたくさん詰まっていた。就任早々、

2万5000件の特許を全社員が利用できるようにした。それまで、実際に活用されている特許は全体の10％にすぎなかった。この新しい措置の狙いは、既存のイノベーションのプロセスと異なり、全社員が新製品のアイデアを生み出すよう促すことにあった。また、新しい事業を担うマネジャーたちの権限も強化した。これは、意思決定の迅速化と、製品開発に要する期間の短縮が目的だった。

この結果、新ブランドの成功が過去になかったくらい相次いだ。消臭・芳香剤の「ファブリーズ」や掃除用ワイパーの「スウィッファー」などである。

ジャガーは社員に対して、社外に目を向けてアイデアのヒントを見つけることも促した。これが「コネクト・アンド・デベロップ」と呼ばれる取り組みの土台になった。このプログラムは、製品、テクノロジー、電子商取引、サプライチェーンにイノベーションを起こすためのパートナーを見つける重要な手段になっている。

インターネットの世界にも足を踏み入れた。健康・美容関連のショッピングサイト「リフレクト・ドットコム」を立ち上げたのだ（安全カミソリの有力ブランドであるジレットを買収したことで手一杯になり、このサイトは2005年に閉鎖した）。

どうして、このような人物が失敗してしまったのか？　やる気が足りなかったわけではない。ジャガーは本心からイノベーションを追求したいと思っていた。コミュニケーション能力に問題があったわけでもない。オランダ生まれで訛りはあるが、話す英語は流暢だし、書く文章も達者だ。

1996年夏、チェコとスロバキア担当のゼネラルマネジャーとしてプラハに赴任していた私とチームの面々をジャガー（当時はP&Gの社長だった）が訪ねてきたときのことは、いまもいい思い出になっている。私たちの面会は、予定時間を大幅にオーバーして続いた。彼は魅力的な人物で、話しぶりも情熱的だった。私のチームの面々との夕食の席では、会社について、私たちの役割について、私たちが社会に与えている影響について、誠実に、そして雄弁に語った。

問題は、改革を過激に推し進めすぎたことだった。すぐに結果を欲しがり、速く行動しすぎる傾向があったのだ。その過程で、いくつかの大切なものを壊してしまった。

自社商品の店頭販売価格の変動が大きいこと、あまり利用されない割引クーポンが配布されていることを目にとめたジャガーは、商品の通常価格を引き下げ、一時的な値引きを大幅に減らした。すると……売り上げが落ち込んだ。小売業者と消費者の注目を引きつけるうえで、マーチャンダイジング上の施策と割引クーポンがいかに大きな役割を果たしているかを見落としていたのだ。

このあと数四半期連続して業績不振が続き、株式市場の不満も強まりはじめた。ワーナー・ランバートおよびアメリカン・ホーム・プロダクツの買収を目指しているという情報がリークされると、買収価格が高すぎると考える投資家の反発を招き、野心的な買収計画は頓挫した。

結局、ワーナー・ランバートは敵対的買収により製薬大手ファイザーの傘下に入り、P&Gの株価は7%下落した。買収失敗に対する批判の矛先は、ジャガーに向けられた。

いずれの場合も、早く結果を求めすぎ、大胆な計画への全面的な支持を取りつけることを怠っていた。投資家たちに、P&Gが長く険しい道を歩む間、株価が波乱の日々を経験することへの覚悟をさせられなかった。社内の懐疑派を味方につけることもできなかったし、社内に多くの支持者をつくり出す努力も不足していた。

本来なら、社内の熱心な支持者たち（いわば「ミニ・ジャガー」）の連合体をつくり上げ、新しい方針を社内に宣伝してもらい、P&Gを21世紀型の企業に転換させる主導役を担わせるべきだった。結局、業績が回復したのは、ジャガーに代わってA・G・ラフリーがCEOに就任してからだった。ラフリーはその後、2000年代を通じて好業績を維持した。

■「野蛮な来訪者」を迎え入れる

大物投資家のカール・アイカーンは、長年のキャリアを通じて多くの企業から歓迎されてこなかった。初期には、RJRナビスコ、テキサコ、TWAといった企業の株式を買い集めた。標的にされた企業は、上空のタカに脅える野ネズミの集団のように、ことごとく同じ行動を取った。敵対的買収への防衛策として、新株を発行してアイカーンの持ち株比率を引き下げたのだ。すると、アイカーンはたいてい持ち株を会社側に売却し、たっぷり利益を手にして撤退した。

近年のアイカーンは、「もの言う株主」に転身している。株式を買い集めて、取締役会に人材を送り込むことを目指すようになったのだ。狙いは、事業を再構築し、実力よりも低水準にとどまっていた株価を引き上げることだ。この方針の下、アップル、バイオジェン、タイム・ワーナー、ヤフーなどの企業を標的にしてきた。しかし、最も執拗につきまとわれたのはモトローラだった。

アイカーンがモトローラの株式を取得しはじめたのは２００７年。当時、モトローラは株価の急落と市場シェアの縮小に悩まされており、赤字も膨れ上がりつつあった。アイカーンは株主としてモトローラを相手に裁判を起こし、不振の携帯電話事業を売却するよう要求した。このとき、２００８年からＣＥＯを務めていたグレッグ・ブラウンは、標的になった多くの企業のＣＥＯたちとは異なる行動を取った。攻勢をはね返そうとするのではなく、アイカーン側の２人の人物を取締役会に迎えて、提案どおりに会社の分割に踏み切ったのだ。

大不況の影響で予定より少し遅れたものの、２０１１年前半、モトローラはモトローラ・ソリューションズとモトローラ・モビリティという２つの会社に分割された。その後ほどなく、モトローラ・モビリティはグーグルに売却され、一方のモトローラ・ソリューションズはアイカーンの持ち株を買い戻した。

ブラウンはこの選択に忸怩たる思いでいるのか？　そんなことはまったくない。「会社分割を成功させるうえで、カール・アイカーンの存在は不可欠だった」と、彼は言う。

「（会社分割は）経営チームも望ましいと考えたことだったが、アイカーンがパートナーとして経営チームと取締役会に目を光らせたことの意味は非常に大きかった。もの言う株主が取締役会に加わることにより、いっそう緊迫感をもって変革を推進できた」

ブラウンはＣＥＯ就任以降のほとんどの時期、取締役会のメンバーに「もの言う株主」を加えてきた。その人たちに対する姿勢は、驚くほど敵対的でない。「意識的にそうした存在を生かし、変革を加速させてきた」のだ。

アイカーンと仲間たちが手を引くと、今度はサンフランシスコのヘッジファンド、バリューアクト・キャピタル・マネジメントが乗り込んできた。アイカーンに比べれば、穏やかで友好的な投資家だった。同ファンドが５・９％の持ち株比率を10％に引き上げると、ブラウンはそれに抵抗せず、彼らを仲間として迎え入れた。

「彼らは私と協力してモトローラ・ソリューションズを洗練した企業に変身させようとした。そのために、手放すべきものは手放して、私が会社に加わったときに素晴らしい宝物だと感じたものだけを残した」

バリューアクトは、事業を絞り込み、競争力のない部門を切り離し、資本の効率的な活用を推し進めるうえで力になってくれたのだ。

「情報をすべて提供していた。私たちに異を唱えたり、経営を改善するために必要なデータを入手するよう私たちに促したりできる状況をつくることが目的だった」。ブラウンの言葉を借りれば、「気の弱い人には向かないやり方」だ。

バリューアクトの助言により勇気を得たブラウンは、カリフォルニア州メンロパークのベンチャーキャピタル、シルバーレイク・パートナーズから10億ドルの出資を受け入れることを決めた。２０１５年、バリューアクトが持ち株比率を８％に引き下げつつあったときのことだ。

シルバーレイクは、シリコンバレーの新進気鋭のスターたちを支援しているベンチャーキャピタルだ。モトローラ・ソリューションズが起業家たちと新たなパートナーシップを形づくるうえで力を借りられると、ブラウンは期待した。

「私はこう言った。『いま資金が必要なわけではないけれど、シルバーレイクを迎え入れよう。テクノロジーに精通していて、（シリコンバレーにおけるベンチャーキャピタルの中心地である）サンドヒル・ロードに拠点があり、取引をまとめるコツを知っているからだ。社内の事業開発部門や企業買収部門のように活用できればいいと思う』」と、ブラウンは振り返る。

「それにより、最高テクノロジー責任者のチームや企業買収部門の能力を拡張させたり、活動を加速させたりしたいと考えた。シルバーレイクには取締役の椅子を2つ渡した。『どうして2人も取締役を受け入れるのか？』という声も社内にはあった。そうした声には、『3人受け入れるわけにはいかないからね』と応じた」

ブラウンは、こうした「野蛮な来訪者」たち——これは、ジャーナリストのブライアン・バローとジョン・ヘルヤーが1989年の著書『野蛮な来訪者』（パンローリング）で、企業の乗っ取りを目指す投資家を評した言葉だ——をわざわざ招待したわけではない。しかし、そうした来訪者たちがやって来れば歓迎し、彼らの経験や視点や目標から学ぼうとした。そしてなにより、彼らが生み出す波紋を利用して、必要と考える大変革に乗り出した。

アイカーンが会社の分割を、バリューアクトが会社の使命の明確化を後押ししたように、シルバーレイクは、会社が外に目を向け、さまざまな分野で新しいパートナーシップを結んだり、企業買収をおこなったりするよう促した。たとえば、AR（拡張現実）、指令センター用のソフトウェア、インターネット・オブ・シングズ（IoT）、データ収集・分析などの分野である。

「ハードウェアもしくはプラットフォームの会社としての歴史が長いモトローラ・ソリューションズにとって、これらは自分たちの力だけで乗り出せる分野ではなかった。それに、新興企業のスピードとフォーカスをイノベーションのプロセスに取り込み、1プラス1が3になるようにしたいという思いもあった」と、ブラウンは言う。

この取り組みの結果、今日のモトローラ・ソリューションズは、ソフトウェアおよびサービスの企業という性格が強くなっている。

社内の支持者を変革の旗振り役にする

モトローラがまだ混乱期にあったとき、ブラウンは型破りな方法で会社を大きく変えようとした。部下に対するコントロールを一部手放したのだ。

私は、2005～11年にモトローラの取締役として報酬委員会とリーダーシップ委員会の委員を務めたときから、ブラウンのことを知っている。がっしりした体格に、愛嬌のある顔（眼鏡をかけていて、白髪交じりの髪をうしろになでつけている）という風貌は、大学スポーツのコーチと言われても違和感がない。通信テクノロジーの世界で仕事をしているが、生身の人間同士の対話を大切にしており、落ち着いた低音の声と、穏やかな人柄の持ち主で、誰にとっても話しやすい人物だ。同社の経営チームのメンバーはこの点を実感しているに違いない。

最高イノベーション・戦略責任者のエドゥアルド・コンラードは数年前、躊躇なくブラウンに厳しい批判をぶつけた。一見すると、月例会議への不満というありふれた内容だったが、コンラードの指摘は、そのとき会社が直面していた重要な問題にことごとく関係していた。ブラウンの役割も問題にされた。

「エドゥアルドに言われた。『あなたはいくつも素晴らしい改革を実行しました。でも、古い発想がまだ残っています。月例の検討会議では、あなたが事細かに厳しい質問をする。けれども、質問の視点が古いビジネス観に偏りすぎている。売り上げ、在庫、競争といったことばかり見ています。それでも、部下はその質問に回答しなくてはならない。この状況は好ましくない。あなたはもっと別のことに時間を使うべきです』。とても力強い主張だった」

幹部たちは月例会議の準備に莫大な時間を費やしていた。ブラウンだけのために、資料をつくったり、整理し直したりしていたのだ。ところが、当の本人はそのことに気づいてすらいなかった。

「私はこう返答した。『それはやめにしよう。ただし、半日かけた月例会議は廃止しない。話し合うテーマを提案してほしい』。これをきっかけに、会議では具体的なことを議論するようになった。未来の統合型デバイス、指令センターにおけるデータ分析、センサーを活用したIoT、それらが治安対策に及ぼす影響などが話し合われるようになった。徹底的に考えて徹底的に意見を交換しようという雰囲気が生まれた」

月例会議は、誰かがCEOにプレゼンする場ではなく、意見をぶつけ合う場になったのだ。ブラウンの行動も大きく変わった。

「話す量を減らし、みんなのあとで話すように心がけた。私がその場にいることで、みんなを萎縮させたくないと思った。私が最初に自分の意見を述べると、それが正しいかどうかに関係なく、ほかの人たちは私の意見を前提にしなくてはならないと感じてしまう。私の意見に従わなくてはならないと考える人もいる。それは避けたい。だから、私はメンバーに質問を投げかけるようにしている」

口を閉ざし、よく話を聞き、権限をいくらか手放すことにより、ほかの人たちの思考を解き放とうと考えたのだ。

社内の機構改革も推し進めている。社内のベンチャーキャピタル事業は20年近く財務部門の中に位置づけられていたが、それを改めた。シルバーレイクや、パートナーになった新興企業に触発されて、ポール・スタインバーグ率いるテクノロジー部門に移管したのだ。当時としてはきわめて異例の措置だった。

「投資が新しいやり方の導入につながっていないことに気づいた。投資で利益が上がっているのは悪いことではないけれど、それは本当に大事なことではなかった」と、スタインバーグは振り返る。「もっとイノベーションを目指すべきだと、私たちは考えた」

そこで、ブラウンはベンチャーキャピタル事業をテクノロジー部門に移管し、コンラードを責任者に据えたのだ。「有効な手法や発見を社内で共有し、それがどのように私たちの役に立つかを学べるようになった」と、コンラードは言う。

ブラウンは、みずからの役割も変えつつある。いまでも財務と事業運営を監督しているが、「最近は半分以上の時間を別のことに費やしている」と言う。「多くの時間を割いていることの1つは、社内の人々と関わること、そして人材開発と人材獲得。もう1つは、企業買収と高度な戦略策定だ」

このような活動に力を入れるようにした結果、オフィスの個室の外に出ていく機会が増えた。以前はもっぱら25人の幹部たちと話していたが、その4倍の数の人たちと言葉を交わすようになった。

「昔より社内の人たちと親しくなれた」と、ブラウンは言う。「全員と年に何回かは1対1で話す。携帯電話の番号もみんなに教えている」

部下から電子メールやテキストメッセージが送られてくることも多いという。そうした交流を通じて、ブラウンは社内の人材を見いだし、育てようとしている。未来のリーダーをつくることが目的だ。

アウトサイダーの視点で試練と向き合う

ここまで紹介してきた偉大なリーダーたちはみな、なんらかの形で反逆者的な一面をもっていた。社内のアウトサイダーだったのである。この人たちのことを考えると、私はＰ＆Ｇ

で過ごした四半世紀に、自分が実行した型破りなことを思い出さずにいられない。

私がP&Gを離れて早くも約10年になる。P&G時代に私がやったことのなかでいまも記憶されているものの1つは、2003年にP&Gの面々を連れてはじめてカンヌライオンズ国際クリエイティビティ・フェスティバルに参加したことだ。このイベントは、広告系のクリエイティブな人たちの祭典として知られていた。そこに広告主企業が乗り込むのは前例がなかった。南フランスの保養地カンヌを舞台にしたどんちゃん騒ぎは、お堅いP&Gの人たちに似つかわしい場とは言い難かった。

P&Gも参加してはどうかと最初に考えたのは、社内の人間ではなく、社外の人物だった。そのボブ・イシャーウッドという人物は、物静かで内向的なオーストラリア人で、P&Gの主力広告会社の1つであるサーチ&サーチのクリエイティブ部門を率いている男性だ。

彼は私にこう述べた――P&Gの創造性を一挙に開花させたいなら、世界で最もクリエイティブな作品と人間に直接触れるべきだ、と。この助言に、私たちは従った。これを境に、P&Gにおける創造性の意味が完全に変わった。

P&G時代の私は、どの役職でも前任者と少し違うやり方で仕事をしていたようだ。それはおそらく、新しい役職に就くとかならず、直属の部下だけでなく、ほかの部署の人たちからも話を聞いたことが理由だったのだろう。商品パッケージ部門のエンジニアや工場のマネジャーにも会いに行った。社外の納入業者の声も聞いた。食品部門で働いていたときは、農家にも意見を求めた。マーケティング部門の幹部はたいてい、こんな行動は取らない。

私は1993年、P&Gが買収して間もない化粧品事業のマーケティング責任者としてメリーランド州ボルチモアに送り込まれた。買収先企業の人々にとって、私はまったく歓迎されざる人物だった。それでも、P&Gで確立されていた手法やアプローチを押しつけず、質問を投げかけることにより、支持を獲得していった。

その会社がいちばん輝かしかった日々について、社内で英雄的な存在になっている人たちについて、社員が自社のブランドに対していだいている思いについて話を聞いた。そして、社員の考え方を反映させながら変革の必要性を訴えた。

それを通じて、広告のあり方を改めることができた。商品そのものに光を当て、実演により有用性を示すタイプの広告を復活させたのだ。この種の広告はかつて非常に有効だったが、長らく採用されていなかった。私はこの会社ではアウトサイダーだったが、P&Gで内部者として得た経験を活用してイノベーションを推進したのである。

同様のアプローチは、チェコとスロバキアを担当するゼネラルマネジャーとしてプラハに派遣されたときにも効果を発揮した。当時の東ヨーロッパは、共産主義体制が崩壊してまだ間もない時期だった。社員たちはねたみ合い、1つの目標を共有できずにいた。私はそこにP&G的な文化を移植し、互いに敬意をいだいたり、チームとして高い成果を追求したり、つねに主体性をもって仕事に臨んだりする姿勢をはぐくみたいと考えた。

ほかの国でのP&Gの事業から学んだ手法も活用した。たとえば、社員にストックオプション（自社株購入権）を与えることで、チームの結束を強化し、会社の長期的な成功を重んじた行動を促そうとした。

2001年、私はP&Gのグローバル・マーケティング責任者（GMO）に就任した。たたき上げでこの地位に上り詰めたのは、私がはじめてだった。就任早々、私はそれまでの慣行を破り、主だった事業部門のリーダーや地域担当のリーダーを集めて幹部チームを組織した。直属のスタッフで固めることを避けたのだ。そんなことをすれば、現場から切り離されてしまう。私はあらゆる事業部門と地域の実情を知っておきたかった。

もう1つ重んじたのは、私の成功と試練を部下とすべて共有することだった。その方針に嘘偽りがないことの証しとして、CEOのA・G・ラフリーによる私の評価内容をチームのメンバーに公開した。いささか型破りだったかもしれないが、チームの面々と私が責任を共有していることを再確認するうえでは大きな効果があった。

本書のための下調べをしていて、P&Gがフェイスブックとパートナーシップを結んだときの記憶が甦ってきた。2005〜06年、私はP&GのGMOとしてそれに関わった。

当時のことを思い出したのは、サンフランシスコに本社を置くスロー・ベンチャーズ社のケヴィン・コレランと長時間話したことがきっかけだった。スロー・ベンチャーズは、設立間もないテクノロジー企業に投資しているベンチャーキャピタル会社で、投資先企業は増え続けている。そのなかには、写真共有サービスのピンタレスト、化粧品サンプルの定期購入サービスのバーチボックス、クラウドベースのコミュニケーションサービスのスラックなども含まれている。

コレランは、まだ声変わりするかしないかという頃にはじめて起業し、その後、多くの起業家の出身校として有名なバブソンカレッジで学んだ。フェイスブックが採用した最初の10人の社員の1人でもあった。同社の初代CEOであるショーン・パーカーに採用されて働きはじめたのだ。

私がはじめて会ったのは、10年以上前のことだ。いまは30代半ばになるが、どうしても当時の若者のイメージで接してしまう。それくらい、いまも活力と楽天的な発想に満ちている。また、飛び抜けた記憶力の持ち主でもある。

その頃のフェイスブックは、もっぱら大学生が用いるソーシャルメディアだった。ユーザー数では、先発勢力のマイスペースに遠く及ばなかった。しかも、コレランが指摘するように、当時のフェイスブックは、広告主企業や広告会社にとって扱いにくい会社だった。創業者のマーク・ザッカーバーグがバナー広告とポップアップ広告を嫌っていて、ウェブページ上の目立つ場所に広告を表示することを拒んだのだ。

「マーク(・ザッカーバーグ)は、広告をもっと自然な形でコンテンツに溶け込ませる方法があるはずだと考えていた」と、コレランは言う。しかし、その方法を見いだそうとすれば、広告主の手間が大幅に増える。多くの企業は、それを割に合わない労力だと感じていた。広告主企業には、広告で誘導する先のウェブページを新たに作成する手間もかかった。フェイスブックの広告は、たとえばTide.comといった広告主企業のウェブサイトではなく、Facebook.com/tideといったページにユーザーを導くようになっていたからだ。

ザッカーバーグは、広告と誘導先ウェブページの制作をすべて広告主と広告会社が自力でおこなうよう求めた。それを助けるツールをつくるために自社のエンジニアの時間を割く余裕はない、というのが理由だった。

広告主は、広告の効果を数字で知ることもできなかった。これでは、適切なユーザーに対して広告を表示できているのかもわからない。ましてや、ユーザーが広告にどのように反応しているかはわかりようがない。

最も厄介な問題は、フェイスブック上に続々と作成されるファンページをコントロールする方法がないことだった。オンライン上の荒らし行為の標的になり、ブランドが棄損されたとき、どう対処すればいいのか？

20歳前後の若者が対象の小規模なオンラインサービスに広告を載せるために、どうしてこんなに手間とコストをかける必要があるのか？　そもそも、大学生が洗濯洗剤の「タイド」や紙オムツの「パンパース」のようなブランドに関心をもつのか？　それに、ソーシャルメディアに広告を掲載したければ、マイスペースなど、もっと無難で扱いやすいオンラインサービスもあった。

私は、フェイスブックという猛烈に独創的な新興企業に見るべきものがあると感じたのだと思う。私がコレランから声をかけられたのは、2005年に全米広告主協会の年次総会で基調講演を終えたあとだった。そのとき、彼がフェイスブックについて一通り説明してくれた。高校生だった私の子どもたちは、このオンラインサービスに強い魅力を感じたようだ。

その点では、P&Gのマーケティング部門で働く一部の未来指向のリーダーたちも同じだった。ルーカス・ワトソン（コレランがP&Gで真っ先に話をもっていく人物だった。現在は会計ソフト大手イントゥイットの最高マーケティング・セールス責任者）や、スタン・ジユーステン（デジタルマーケティング技術部門を率いていた）、ヴィヴィアン・ベクトールド（グローバル法人マーケティング部門で能力開発責任者を務めていた）、テッド・マコネル（インタラクティブマーケティングのパイオニア。現在は独立してコンサルティング会社を経営）といった面々だ。

「P&Gとの関係を築いたことは、私がフェイスブックで成し遂げた最も大きな貢献だった」と、コレランは振り返る。「シェリル（・サンドバーグCOO）とマーク（・ザッカーバーグ）は、いまでも私と言えばP&Gというイメージをもっている」

P&Gのキーパーソンたちの存在がなければ、そのような成果は得られなかった。それらの面々は誰もが外の世界に目を向けるタイプの人間で、ほとんどが大学やビジネススクールを卒業したばかりのブランドマネジャーだった。そうした若者たちが２００５～06年の時点でフェイスブックに賭けたのである。

「いくら自分がそれを素晴らしいと思っていても、まだ新しくて実力が実証されていないサービスに賭けるのは勇気がいる。自分自身が熱心なユーザーで、同世代の友人たちも活発に利用しているとしても、自分の会社がそれを実践したり、目にとめたり、評価したり、理解したりできるかは別問題だからだ」と、コレランは言う。

これほど的確に、企業にとっての勇気とはどのようなものかを表現した言葉はない。よほど傑出したリーダー以外は、まだ存在しないものを理解し、わからないことだらけの取り組みに踏み出す勇気をもつことができない。その試みにどのようなリスクがあり、最後にどこに行き着くかも見通せない場合が多いからだ。

しかし、新興企業とのパートナーシップを成功に導き、その最良の教訓を自社に還元したい企業は、それができるリーダーの下で真の変革と刷新に乗り出す必要がある。

これは、あらゆる既存企業が乗り越えなくてはならない課題だ。

第11章

さあ、準備はいいか？

勝てることなんてめったにない。でも、たまには勝てるときもある。

——ハーパー・リーの小説『アラバマ物語』の登場人物アティカス・フィンチの言葉

　では、どうすべきなのか？　本書をここまで読んできた読者は、おそらく自分の会社が危機に直面していて、成長を続けるためには変わる必要があると思っているに違いない。その変化を突き動かすには新興企業とのパートナーシップがきわめて有効だと、本書では訴えてきた。パートナーシップの経験を通じて古い秩序が揺さぶられ、目的意識が新たになり、イノベーションが点火する。本書で見てきたとおり、このアプローチは、盛りをすぎたように見えていた老舗企業に明白な恩恵をもたらしはじめている。

自社で同じようなアプローチを実践するには、具体的にどうすればいいのか？　本書で紹介した企業の経験や教訓を自社に応用するには、どうすべきなのか？
まず、本書で投げかけてきた重要な問いをおさらいしておこう。以下、おおむね該当する章の順番に列挙する。

Q1 会社の置かれた状況は、どの程度悪いのか？

深刻な状況に陥っている既存企業は多い。そうした企業は、過去の成功のせいで身動きが取れなくなっている。あらゆる面で新興勢力の脅威にさらされているが、古いやり方を変えることができない。新しい考え方を受け入れられず、リスクを過剰に恐れてしまう。自分たちの欠点はよくわかっているが、怖くて変われないのだ。

元気のいい新興企業とパートナーになれば、この状況を抜け出すきっかけを得られる。新興企業は、新しいテクノロジーの獲得、売り上げのテコ入れ、顧客の取り込み方の改善など、具体的な課題に関して助けになるだけではない。既存企業に活力をもたらし、新しい思考と行動を実践させる触媒にもなる。これらの効果を引き出すうえでは、新興企業を買収するより、パートナーになるほうが有効だと、私は考えている。

Q2 なぜ、新興企業とパートナーになるべきなのか?

データによると、新興企業とのパートナーシップがうまくいけば、目を見張る効果があるようだ。しかも、その好影響は先々まで残る。戦略上の目的が達成されたり、実務的な問題を解決できたり、社内の大変革のきっかけになったりといった効果が期待できる。

Q3 どうやってパートナーを見つければいいのか?

適切なパートナーを見つけ、パートナーシップで目指す目標を定めるためには、緻密に行動する面と、事前に細かく計算しすぎない面の両方が必要だ。パートナーシップの確立と維持を担う少人数の専任チームを設けたり、いわゆる「客員起業家」として起業家を招聘する制度をつくったりするなど、ある程度の仕組みを用意することにはメリットがある。

しかし、きわめて大きな成果をもたらすパートナーシップは、もっと偶然に生まれる場合もある。テクノロジー企業やベンチャーキャピタルとの人脈を養ったり、見本市や業界イベントに参加したり、頻繁にオフィスの外に出て行っていろいろな人たちと（ときにはライバルとも）話したりすることが重要だ。

Q4 パートナー企業をどのように扱うべきか？

既存企業は新興企業を口説くとき、抜群の知名度、強力な製造・供給網、顧客ベースの大きさ、豊富な資源、充実した専門知識など、自社が相手に提供できるメリットを前面に押し出すだろう。そうやって合意に達したあと重要なのは、契約や財務目標などで新興企業の手足を縛らないことだ。

相手企業が望んでいたより多くの自由を与えるくらいでいい。重要な決定は相手に任せよう。別にほったらかしにしろと勧めているわけではない。パートナーシップのマネジメントは必要だ。しかし、強圧的な態度は好ましくない。拒否権は握っておくべきだが、よほどのことがない限りはその権利を行使しないほうがいい。

相手との関係が悪化した場合に、なるべく関係をこじらせずにパートナーシップを打ち切れるようにしておく必要もある。もっとも、相手をよく選び、相手を信頼して十分な支援と自由を与えれば、そのような事態に陥る危険は少ないだろう。

Q5 初期段階をどのようにマネジメントすべきか？

数値目標を設定することにも、確かにメリットがある。しかし、それよりも重要なのは、互いをよく知ることかもしれない。パートナーシップを継続し、互いの長期的な目標を一致させるためには、双方がパートナーとの思考様式や目的の違いを認識し、相手の流儀や文化を学ぶことが有益だ。パートナーシップでは、双方の間で熱心さに差が生じることが珍しくない。その点、頻繁に話し合うようにすれば、両社がつねに最新の情報を得て、新しい状況に対応したり調整したりできる。

Q6 歯車が狂いはじめたときは、どうすればいいのか？

まず、問題はかならず発生するものと覚悟しておくこと。すべてが計画どおりに進むことなどありえない。たとえ段階ごとに小さな達成目標を決めておいたとしても、トラブルは避けられない。だから、過去の決定を見直す覚悟が必要だ。

また、最も重要なのは、質の高いコミュニケーションを保つことだ。そうすれば、想定外の惨事に見舞われる危険を減らすことができる。

それでも、プロジェクトはつねに、当初の計画よりも多くの時間と費用が必要になるものだ。最初の段階では、そんなに時間と費用がかかるとは誰も思いたくない。しかし、時間が経つにつれて計画どおりにいかなくなり、予期しなかった事情に振り回されはじめる。そのパートナーシップを継続する価値があるなら、期待を引き下げたり、再び軌道に乗せるための変更を加えたりする必要がある。頑なに変化を拒めば、すべてが瓦解しかねない。

Q7 もし失敗したら、どうするか？

これが最も恐ろしい問いかもしれない。あらゆる挑戦を成功させることは不可能だ。しかし、失敗を恐れるあまり、新しい挑戦や大胆な挑戦を避けてはならない。リスクを嫌う心理を克服するための最善の方法は、たくさん失敗することだ。たくさんのパートナーシップに小さな投資をすれば、失敗のコストが小さくなるし、挑戦のいずれかが成功する確率も高まる。

また、失敗したときに、その経験から学ぶことも重要だ。そこから新しい教訓を引き出し、次回の挑戦で、よりうまく、より強く、より賢くなり、より強い意志をもてるようにするためだ。

Q8 リーダーはどうすれば社内を活性化できるのか？

社内を活性化するための最も理想的な方法は、パートナーシップを成功させ、好ましい結果を生み出すことだ。変化を促し、それを社内に広げることは、たとえトップのお墨つきがあったとしても途方もなく難しい。失敗への恐怖心は、変化への恐怖心を生むからだ。

どの組織でも、現状を維持することに強い利害をもつ人は多い。しかし、変化を拒み続ければ、組織はゆっくりと死に向かう。そこで、論理とデータを駆使して人々を説得し、変化を受け入れさせる必要がある。新しいアプローチに効果があり、それが社員と会社に好ましい影響を及ぼすことを実証できれば、懐疑派を少しずつ推進派に変えられる。

ただし、そのためには大きな努力を何度も繰り返さなくてはならない。それに、どんなに説得しても考えを変えない人もいる。いずれは、最後通牒をつきつける必要が出てくるかもしれない。

Q9 パートナーシップを通じた企業の再活性化が重要になる時代に、企業のリーダーには何が求められるのか？

まず、長く解決できずにいる問題に斬新な解決策をもたらす存在として、アウトサイダーを受け入れることが必要だ。そのアウトサイダーは、パートナーである新興企業の場合もあれば、業界の有力企業の場合もある。有益な知識をもつ専門家だったり、ライバルだったりする場合もある。そうした異分子を迎え入れることに恐怖心や抵抗感をいだくのではなく、それを学習の機会と考えるべきだ。

しかし、それだけでは十分でない。社内の人たちにも、社内の知恵だけでは会社の苦境を解決できないことを理解させ、もっと積極的に外の世界に出ていく必要性を感じさせなくてはならない。

それができるリーダーになるためには、謙虚であること、実験に前向きであること、そしてもう1つ、同調者をつくる能力をもっていることも必要とされる。どんなに優秀なリーダーや強力なチームでも、独力ですべてを成し遂げることはできないからだ。また、そのような大変革を成し遂げるには長い年数がかかることも覚悟しておくべきだ。

あなたの会社は、そしてあなた自身は、どれくらい心の準備ができているだろう？　それを確認するための10項目のチェックリストを用意した（296ページ参照）。私が大企業幹部や起業家たちと交わした会話や、オグルヴィ・レッド社に委嘱した「グローバル・パートナーシップ・スタディ」の結果に基づいたものだ。

このチェックリストへの回答には、あなたの会社の現状が映し出される。パートナーシップにどのくらい前向きで、有効なパートナーシップを築く能力をどの程度もっているか、そしてどの点を強化する必要があるかが浮き彫りになる。

点数が高ければ喜んでいい。あなたは前に進む準備ができていて、長期間にわたる努力を継続するために欠かせない社内の支持も十分に得られている。一方、点数が低くても気落ちする必要はないが、いわば社内の布教活動にもっと精を出す必要がある。やるべきことは多いが、安易な道を歩んでも大きな成果は得られない。

ここで、厳しい問いを突きつけたい。あなたは、手強い試練に向き合う覚悟ができているのか？

ほとんどの既存企業は、自社の置かれた厳しい状況に気づいている。その状況を抜け出すために何をすべきか理解している企業も多い。しかし、わかっていても実行できない。障害になるのはたいてい、その会社を苦境に陥らせたのと同じ問題だ。つまり、新しいことをするための手続きが煩雑なこと、いまの状態に大きな投資をしていること、失敗や変化に対する恐怖心が強いことなどである。この膠着状態をどうすれば打ち破れるのか？

現状を打破できるのは、もしかするとあなたかもしれない。好奇心をもって本書を読もうと思った人なら、新しいことを始める資質を間違いなく備えている。もしあなたがＣＥＯや幹部なら、大きな期待がもてる。あなたが道筋を示せば、ほかの人たちはついて来る。

しかし、変革の旗振り役を務められるのは、最高幹部だけではない。部署の責任者や中間管理職の人たちも、そしてリーダーになりたいと思っている人なら誰でも、新しい取り組みを先導できる。必要なのは、想像力、それにいくらかの勇気と忍耐だ。

なぜ、勇気が重要なのか？　私が本書のために話を聞いた人の多くが、勇気について語った。目を見張る勇気を発揮して成功した話も聞いたし、勇気を奮い起こせず、取るべき行動

		YES	NO
7	パートナーである新興企業に決定権を与えるつもりがあるか？　リスクへの積極性とスピードを失わないように、自律性をもたせる用意があるか？		
8	パートナーシップの半分以上が失敗する可能性があると覚悟できているか？　社員が勇気ある試みをおこなって失敗した場合、それに報いるつもりがあるか？		
9	パートナーシップを通じて自社の仕事のやり方や価値観が大きく変わると思っているか？　その変化を強力に後押しするつもりはあるか？		
10	ＣＥＯをはじめとするリーダーたちは、アウトサイダー（新興企業、戦略上のパートナー、ライバル企業など）からもたらされる新しい考え方やアプローチを受け入れられるか？		

YESの数	取るべき行動
8 ～ 10	会社の未来は明るい！
6 ～ 7	もっとパートナーシップを結ぼう。
4 ～ 5	今年改善すべき点を１つか２つ選ぼう。
2 ～ 3	本書で紹介した人たちに相談してみよう。
0 ～ 1	本書をたくさん購入して、全社員に配布しよう！?

■パートナーシップに乗り出す準備はできているか？■

企業のチェクリスト

		YES	NO
1	あなたの会社は、説得力ある目的を追求しているか？　社員は、会社の戦略上の目標を達成したいと思っているか？		
2	新興企業とパートナーになりたいと考える理由は、明確で説得力があるか？　それは、会社が追求する目的と合致しているか？		
3	パートナーシップを通じて達成したい具体的な目標を複数設定しているか？		
4	パートナーシップを監督し、成果に責任をもつチームを社内に設けたか？		
5	トップが支持しているか？　担当チームに適切な資源と報酬が与えられ、パートナーシップを成功に導く誘因がつくり出されているか？		
6	社内の人々は、積極的に、そして意識的に社外の人脈づくりに励み、パートナー候補を探しているか？　パートナー候補の企業を選ぶ基準は明確か？		

を取れなかった話も聞いた。

ほとんどの場合、人は自分のもっている勇気をすべて発揮できない。また、人は本当に厳しい局面に身を置くまで、自分がどのくらいの勇気と忍耐力をもっているかわからない。新しい着想の多くと同様、勇気は1つのアイデアから生まれるが、それを失わないためには強い決意が必要だ。

勇気について述べた言葉のなかで、私がとりわけ美しいと思うのは、戦争の英雄に関する物語でもなければ、ビジネス界の武勇伝でもない。それは、ハーパー・リーの小説『アラバマ物語』の一節だ。激しい人種憎悪と暴力に引き裂かれたアラバマ州の小さな町を舞台に、ある兄妹の成長を描いた不朽の名作である。

ある場面で、弁護士のアティカス・フィンチが息子のジェムに、隣家のデュボース夫人は英雄として死んでいったのだと説明する。この老婦人はいつも気難しく、接する人すべてに意地悪な態度を取っていた。とりわけ、ジェムにはつらく当たった。しかし、最期の日々には、激しい痛みに苛まれながらも、モルヒネ依存症と戦い、その戦いに勝ったのだ。

「お前に感じ取ってもらいたかった。本物の勇気とはどういうものかを学んでほしいと思った。勇気ある人物とは、銃を持った男のことだと思わないでほしい」と、アティカスは息子に語る。

「勝ち目がないとわかっていても、それでも挑む。そして、どのような結果になっても最後までやり抜く。それが勇気だ。勝てることなんてめったにない。でも、たまには勝てるときもある」

最後の一節は、本書のキャッチフレーズにしたいくらいだ。個人にとっても会社にとっても、みずからの弱点を知ることは力の源泉になりうる。歴史の浅い新興企業など、社外の人たちと接して弱点の解決策を探すこと、そして社内で変革の担い手を粘り強く増やしていくことによってはじめて、真の変化を起こせる。

このような努力なしに成功はありえないが、道のりは容易でない。後退を余儀なくされるときも多いだろう。多くの場合は、小さな勝利を重ねながら少しずつ前進していくほかない。局面を打開するような成果が得られることはほとんどない。むしろ、失敗ばかりが積み重なっていくように感じられるだろう。しかし、真の進歩とは、そうやって成し遂げられるものなのだ。

誰かがその取り組みを始めなくてはならない。あなたがその誰かになろう。

付録 グローバル・パートナーシップ・スタディ

本書の記述を支える強力な土台をつくり、主張に説得力をもたせるために、定量的な調査を委嘱し、データに基づく発見と教訓を導き出したいと考えた。そこで、2016年後半、既存企業と新興企業を対象に、前例のないグローバルな調査を実施した。

調査対象

調査対象は、既存企業と新興企業の合計201人の意思決定者たち。調査はすべて電話でおこなった。一部の回答者には、あとで改めて話を聞いた。

調査対象になった既存企業の半分以上は、100年以上の歴史をもつグローバル企業だ。すべてが年間売上高50億ドル以上で、1000億ドルを超す企業も含まれている。いずれも、新興企業とのパートナーシップを積極的に実践している企業だ。

回答者は、戦略、事業開発、イノベーション、製品開発、オペレーションなど、さまざまな業務分野の上級幹部たち。ほとんどが、CEOなど最高幹部クラスの人たちや、上級副社長、副社長だ。業種は、製造、ヘルスケア、輸送、金融サービス、食品・生活用品、テクノロジー、エネルギーなど、多岐にわたる。

新興企業は、いずれもまだ歴史が浅い会社で（半分以上は5年以内）、資金調達の段階はさまざまだ。すべての会社が既存企業とパートナーになっている。回答者は、会社のオーナー、CEO、事業開発や戦略部門の幹部たちだ。業種は、テクノロジー、メディア、金融サービス、ヘルスケア、食品・生活用品、製造など。アメリカ以外に本社を置いている会社も3分の1以上含まれている。

質問内容

多忙を極める企業幹部や起業家たちは、ありきたりの定量調査に回答する時間的余裕と忍耐心がないかもしれない。そこで、質問内容に工夫を凝らして、回答者の思考を刺激し、興味をもたせるようにした。そのために、点数で回答する形式の質問だけでなく、問いかけの形の質問も含めた。

既存企業への問いでは、新興企業との協働についてパートナーシップの段階ごとに尋ねた。つまり、パートナーシップの着想、計画、実践、成果、そして会社全体への影響について質問した。具体的には、以下のような問いだ。

どうして新興企業とパートナーになるべきだと考えたのか？　パートナー企業をどうやって選んだのか？　パートナーシップをどのように構築しているのか？　パートナーシップをマネジメントするのは、どのような経験だったか？　長期的には何を目指しているのか？　パートナーシップは、どのような面で成功し、どのような面で失敗したか？　自社はどのように変わったか？

新興企業に対しては、既存企業とパートナーになろうと思った動機、協働を通じて得た経験、それが自社にもたらした影響について尋ねた。どうして既存企業と手を組みたいと思ったのか？　どのような恩恵があり、どのような点で不満を感じたか？　どのような成果が得られたか？　自社にどのような恒久的な影響が及んだか？

明らかになったこと

この調査からわかったのは、一般的なイメージと異なり、パートナーシップには、テクノロジーよりも企業文化の面での効果が大きいという点だ。

既存企業はたいてい、新しいテクノロジーやイノベーションを目当てに、新興企業とパートナーになる。しかし、多くの企業は、パートナーシップが実を結べばまったく別の恩恵が

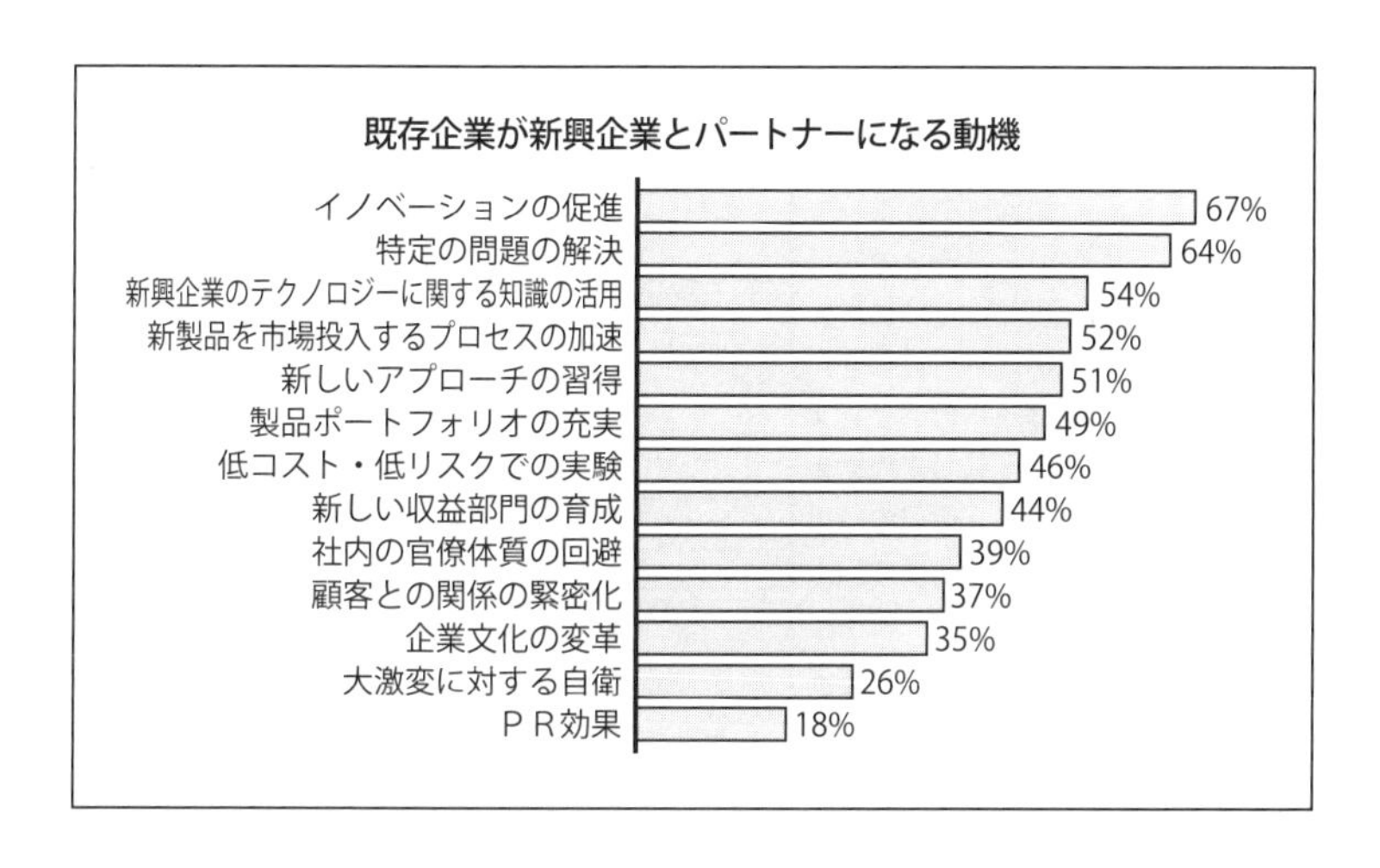

あることに気づく。パートナーシップが目覚ましい成功を収めた場合、その会社自体に大きな変化が生まれ、その効果が先々まで続くのだ。

パートナーシップに乗り出す理由

既存企業の半分以上は、技術力の向上、もしくは新しいテクノロジーの獲得を目的に、新興企業とパートナーになろうと考える。67％がイノベーションの水準向上を、54％が新興企業のテクノロジーに関する知識の活用を目的として挙げている。自社の企業文化を変革し、起業家精神とリスクへの積極性を高めようと考えていた企業は、35％にとどまった。

このような動機があるため、パートナー選びで最も重視されるのはテクノロジー面の相性だ

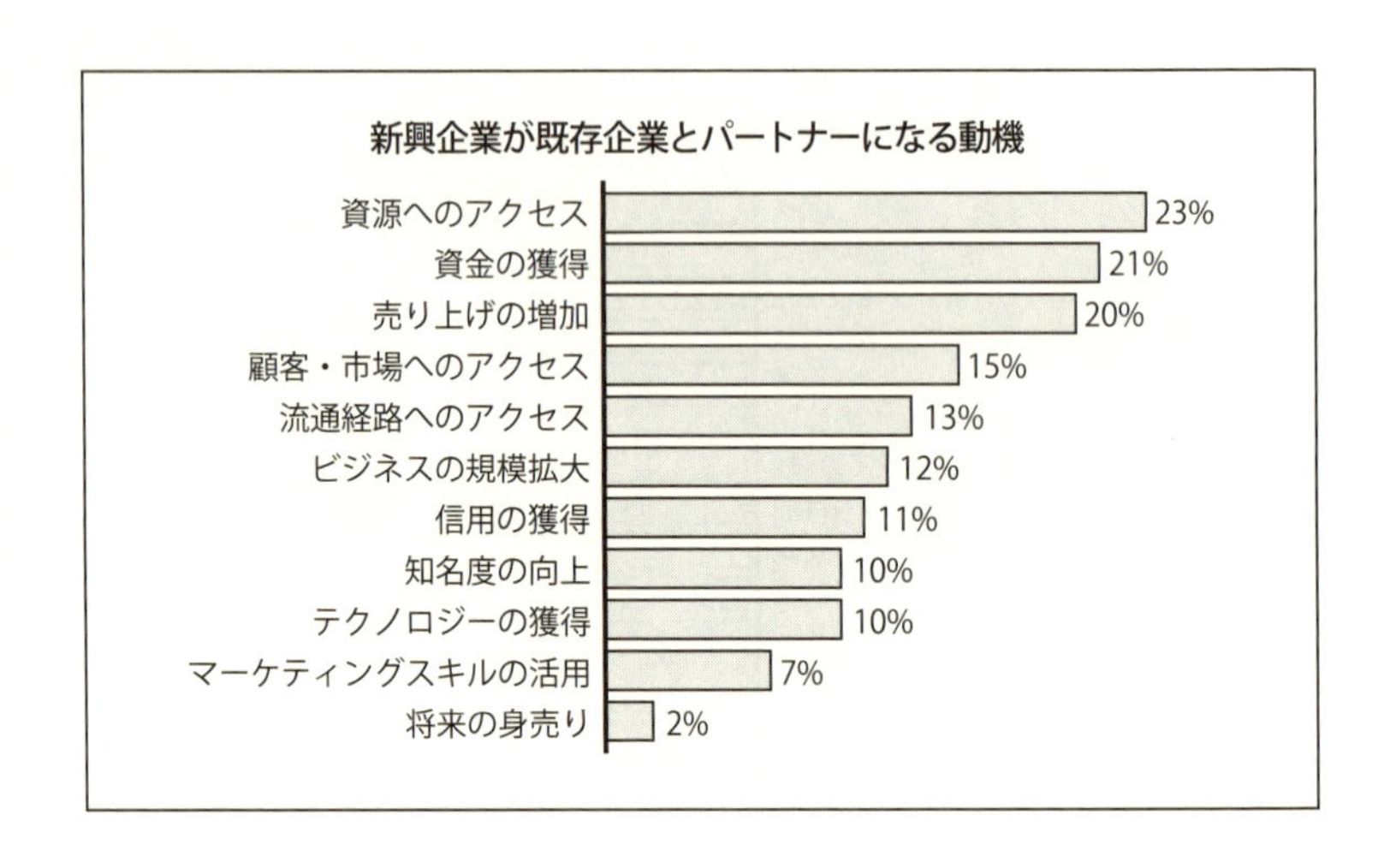

（103ページ「新興企業に何を求めるか？」参照）。この点を基準にパートナーを選ぶ企業は63％に上る。この数字は、イノベーション指向の企業文化（41％）やリーダーシップ（37％）を大きく上回る。

既存企業の主たる動機が組織変革ではなく、テクノロジーであることは、パートナーシップの構造にも反映されている。既存企業の55％は、パートナーシップを自社の既存組織と完全に切り離している。既存の組織内に組み込んでいる企業は26％にすぎない。

また、既存企業がパートナーシップの舵取り役を自社の人物に任せるケースは、新興企業側の人物に任せるケースの3倍に上る。しかし、後述するように、自社の人物をトップに据えれば成功するという保証はない。

新興企業が既存企業とパートナーになるのは、

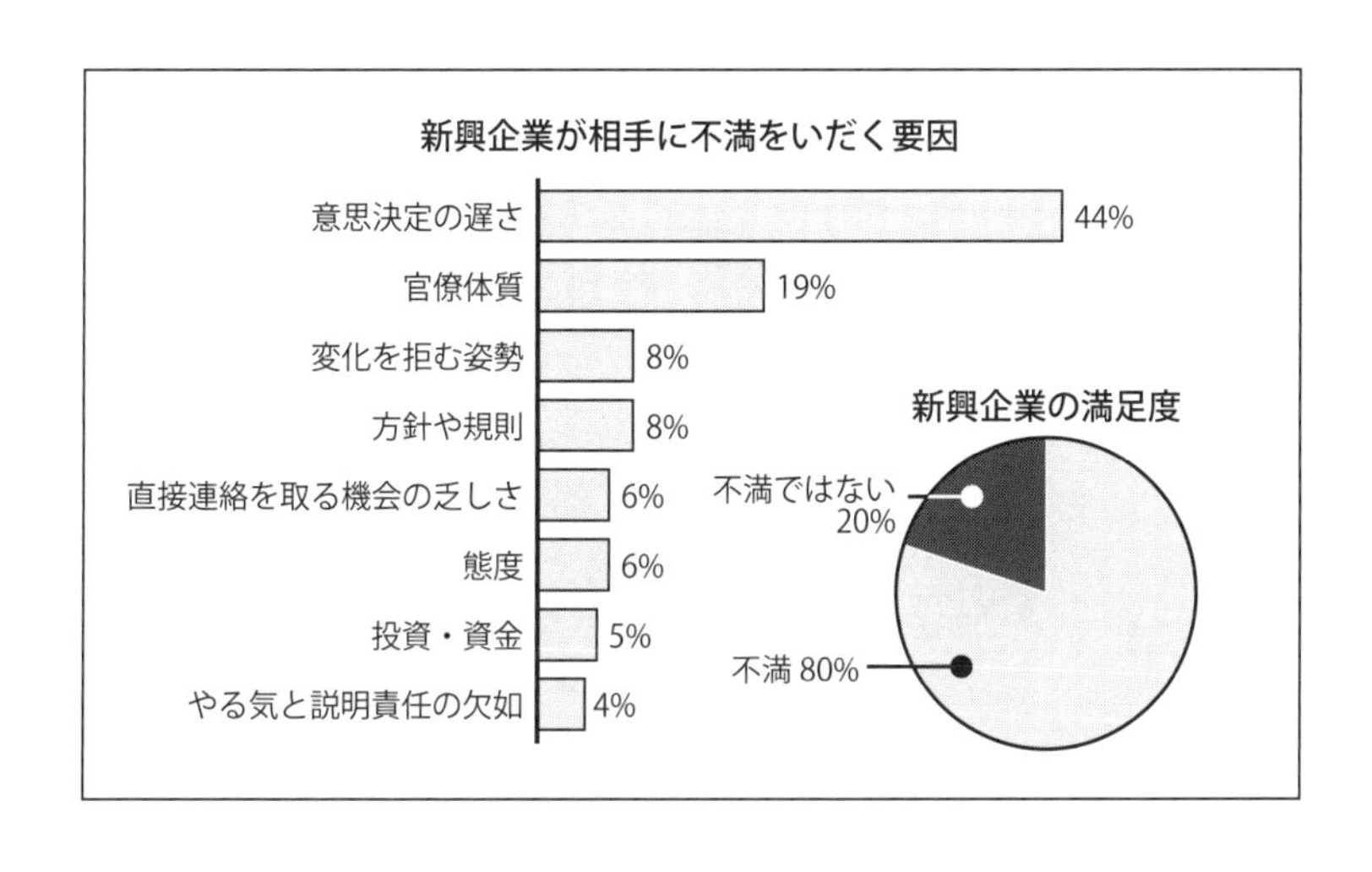

具体的な恩恵が目当ての場合がほとんどだ。23%は資源へのアクセス、21%は資金の獲得、20%は売り上げの増加、15%は新しい顧客・市場へのアクセスを動機として挙げている。

既存企業は、新興企業とパートナーになるとき、「私たちのほうがよく知っている」という態度を取りがちだ。そのため、期待どおりの成果が得られない場合、新興企業側に原因があると考えることが多い。「新興企業がある時点までに結果を出すと約束しても、実際にはもっと時間がかかり、途中でさまざまなトラブルが持ち上がる」と、ある金融サービス企業の幹部は嘆いた。

既存企業は、自社のやり方に新興企業が合わせるべきだと考える傾向も目立つ。「新興企業にわが社のことを知ってもらい、ものごとのやり方を理解してもらう必要があった」と、ある

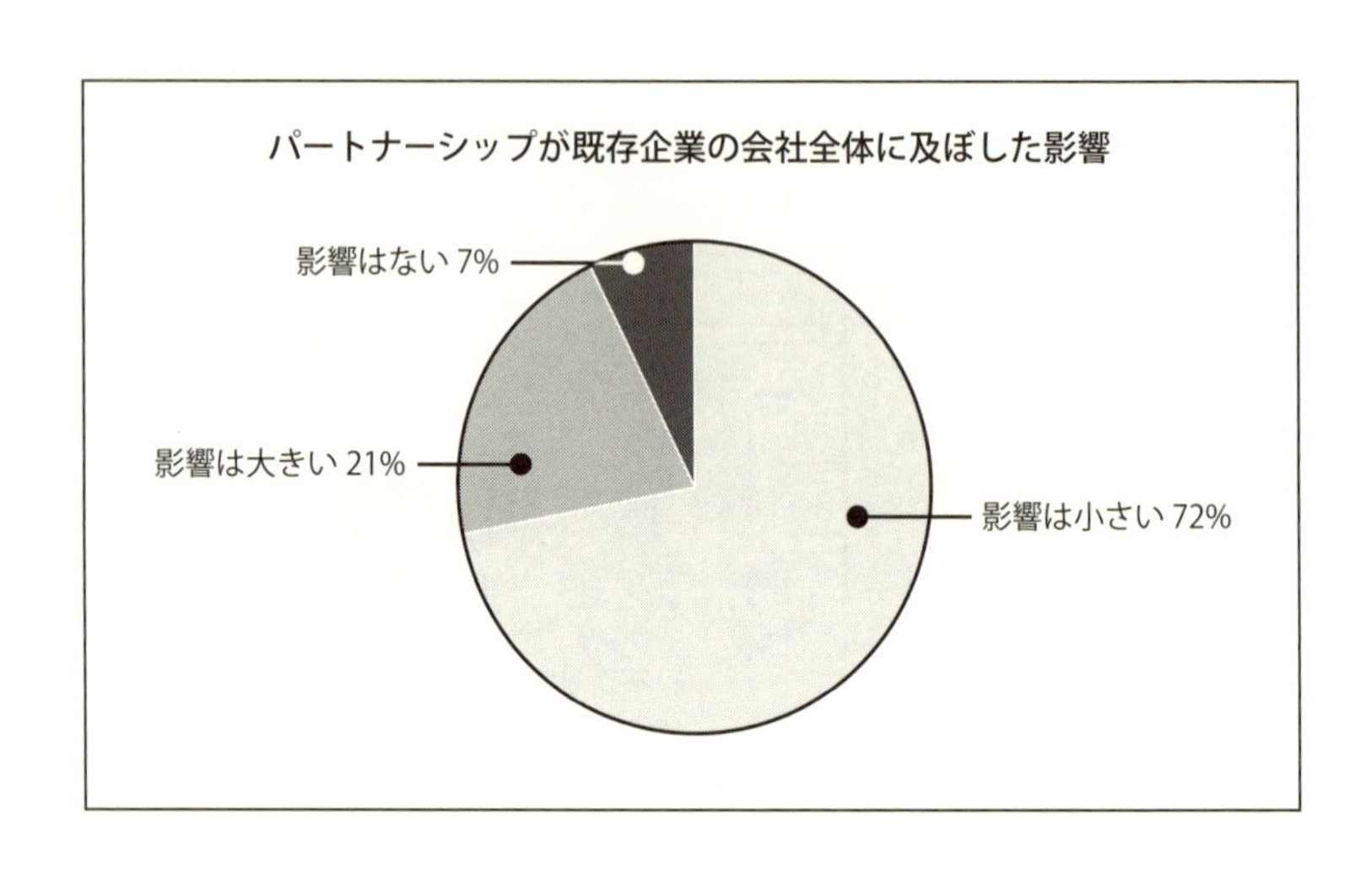

小売企業の幹部は述べた。

「いくつかの手順やビジネスモデルはぜったいに譲れない」と語ったのは、食品・日用品業界の企業で副社長を務める人物だ。

既存企業がこのような態度では、新興企業が既存企業との関係に不満をいだくのも無理はない。91％の新興企業はパートナーシップがうまくいったと回答しているが、80％の企業は不満も述べている。不満を感じている新興企業が挙げた主な理由は、既存企業の意思決定の遅さ（44％）、官僚体質（19％）、変化を拒む姿勢（8％）などだ。

既存企業の半分以上は、パートナーシップにより期待どおりの結果を得られたと述べている。ただし、多くの既存企業が期待していたのは、もっぱら具体的な恩恵だ（10社中9社近くは、自社が直面する特定の問題を解決できたと答え

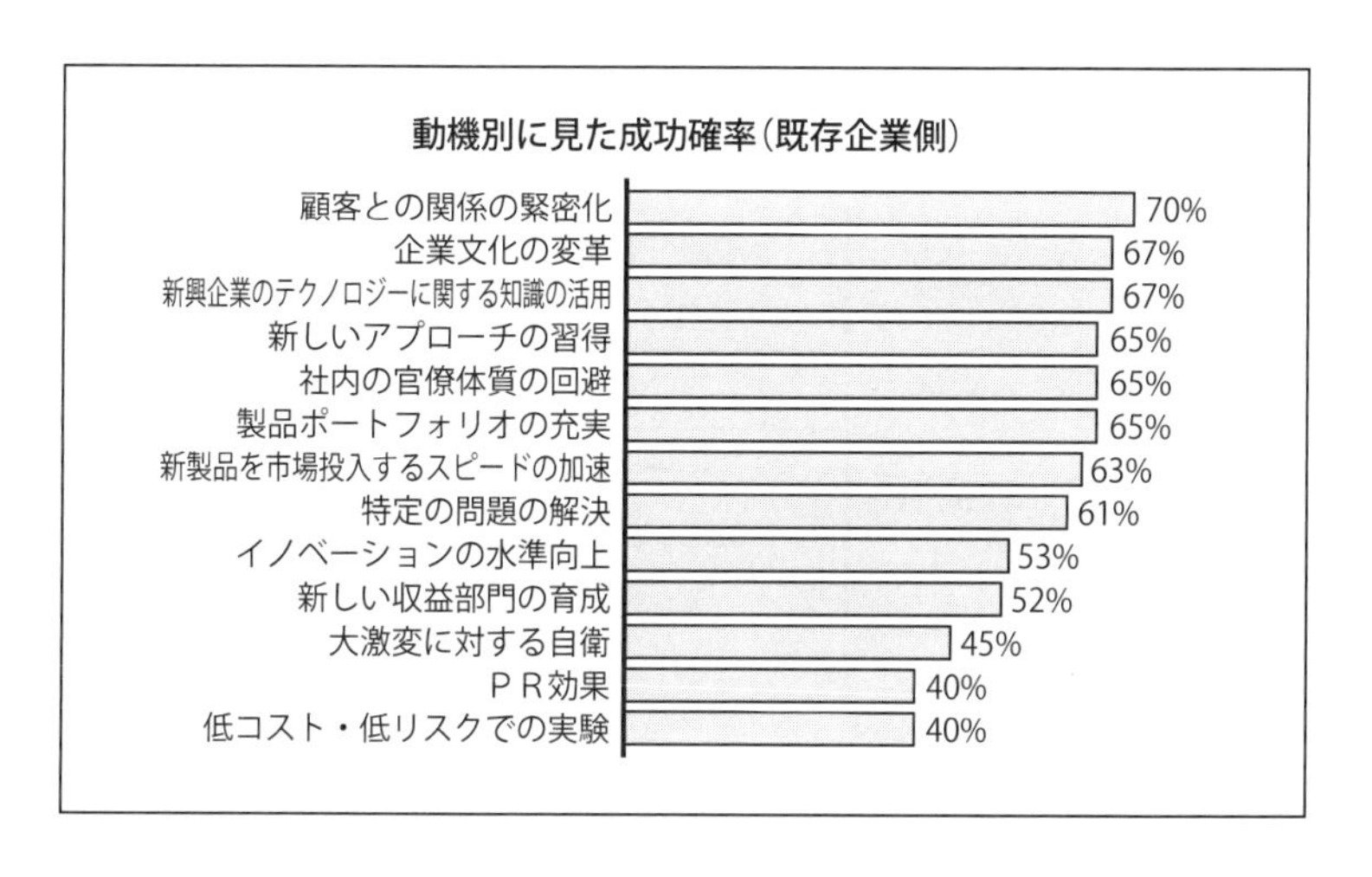

ている。新しいテクノロジーを導入したり、新製品を開発したりできたと答えた企業も、85％に達した）。

このように既存企業が狭い目的しかもたず、硬直的な態度で臨む結果、パートナーシップが既存企業の会社全体に大きな影響を及ぼすケースは少ない。既存企業の4分の3は、パートナーシップが自社に及ぼした影響は小さいと答えている。会社全体に大きな影響があった企業は21％にすぎない。しかし、パートナーシップが大成功だったと言えるためには、既存企業の会社全体に影響が及ぶ必要がある。

成功の条件

既存企業は、広い視野をもってパートナーシップを組むほうがうまくいくケースが多い。イ

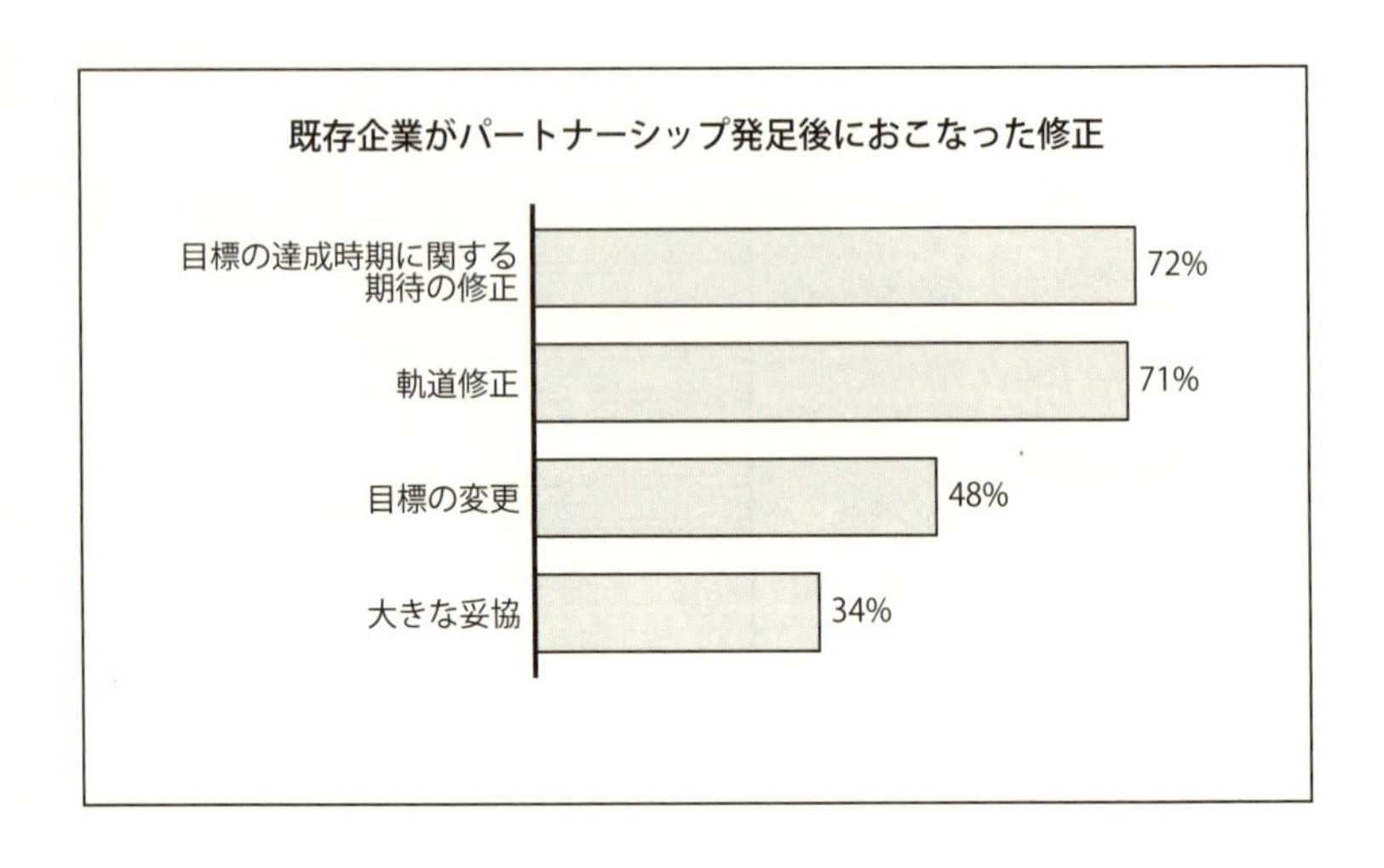

ノベーションだけが目当ての場合、成功確率はほぼ五分五分（53％）にとどまる。それに対し、企業文化の変革や顧客との関係の緊密化を目指した場合は、成功確率がそれぞれ67％と70％に上る。警戒すべきなのは、虚栄心を満たすために行動することだ。ＰＲ効果を目的にした場合の成功確率は40％にすぎない。

既存企業がパートナーシップの影響を遮断しようとせず、影響を受け入れようとするほうが好結果につながるようだ。パートナーシップが既存企業全体に大きな影響を及ぼす確率は、新しい事業を会社本体と切り離さず、自社の一部門の中に位置づけたほうが１・７倍高い。

また、意思決定を既存企業内部の人間に委ねた場合（62％）より、新興企業側の人間に任せた場合（75％）のほうが成功確率が高いという結果も出ている。

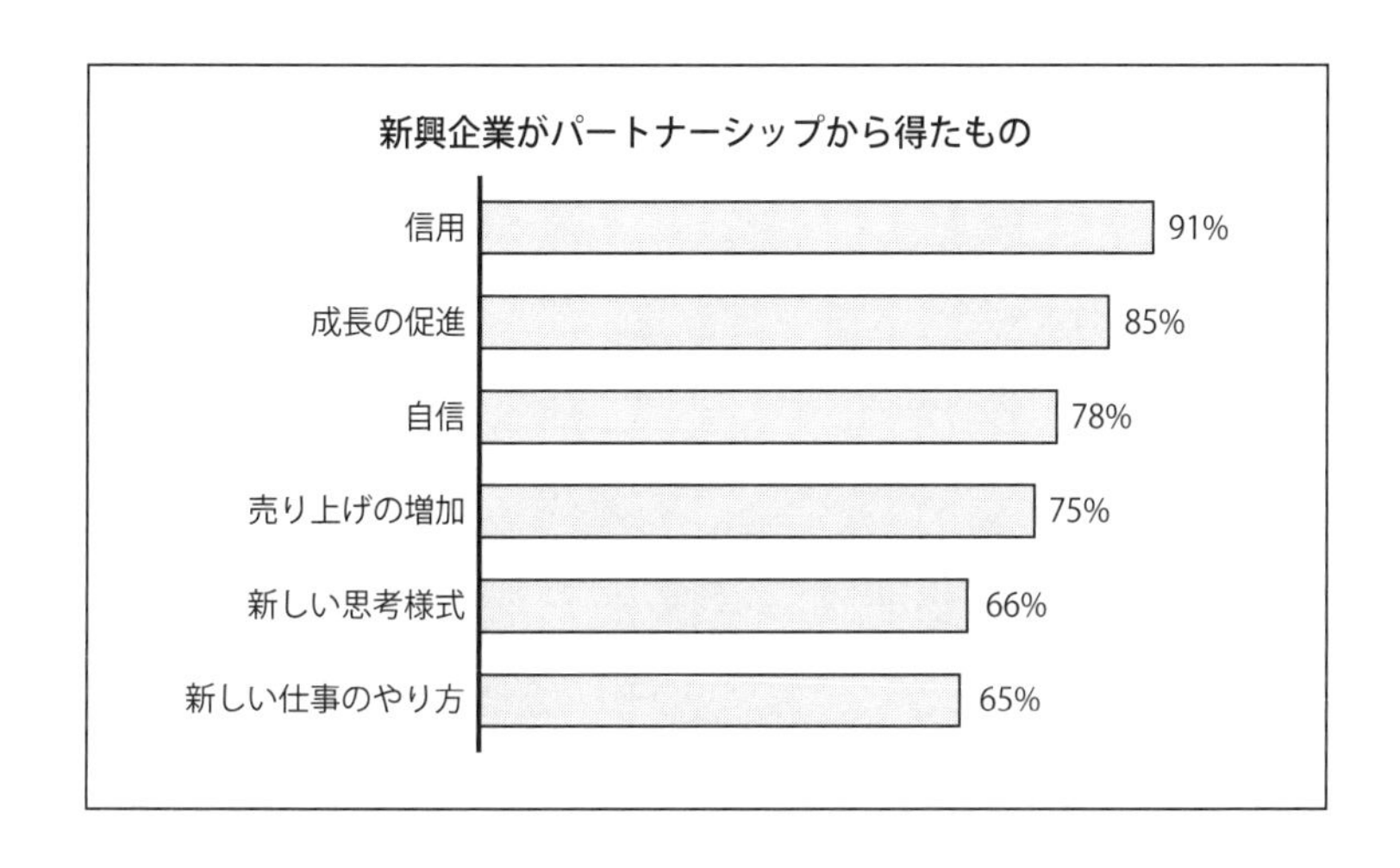

多くの既存企業は、パートナーシップの発足後になんらかの修正をおこなっている。目標の達成時期に関する期待を修正したり（72%）、軌道修正をした（71%）企業もあるし、目標の変更（48%）や大きな妥協（34%）など、もっと大きな変更に踏み切った企業もある。

新興企業も、既存企業とのパートナーシップを通じて思わぬ恩恵に浴する場合がある。パートナーシップは、成長の促進（85%）や売り上げの増加（75%）など、事前に期待されていた恩恵だけでなく、具体的ではないものの、もっと大きな恩恵も生む。信用（91%）や新しい思考様式（66%）、新しい仕事のやり方（65%）を獲得できるケースがあるのだ。

パートナーシップが成功した場合の恩恵

既存企業が進歩的な態度を取り、幅広い目的をいだき、自社が変わることに前向きな姿勢で臨むと、大きな恩恵が得られる可能性がある。パートナーシップが成功した場合は、そうでない場合に比べて、既存企業に大きな好影響が及ぶ確率が2・8倍に上る。

パートナーシップを成功させた既存企業の幹部たちは、最初に想定していたよりはるかに大きな恩恵を手にしたことに気づく。

「いくつかの新興企業とパートナーになっていなければ、事業を継続させたり、会社を成長させたりできなかっただろう」と、あるメーカーの副社長は述べた。

あるメディア・エンターテインメント企業の幹部は、言葉を選びながらこう述べた。「パートナーシップのおかげで、変化に消極的な企業文化が揺さぶられ、消費者に近づくことができた。私たちはそうした変化に対して心の準備ができていなかったので、最初にものの考え方を変える必要があった」

多くの既存企業は、パートナーシップの直接的な恩恵だけでなく、仕事のやり方の変化（79％）、社員の考え方とやる気の変化（68％）、顧客との関わり方の変化（60％）、さらには組織構造の変化（42％）なども経験している。

パートナーシップを成功させている企業は、新興企業的な発想を会社全体に定着させるた

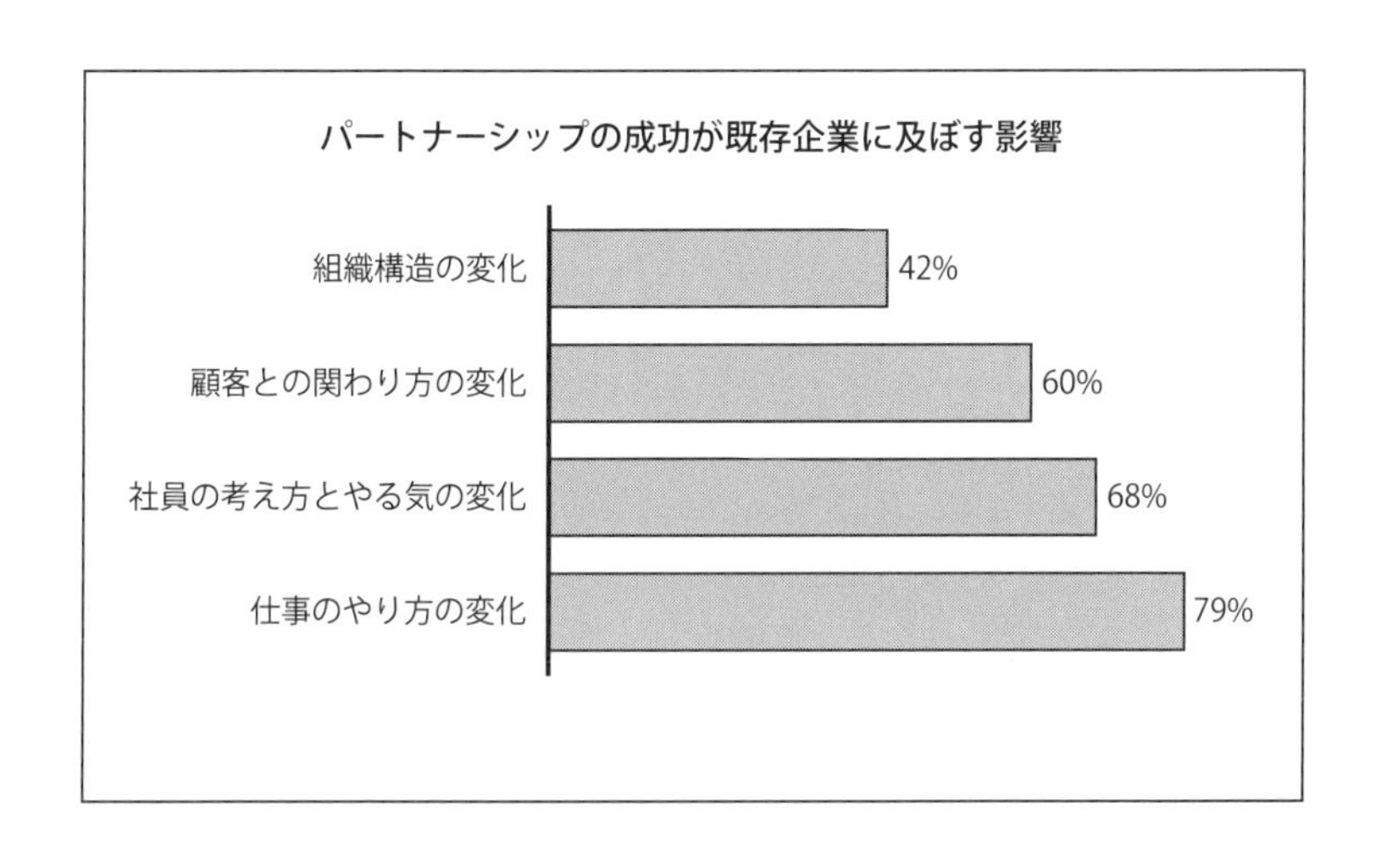

めの方策を講じている。新しい福利厚生制度の創設、オフィスの移転、イノベーションを奨励する措置の導入、オフィス設計の変更などだ。

このような企業は、パートナーシップを無事にゴールラインまで導くだけでなく、それを通じて会社全体を若返らせたいと考えている。

「パートナーの新興企業は、私たちの思考と自己認識を激しく揺さぶった。その結果、私たちは痛みを味わったし、いくらかのダメージも被った。それでも、学習し、成長し、成功するためには、変身することが不可欠だ」と、あるメディア企業の幹部は言い切った。

あるメーカーの幹部もこう述べている。

「新興企業の創造性を活用して、会社に活気をもたらしたい」

新興企業の多くは、自社とパートナーの両社が好ましい結果を手にしてこそ成功と言えると考えている。

「パートナーになったことで両社のビジネスが拡大した」と、ある製造業分野の新興企業幹部は述べた。不満に感じる点は多いものの、新興企業の4分の3以上は、現在のパートナーシップを継続し、さらには強化したいと考えている。

新興企業と既存企業のパートナーシップは、これからも活発に実践されるだろう。新興企業の78%は、今後も新たに既存企業とパートナーになりたいと答えている。

謝辞

人生は勉強だ。

この使い古された言い回しは、たいてい否定的なニュアンスで用いられる。痛い思いをしたあと、後悔交じりにこの言葉を口にする人が多い。「しまった！　あのとき、フェイスブックの株を買っていたら大儲けできたのに。やれやれ。人生は勉強だね」といった具合だ。

しかし、私はこの言葉を肯定的な意味で使いたい。経験から学ぶこと、それは本書の大きなテーマだ。そして、本書の執筆過程そのものも経験を通じた学習のプロセスだった。

書籍は、一朝一夕で出来上がるものばかりではない。本書の場合、始まりは、２０１４年後半に著作権代理店インクウェル・マネジメントのリチャード・パインと交わした会話だった。リチャードは、最初の著書『本当のブランド理念について語ろう』でも力になってくれた人物だ。

その日の会話では、意気軒高で自信満々の、というより危険なくらい自信過剰な新興企業のことが話題になった。長い歴史をもつ既存企業がそうした新興企業に何か教えられるのではないかと、私たちは考えた。会話を続けるうちに、こんな考えも浮かんできた。新興企業の側も、業績不振に苦しむ既存企業が勢いを取り戻す手伝いができるのではないか？

その後、多くの既存企業と新興企業の人たちと話すうちに、この両者が手を組めば互いの力になれるという思いつきは、確信に変わった。そして、そのための手段として最も有力なのはパートナーシップだとわかってきた。

リチャードは、本書の共同執筆者であるトム・ポストも紹介してくれた。トムと私の基本方針は最初から一致していた。読んで楽しく、役に立つビジネス書を書きたいと考えたのだ。私たちは遠方まで足を運び、大勢のリーダーに話を聞いた。2年近くの間、毎週月曜日に徹底的に話し合い、新しいアイデアについて意見を交わした。トムは終始一貫、献身的に取り組んでくれた。さまざまなパートナーシップの背後にあるヒューマンストーリーを掘り起こしてくれたこと、協働の精神を実践してくれたこと、生き生きした文章を書いてくれたこと、そして執筆過程を通じて私と友情をはぐくんでくれたことには、どんなに感謝してもし足りない。

本書の執筆過程で次に大きな節目をもたらしたのは、出版元であるクラウン社の有能で親切な担当編集者、ロジャー・ショールだ。「決断したほうがいい」と、ロジャーは最初の打ち合わせで言った。「新興企業中心に書くか、既存企業中心に書くかのどちらかだ。両方はよくない」

私たちは迷うことなく、大企業に焦点を当てることに決めた。大企業はパートナーシップに潤沢な資源を投資できる半面、学び取るべきことも多いからだ。執筆をつねに支えてくれたクラウン社のティナ・コンステーブル、同社でＰＲとマーケティングを担当するミーガン・シューマンとミーガン・ペリットにも、これ以上ないくらいの感謝を伝えたい。

オハイオ州シンシナティの私の会社のメンバーは、いつも素晴らしい仕事をしてくれる。今回は、コンサルティングとリーダーシップ研修の業務を続けながら、本書を完成に導いた。マーケティング・ディレクターのリズ・キーティングは、楽観主義の精神を失わず、執筆の舵取り役を粘り強く務めた。多くの既存企業と新興企業と連絡を取り、重要な教訓を引き出すのを助けてくれた。本書が読者にとって役立つものに仕上がったとすれば、そうした尽力のおかげだ。リズは、クラウン社の聡明で独創的なマーケティングチームとの連絡でも重要な役割を担った。

ビジネスマネジャーのベティ・ガバードはＰ＆Ｇ時代からの同僚だ。温厚で献身的な態度を失わず、貴重な助言を送り、編集に携わり、無数の複雑な要素を完璧に調整してくれた。本書の執筆過程でかけがえのない存在だった。いつも笑みを絶やさず、精力的に仕事をするアシスタントのスー・ホワイトハウスは、ただでさえ膨大な量の業務に加えて、スケジュール調整、アポ取り、連絡、状況把握などを担ってくれた。上級成長コンサルタントのレニー・ダンとマット・カルシエリは、初期の草稿に目を通し、率直なコメントを寄せてくれた。

そのおかげで、本書は既存企業の人たちにとっていっそう有益な内容になった。リズ、ベティ、スー、レニー、マット、ありがとう。一緒に仕事ができて本当にありがたく思う。

執筆に着手してほどなく、大量の定性データに加えて、定量データの基盤も必要だと思うようになった。そのとき、私が相談したのがオグルヴィレッド社のグローバル・ブランドコンサルティング部門責任者のジョアナ・セドンだった。ジョアナとは、15年間一緒に仕事をしてきた。相談相手としても、リサーチャーとしても申し分のない人物だ。

ジョアナとニキル・ガレカン、ジュリア・ホーリー、そしてオグルヴィレッドのチームの面々は、既存企業と新興企業のパートナーシップに関する初のグローバルな調査「グローバル・パートナーシップ・スタディ」を設計し、実際の調査をおこなった。調査の結果と彼らの助言のおかげで、本書の記述はいっそう中身が濃いものになった。

2年以上にわたるリサーチを通じて印象深かったのは、既存企業のリーダーたちの奮闘ぶりだ。時代に取り残されることを避け、新しいテクノロジーと教訓を学び、会社を若返らせるために、過酷で勇敢な挑戦を続けていた。私は旧知の企業幹部たちと再び連絡を取って話を聞くことにより、彼らがどのような試練に直面していて、どのように創意工夫を凝らして問題解決を目指しているかを改めて知ることができた。

本書の執筆をきっかけに、新たに知り合った素晴らしいリーダーたちもいた。その全員に心からお礼を述べたい。彼らは私を快く受け入れ、率直な話を聞かせてくれた。彼らの話は変革の難しさを教えてくれた。変革に取り組むとは、みずからの無力さを思い知らされる経験だからだ。貴重な時間を割いて取材に応じ、会社に目的意識を取り戻させるために奔走している同僚たちを紹介してくれたことに、深く感謝している。

ＧＥの副会長でビジネス・イノベーション部門を統括するベス・コムストックとは長いつき合いだ。私たちの関係は、ベスがＧＥの初代最高マーケティング責任者（ＣＭＯ）として、環境にやさしい製品や発想を追求する「エコマジネーション」を推し進めていたときに遡る。ベスは、ＧＥの再生を目指す「ファストワークス」の世界に私を案内し、この活動のひときわ熱心な設計者と実践者を紹介してくれた。グローバル・イノベーション加速責任者でファストワークスの共同創設者でもあるヴィヴ・ゴールドスティーン、企業文化リーダーのジャニス・センパー、ＧＥベンチャーズと同社の「ヘルシーマジネーション」の責任者を務めるスー・シーゲル、ＧＥヘルスケアのインド・ＡＳＥＡＮ・アフリカ担当人事責任者のアーリフ・アジズといった面々だ。また、エビデーション・ヘルスのデボラ・キルパトリック、バイオニックのデビッド・Ｓ・キダーなどのパートナーたちとも引き合わせてくれた。

Ｐ＆Ｇ時代の旧友であるジョン・イワタにも触れないわけにはいかない。ＩＢＭのマーケティング・コミュニケーション担当の上級副社長を務めるジョンは、本書が完成するために欠かせない黒子役だった。ＩＢＭ社内で起きている興味深いことの数々と、ボックス社のアーロン・レヴィーのような協力者たちを紹介してくれた。ジョンを通じて、人工知能プラットフォーム「ワトソン」の旗振り役たちとも知り合うことができた。ワトソン・グループのスティーブン・ゴールド、ブルーミックス・ガレージ（サンフランシスコ）のジョン・フェランとサラ・プランテンバーグなどがそうだ。サティスファイ・ラボのドン・ホワイト、コネクティディのアーサー・ティシのように、ＩＢＭを新しい世界に導いているパートナーたちにも話を聞けた。

モトローラ・ソリューションズのグレッグ・ブラウンCEOと、最高イノベーション・戦略責任者のエドゥアルド・コンラードのことは、10年以上前から知っている。知り合ったのは、私が旧モトローラ社の取締役を務めていたときだった。当時、モトローラは「もの言う株主」との争いを経て、モトローラ・ソリューションズとモトローラ・モビリティへの分割という壮大な事業を成し遂げようとしていた。

私は今回、モトローラ・ソリューションズを再訪して、同社が無線機ビジネスから脱却し、消防、救急、警察関連でSFチックなテクノロジーを提供する企業に変貌したことを知った。最高技術責任者（CTO）のポール・スタインバーグ、ベンチャーキャピタル部門の責任者であるリース・シュローダー、上級戦略マネジャーのショーン・テイラーは、最先端のテクノロジーをもつ新興企業と組むことの難しさと恩恵を具体的に語ってくれた。

友人でP＆G時代の同僚でもあるチップ・バーグは、いまはリーバイ・ストラウス社のC

ＥＯの職にあり、成長指向の取り組みを精力的に推し進めていることで――そして自分のジーンズをけっして洗わないことで――知られている。チップは、私を同社のユーレカ・イノベーション・ラボに招き、ファッションと素材に関する大胆な実験のいくつかを披露してくれた。とくに、グーグルとのパートナーシップにより、テクノロジーを駆使したデニムジャケットを開発したプロジェクトについて詳しく教えてもらえた。

そのプロジェクトを牽引したのは、技術イノベーション担当の上級ディレクターであるバート・サイツと、グローバル商品イノベーション責任者のポール・ディリンジャーだ。情熱的なコンビは、多くの時間を割いて、グーグルとの素晴らしいコラボレーションのことを説明してくれた。

チョコレートメーカー、ハーシーの最高研究開発責任者であるウィル・パパ（彼もＰ＆Ｇ出身者だ）は、大企業が新しいフロンティアに乗り出すことで失敗から立ち直れることを教えてくれた。私と一緒にＡＯＬの取締役を務めたリック・ダルゼルは、ウォルマートとアマゾンでの経験を語り、リスクをともなう行動に踏み出すことの重要性を強調した。

ベンチャーキャピタル会社のスロー・ベンチャーズでマネージング・ディレクターを務めるケヴィン・コレランは、Ｐ＆Ｇとフェイスブックの初期のコラボレーションのことを思い出させてくれた。

ティム・アームストロング（オース社ＣＥＯ）、ジョン・ホーゲン（ゼネラル・ミルズ社副社長、同社のベンチャーキャピタル部門である「３０１ＩＮＣ」のゼネラルマネジャー）、ザカリー・ヒックス（トヨタモーター・ノースアメリカの最高情報責任者）も力になってくれた。３人の物語に共通点は少なそうに見えるが、実はある重要な共通点がある。いずれも、大企業の中で根気強く変化を推し進めており、変革を成し遂げるために社外の人たちの力を借りることに躊躇がないのだ。

ウェルズ・ファーゴ、シャイアー、ターゲットのイノベーションへの胎動は、本書のリサーチに着手するまで私も知らなかった。ウェルズ・ファーゴは、アクセラレーター事業に乗り出して新興企業を支援し、社内の各部門のリーダーたちと新興企業を引き合わせてきた。この活動で大きな役割を果たしているのは、同社のイノベーション・グループを率いる上級副社長のスティーブ・エリスと、決済部門でパートナーシップと対業界関係の責任者を務めるブラデン・モアだ。

製薬会社シャイアーのフレミング・オルンスコフＣＥＯは、新興企業とのパートナーシップを成長戦略と組織変革の中核に据えた。

私にとってとりわけ大きな驚きだったのは、スーパーマーケット大手のターゲットが小売ビジネスを刷新するためにきわめて多面的な取り組みを実行していることだった。サンフランシスコ・イノベーションセンターのジーン・ハンは、インターネット・オブ・シングズ（ＩｏＴ）に関する実験的な試みについて聞かせてくれた。同社が新興企業支援のために設けたアクセラレーターの最初の卒業生であるモンカヨ兄弟（インスペクトリオ社）やジャクリーン・ロス（レボラー社）にも話を聞けた。

既存企業だけでなく、新興企業側の話も聞かなければ、この本は完成しなかった。大きな業績を残す起業家は一心不乱に仕事に打ち込むものだが、多くの起業家が私のために時間を割き、既存企業とパートナーシップを結んだ動機、途中での軌道修正、最終的な成果について話してくれた。とくに、バングル社のザイン・ジャファー、アイベリファイ社のトビー・ラッシュ、コンプリヘンド・システムズ社のリック・モリソン、エクスペリエル社のアレックス・ハーテルに感謝を述べたい。

それぞれの企業の広報担当者がいなければ、大量のインタビューはできなかっただろう。ジェナ・レック（ターゲット）、ケート・ダイヤー（モトローラ・ソリューションズ）、サーシャ・フーリハンとクリスティン・シュワルツ（GE）、ガビー・グリュッチエロ、ナンシー・ンゴ、エリン・リール（IBM）は、業務時間外にたびたび連絡しても、最後までテキパキと快活に対応してくれた。

本書の完成には、本文には登場しない2人の人物の助言が不可欠だった。その2人への感謝の気持ちを述べずに、この文章を終えるわけにはいかない。1人はデーヴィッド・ハーシュ。シード期の起業家への投資を専門とするベンチャーキャピタル会社、コンパウンド社の共同創業者兼マネージングパートナーを務める人物で（はじめて会ったときは、グーグルのバーティカル市場グループの責任者だった）、本書で取り上げたいくつかの新興企業に紹介してくれた。私はデーヴィッドの先見の明と人脈を信頼し、彼の投資先企業のいくつかに投資もしている。

もう1人はロン・コンウェイ。グーグル、ペイパル、フェイスブック、ピンタレスト、スクエア、バズフィードなどの企業に早い段階で投資してきた人物だ。私のために時間を割き、さまざまな見識を披露し、素晴らしい若き起業家たちを紹介してくれた。

エンゼル投資家のデーヴィッド・S・ローズは、本人は意図していなかったが、本書に重要な出発点を与えてくれた。新興企業の応援団長であるローズは、ビジネス界の未来を予見できる予言者のような存在だ。私が本書のリサーチを始めた頃に話を聞いたときは、既存企業を待ち受ける暗い未来について語った。劇的な変身を遂げて新興企業的な精神を獲得しなければ、既存企業は悲惨な末路をたどると、ローズは述べた。そのとき私は、いくらなんでも大げさすぎると思った。いま思えば、当時の私はあまりに無知だった。

そう、人生は勉強だ。

主要登場人物一覧

＊肩書は原著刊行当時のもの、登場順。

・**ザカリー・ヒックス**　トヨタモーター・ノースアメリカの最高情報責任者（CIO）。トヨタコネクティッド・ノースアメリカの最高経営責任者（CEO）。人間の行動を研究して自動車のあり方を変えるだけでなく、新興企業とのパートナーシップを通じて移動手段の可能性を広げたいと考えている。

・**スティーブ・エリス**　大手銀行ウェルズ・ファーゴ社の上級副社長。イノベーション・グループの責任者として、新興企業とのパートナーシップを統括している。

・**ティム・アームストロング**　通信大手ベライゾン傘下のオース社（AOLとヤフーを所有）のCEO。グーグルでアメリカ国内の広告セールス事業を統括していたことがある。大企業と小規模企業、買収する側の企業と買収される側の企業の両方で経験をもち、新興企業と既存企業のさまざまな人物を見てきた。

・**リース・シュローダー**　モトローラ・ソリューションズ社のベンチャーキャピタル部門のマネージング・ディレクター。これまで20年間で手がけた投資案件は200件以上。財務面のことよりも、戦略上の有効性を重んじることにより、高い投資収益率を達成している。

・**ジョアナ・セドン**　コンサルティング会社オグルヴィレッドのグローバル・ブランドコンサルティング部

門責任者。既存企業と新興企業のパートナーシップに関する初のグローバルな調査「グローバル・パートナーシップ・スタディ」の調査班を率いた。

・**ベン・カウフマン**　クワーキー社（現在は破綻）の創業者兼CEO。同社はクラウドソーシングを活用した新製品開発を支援する新興企業で、ゼネラル・エレクトリック（GE）とパートナーシップを結んだが、成果を急ぎすぎて失敗した。

・**ベス・コムストック**　GEの副会長。GEビジネス・イノベーションズのトップ。大企業幹部というより起業家的な性格の持ち主で、エリック・リースの「リーン・スタートアップ」の考え方を導入したり、多くの新興企業と手を組んだりして、巨大企業GEの再生を後押しした。

・**デーヴィッド・S・ローズ**　起業家兼投資家。起業直後のアーリーステージの新興企業と投資家のマッチングをおこなう巨大プラットフォーム「ガスト」のCEO。起業を支援するベンチャーキャピタル会社であるニューヨーク・エンゼルスの創設者。10代の頃から自分のビジネスを立ち上げてきた経験をもつ。劇的な変身を遂げない限り、既存企業は破滅するという考え方の持ち主だ。

・**ティナ・シャーキー**　起業家兼投資家。長年にわたり、既存企業と新興企業を引き合わせ、2つの会社の違いに折り合いをつけさせ、成長への軌道に乗せてきた。

・**ブライアン・トックマン**　食品大手ゼネラル・ミルズのベンチャーキャピタル事業「301INC」の責

任者。歴史ある食品企業が新分野に乗り出す助けになるような新興企業を探している。

・ジョン・ホーゲン　ゼネラル・ミルズの副社長。トックマンの上司で、301INCのゼネラルマネジャーという肩書をもつ。同社で長く働いてきたベテラン社員。最近は、食品分野の新しい企業の人たちと会うことに多くの時間を割いている。

・ジェフリー・イメルト　GEの会長兼CEO。GEのベテランだが、内部者というよりアウトサイダー的な行動を取ってきた。同社のプログラム「ファストワークス」（登録商標）の旗振り役で、新興企業とのパートナーシップを積極的に支援してきた人物だ。

・ヴィヴ・ゴールドスティーン　GEのグローバル・イノベーション加速責任者。ファストワークスの共同創設者。大勢の社員がこのプログラムに参加するのを監督し、巨大企業を小回りの利く企業に変身させることを目指してきた。

・ジャニス・センパー　GEの幹部教育担当マネジャー兼企業文化リーダー。GEで働く人たちのことを誰よりもよく知っている人物と言えるだろう。人事のスペシャリストで、ファストワークスを幹部と一般社員の両方にとって有意義な活動にするために不可欠な役割を果たしている。

・ザイン・ジャファー　モバイルゲームやアプリに双方向型の動画広告を配信しているバングル社の創業者兼CEO。イギリス出身。きわめて短い間に、スマートフォンを手放せないユーザーと広告主であるブランドの双方に貢献できる企業を築いた。

・**アーロン・レヴィー**　デジタル文書を保管・共有するためのクラウドサービスを提供するボックス社の共同創業者兼CEO。IBMやP&Gのような巨大企業とパートナーになり、それらの企業が自社の仕事のプロセスを見直す機会もつくっている。

・**エドゥアルド・コンラード**　モトローラ・ソリューションズの最高イノベーション・戦略責任者。同社が刺激的な挑戦を続けるために誰よりも精力的に努力し、会社が画期的なアプローチを探す「猟場」の設定に携わってきた。

・**スー・シーゲル**　GEベンチャーズのCEO。ヘルスケア関連のイノベーションを目指す「ヘルシーマジネーション」の責任者も兼ねる。ベンチャーキャピタリストとしても企業幹部としても豊富な経験の持ち主だ。新興企業への投資とパートナーシップを監督している。

・**ブラデン・モア**　ウェルズ・ファーゴの決済部門でパートナーシップと対業界関係の責任者を務める。イノベーション・グループの責任者であるスティーブ・エリスの下で、アクセラレーター事業を立ち上げ、毎年6社の厳選した新興企業に投資している。

・**ブライアン・コーネル**　小売大手ターゲットのCEO。同社がカナダ進出の失敗、大規模なハッキング被害、デジタル化の遅れに苦しんでいた時期に、CEOに就任した。さまざまな側面でイノベーションとパートナーシップを推進してきた。

・**ジーン・ハン**　ターゲットのサンフランシスコ・イノベーションセンター所長。子ども時代に韓国からアメリカに移住。エンジニアリングとビジネスの知識を生かして、インターネット・オブ・シングズ（IoT）分野への進出を進めてきた。ハンが統括する「オープン・ハウス」（サンフランシスコ）では、誰でも立ち寄って新製品を試すことができる。

・**スティーブン・ゴールド**　IBMの「ワトソン・グループ」の最高マーケティング責任者（CMO）。元起業家で、新興企業と仕事をするとはどういうことかを熟知している。

・**ジニ・ロメッティ**　IBMの会長兼CEO。IBMで長年にわたり新分野への進出の旗振り役になってきた。ワトソンのプロジェクトも強く支援し、多くの資金と資源を投入している。

・**ポール・スタインバーグ**　モトローラ・ソリューションズの最高技術責任者（CTO）。「未来の緊急出動隊」の姿を知りたければ、アイデア豊富な新興企業への投資とパートナーシップを監督している彼の話を聞けばいい。

・**ショーン・テイラー**　モトローラ・ソリューションズの上級戦略マネジャー。リース・シュローダーの連絡調整チームの一員でもある。パートナーシップの日々の業務を切り回している。

・**トビー・ラッシュ**　生体認証・セキュリティ企業であるアイベリファイ社の創業者兼CEO。ウェルズ・ファーゴとパートナーになっていた。のちに、中国の電子商取引大手アリババ・グループに買収された。

・**スコット・ジェンセン**　リズム・スーパーフーズ社の創業者兼CEO。自然食品業界に豊富な人脈をもち、ゼネラル・ミルズの「301INC」がパートナー候補を探す手助けをしている。

・**アーサー・ティシ**　コネクティディ社の共同創業者兼CEO。ミュージシャンでもある。IBMのワトソンを活用して、感情面の要素も反映させた恋人探しアプリを開発している。

・**ナオミ・ケルマン**　ウィロー社の創業者兼CEO。ヘルスケア分野で豊富な経験の持ち主。騒音が少なく、ブラジャーの内側に装着して使用できて、食洗器で洗える画期的な搾乳機を開発した。

・**ライアン・ブロシャー**　テックスターズのマネージング・ディレクター。ミネアポリスでターゲットと共同で実施しているアクセラレーター・プログラムの監督者。

・**クリスティン・ニールソン**　ターゲットのイノベーション責任者。テックスターズと共同で実施しているアクセラレーター・プログラムのターゲット側の責任者。

・**カルロス・モンカヨ・カスティーヨ**　兄のルイス、フェルナンドと共同でインスペクトリオ社を創業した。グローバルなサプライチェーンに透明性をもたらすべく、小売企業とブランドにリアルタイムの情報を提供する会社だ。ターゲットとテックスターズのアクセラレーター・プログラムの卒業生。

・**ジャクリーン・ロス**　レボラー社の共同創業者兼CEO。女性の性被害を防ぐための携帯型SOS発信装置を開発。ターゲットとテックスターズのアクセラレーター・プログラムの卒業生。

・**ドン・ホワイト**　サティスファイ・ラボ社の共同創業者。IBMのワトソン部門とパートナーになり、百貨店大手メイシーズなどのリアル店舗での買い物体験を改善するために、スマートフォンを活用したショッピングアシスタント・サービスを提供している。

・**デボラ・キルパトリック**　エビデーション・ヘルス社のCEO。エビデーションは、GEベンチャーズとスタンフォード・ヘルスケア（スタンフォード大学医学大学院系の医療機関）によって設立された会社で、医療のデジタル化の時代に医薬品や医療・健康関連サービスの効果をデータで明らかにすることを目指す。

・**アレックス・ハーテル**　エクスペリエル社の共同創業者兼CEO。サクラメント・キングス（バスケットボール）やニューヨーク・ジェッツ（アメリカンフットボール）などのスポーツチームがファンをより熱中させられるように、スポーツの試合会場でスマートフォンや大型ビジョン、チームの公式アプリ、売店のレジなどのさまざまなデジタル機器を連携させるテクノロジーを提供している。

・**ポール・ディリンジャー**　リーバイ・ストラウス社のグローバル商品イノベーション責任者。グーグルとのパートナーシップの現場責任者を務めてきた。パートナーシップが順調だったときも逆風にさらされたときも知っている。

・**ジェシー・ロビンズ**　オリオン・ラボ社の創業者。主力商品であるウェアラブル型の通話機器「オニックス」がモトローラ・ソリューションズの興味を引いた。

・**ジェームズ・カーレイ**　リーバイ・ストラウスの上級副社長。同社のリーバイス・ブランドのトップを兼ねる。グーグル幹部との偶然の出会いをきっかけに、ジャカード・ジャケットの開発に進んでいった。

・**イワン・プピレフ**　グーグルの「先進技術プロジェクト研究所（ATAP）」でテクノロジー面のリーダーを務める。ロシア生まれのコンピュータ科学者で、ソニー、ウォルト・ディズニーを経てグーグルに加わった。ジャカード・プロジェクトの責任者として、リーバイ・ストラウスとのパートナーシップを推し進めた。

・**チップ・バーグ**　リーバイ・ストラウスの社長兼CEO。28年間にわたり、P&Gでキャリアを積んだ。2011年にリーバイ・ストラウスにやって来ると、社内改革と売り上げの拡大に乗り出した。「ユーレカ・イノベーション・ラボ」を設置し、昔なら想像もできなかったような企業と手を組んでアパレルの革新に挑んでいる。

・**バート・サイツ**　リーバイ・ストラウスの「ユーレカ・イノベーション・ラボ」の運営を担う。ケンタッキー州でデニム工場を営む一家で育った。ありとあらゆる新素材を試している。

・**カリン・ヒルマン**　リーバイ・ストラウスのリーバイス・ブランドの最高製品責任者。

・**クリス・トゥリン＝ロバーツ**　リーバイ・ストラウスのアイデア創出・デザイン開発責任者。

・**ステーシー・フリンとクリストファー・スタネフ**　エバニュー社の共同創業者。同社は、コットン製品を処理して再生コットンをつくり出す技術を開発している企業だ。リーバイ・ストラウスとのパートナーシップにより、再生コットンを用いることで、ジーンズを1着つくるのに必要なエネルギーを約80％減らす方法を見いだした。

・**アーリフ・アジズ**　GEヘルスケアのインド・ASEAN・アフリカ担当人事責任者。「DAREアワード」という社内の賞を創設し、勇気をもって新しいことに挑戦して失敗した社員を表彰し、失敗の体験を共有するよう促している。

・**ウィル・パパ**　ハーシー社の最高研究開発責任者兼上級副社長。P＆G出身。新興企業とのパートナーシップにより、老舗チョコレートメーカーを高級チョコレートやヘルシー系チョコレートの分野に導いた。成功より失敗を頻繁に経験することにもすっかり慣れた。

・**デビッド・S・キダー**　バイオニック社の共同創業者兼CEO。同社は「成長のOS」という考え方に基づき、大企業にベンチャーキャピタリスト流のポートフォリオ理論を紹介し、大企業内に新興企業的な環境をつくり出す手助けをしている。GEの再活性化も強力に後押しした。

・**リック・ダルゼル**　ウォルマートとアマゾンの最高情報責任者を歴任。アマゾンでは、社員の生産的な失敗を奨励する賞「ジャスト・ドゥ・イット・アワード」の旗振り役を務めた。

・**ダニエル・ワイズバーグとカーリー・ザキン**　400万人の購読者にメールマガジンを毎日送信しているザスキム社の共同創業者。

・**リック・モリソン**　コンプリヘンド・システムズ社の共同創業者兼CEO。同社は、製薬大手が大量のデータを効率的に解析するための仕組みを提供している。

・**ジョン・フェランとサラ・プランテンバーグ**　IBMブルーミックス・ガレージ（サンフランシスコ）の責任者とシニアデザイナー。社外の顧客に対するコンサルティングをおこなう一方、IBMの社内でも変革を後押ししている。

・**フレミング・オルンスコフ**　希少病が得意な製薬会社シャイアーのCEO。デンマーク生まれの医師。さまざまな新興企業とパートナーになり、売り上げを2倍に増やした。パートナー企業をその後買収したケースもある。

・**ダーク・ジャガー**　P&Gの元CEO。1990年代にP&Gで精力的に変革を推し進めたが……。

・グレッグ・ブラウン　モトローラ・ソリューションズのCEO。カール・アイカーンのような投資家から、アメリカやイスラエルの有力新興企業まで、社外のアイデアを積極的に受け入れてきた。この10年間で学んだ最も重要なことは、他人の話をよく聞くことだという。

・ケヴィン・コレラン　ベンチャーキャピタル会社、スロー・ベンチャーズのマネージング・ディレクター。フェイスブックの初期の社員だったとき、P&Gのような巨大企業とのパートナーシップで重要な役割を果たした。

著者

ジム・ステンゲル Jim Stengel

P&Gの元グローバル・マーケティング責任者。同社に25年間在籍し、パンパースやオレイなどのブランドを「消費者がボス」の視点から再生させ、ブランド王国P&Gの確固たる地位を築く。2008年に退社後は「ジム・ステンゲル・カンパニー」を設立。コンサルティングを行なう傍ら、UCLAアンダーソン経営大学院の非常勤教授として、マネジメントを教えている。2011年にはフォーチュン誌が選ぶ「ドリーム・マネジメント・チーム」の最高マーケティング責任者に選出。主な著書に『本当のブランド理念について語ろう』（CCCメディアハウス）などがある。

トム・ポスト Tom Post

ジャーナリスト。元「フォーブス・メディア」編集者としてレガシー企業や起業家について取材に従事。「Fortune」、「Newsweek」、「ABCワールド・ニュース・トゥナイト」などでビジネスと外交を担当した。現在、SnappConner PR社のコンテンツ部門シニア・バイス・プレジデントとして活躍している。

訳者

池村千秋 Chiaki Ikemura

翻訳家。訳書に『LIFESHIFT』（東洋経済新報社）、『ワーク・シフト』『年収は「住むところ」で決まる』（ともにプレジデント社）、『大停滞』『大格差』（ともにNTT出版）、『本当のブランド理念について語ろう』（CCCメディアハウス）他多数。

装丁＆本文デザイン　竹内淳子（株式会社新藤慶昌堂）
校閲　円水社

This translation published by arrangement with Crown Business,
an imprint of the Crown Publishing Group, a division of Penguin Random House, LLC
through Japan UNI Agency, Inc., Tokyo

会社は何度でも甦る

ビジネス・エコシステムを循環させた大企業たち

2019年2月9日　初版発行

著　者　ジム・ステンゲル&トム・ポスト
訳　者　池村千秋
発行者　小林圭太
発行所　株式会社CCCメディアハウス
〒141-8205　東京都品川区上大崎3丁目1番1号
電　話　販売　03-5436-5721
　　　　編集　03-5436-5735
http://books.cccmh.co.jp

印刷・製本　株式会社新藤慶昌堂

ISBN978-4-484-19101-0